风水

应该这样看

洪丕谟◎著

陕西新華出版
陕西人民出版社

图书在版编目(CIP)数据

风水应该这样看 / 洪丕谟著. — 西安：陕西人民出版社，2007
ISBN 978-7-224-08257-9

Ⅰ. ①风… Ⅱ. ①洪… Ⅲ. ①风水—研究 Ⅳ. ①B992.4

中国版本图书馆 CIP 数据核字(2007)第 195698 号

风水应该这样看
FENGSHUI YINGGAI ZHEYANG KAN

作　　者　洪丕谟
出版发行　陕西人民出版社
　　　　　　(西安市北大街 147 号　邮编：710003)
印　　刷　陕西金和印务有限公司
开　　本　787 毫米×1092 毫米　16 开
印　　张　17.75
字　　数　220 千字
版　　次　2008 年 1 月第 1 版
印　　次　2025 年 8 月第 16 次印刷
书　　号　ISBN 978-7-224-08257-9
定　　价　35.00 元

前　言

丕谟从 1982 年 1 月《历代题画诗选注》处女作出版以来，才思泉涌，在此后的二十三年里，竟一鼓作气出版了一百二十多种著作，其中书画创作类 14 种，书画文玩类 16 种，随笔散文类 16 种，医学养生类 7 种，谈佛说禅类 16 种，神秘文化类 7 种，法律杂著类 13 种，诗词选注创作类 7 种，古籍整理类 16 种，还有主编、副主编及参编参写类 12 种。不仅著作多，涉及书画、文史、中医、饮食、养生、命理、风水、儒、释、道，以及法律古籍整理等多个领域，而且往往选题角度独特，善于化深奥为浅显，可读性强，故令世人叹为“奇才”。

那些年，人们都惊诧于丕谟的出书速度，但作为与他朝夕相处的妻子，我深切地感受到在一本本著作的背后，凝聚着更多的是丕谟厚积薄发的学问、创造性思维，以及他的勤奋和毅力。

仔细看一看丕谟的所有著作，除随笔、饮食外，书画、诗词、中医、命理、风水、儒释道、古籍等，基本上都属于中国传统文化范畴。书画对他而言是家学，自幼浸淫其中；根植于国学中的中医是他最初所学专业，是他的出身，况且古时医、卜、星、相，似乎怎么也难分清楚。有了客观条件，加上从小便迷恋国学的种种主观努力，使得他在传统文化领域中游刃有余，唐诗宋词耳熟能详，脱口而出，古文根基更是同时代人中的佼然出众者。在上海图书馆、藏书楼的频繁出入，又使他获取了极其丰富的资料和快速查找资料的本领，后来为了节省去图书馆的时间，他更是花钱买回大量资料，以便著书时随时备用。当第一本书问世时，丕谟已四十二足岁了，其实在此之前，他已有了三十年的苦学。这三十年的苦学该积淀了怎样厚度的学问？和他一起共同生活的二十年中，丕谟一直保持着每年平均出 3~4 本著作的速度，可却从未看到他才思枯竭的窘态，往往一本书尚未写就，第二、第三本书已经开始酝酿，今天一本书刚刚脱稿，明天马上又开始了下一本书的撰写。人们形容的“才思泉涌”，用在丕谟身上，一点也不为过。有时连他自己也惊奇地说，人家说写到后来，没东西可写，我怎么越写越感到有很多东西要写？

除了厚积薄发的学问，丕谟创造性的思维也十分令人赞叹。他著书的选题往往能想常人所未想，比如他的《历代题画诗选注》，就属于填补题画诗空白的著作。古时文人学问好，一般诗、书、画俱能，作画之余，再据图配上一首诗，看画读诗，趣味盎然。然而从古到今，这些题画诗宝库却没人想去整理，去发掘。丕谟却独辟蹊径，开发了这个选题，书出之后，获得相当高的评价。再如《中国古代算命术》，也是新中国解放后，作为中国传统命理文化整理的第一本书，其他再如《中国名尼》、《淑女诗三百首》、《中国古代养生术》、《佛道修性养生法》、《佛教生活风情》……都是选题角度比较独到、可读性很强的著作。

二十多年，百余种书，一字一字地写出来，需要何等的勤奋与毅力!每年新年伊始，丕谟即开始制订本年度几本书的写作计划，然后便是奋力地付诸实践。在 20 世纪八九十年代丕谟“十年面壁”著书立说阶段，他一天的工作时间分割成三块：清晨起床到早餐前，写短小的随笔文章，应对社会各方纷至沓来的约稿，在约莫一个多小时的时间里，可写成一篇千字文，文章虽然短小，不过长年累月的积少成多、集腋成裘，现在我们所看到的他那一本又一本的散文集如《吃福》、《墨池散记》、《禅者的态度》、《霜秋红叶》、《读书是福》、《人生有味》、《天下美食》等，就是他这些日常随笔的汇编；早餐以后的白天整段时间，是他用来著书立说的黄金时段，为了不受外来各种干扰，他曾在《汲绠书屋约法》（汲绠书屋是丕谟曾经用过的书斋号）中特地强调：“天行健，君子以自强不息。本书屋主人以笔耕为自己的终身事业，由于脑力劳动有着思维连续性的特点，故而凡在白天工作时间，诸君若非要事，请勿来本书屋空坐闲聊，误人误己。‘尺璧非宝，寸阴是金’，古人早已有过说教，否则谋财害命，莫此为甚。”并把《约法》张贴在书屋的大门上；最后的一段工作时间是在晚饭后，此时丕谟不再写东西，饭后翻一会儿报刊，看一段电视新闻，然后便看书查阅资料，为第二天的写作做准备。那时屋里没装空调，冬天冷，一个晚上总得换上好几次热水袋；夏天太热，看书查资料丕谟往往赤膊上阵，即使如此也是汗流浃背，看在眼里，真觉他很是辛苦。可是他却说人生苦短，活在世上要成就一番事业，就必须把人家唱歌跳舞、打牌搓麻将等休闲娱乐的时间用到工作上来。真是板凳坐得十年冷，“梅花香自苦寒来”。

如今丕谟已经辞归，在生生灭灭轮回不断的娑婆世界，人的肉身消亡是不可抗拒且无可奈何的，可是我以为，肉身的丕谟虽已消亡，但神魂的丕谟依然与我们同在，这一百二十多种的著作就是他神魂的安身之处！我们读他的书，即能感受到他神魂的存在和神魂魅力。可惜丕谟很多著作由于出版时间较长，市面上早已不复再见。非常感谢陕西人民出版社适时地推出这套《洪丕谟精品集》，这不仅是丕谟的大幸，也是读者的大幸，社会的大幸。

《洪丕谟精品集》首先推出的 6 本著作，虽说不能涵盖丕谟涉及的所有领域，却也尽可能地从书法、佛道、中医、养生、风水等多个方面体现他的文化贡献。在这些著作中，丕谟以其深厚的文化底蕴和深入浅出、灵动自如的文笔，或高屋建瓴，或纵横捭阖，充满智慧地从不同的角度，把读者带入到一个个别具姿彩的洞天福地。尽管这些著作成书于 20 世纪 80 年代末 90 年代初，可至今却依然熠熠生辉，散发出无穷魅力。

需要说明的是，这些著作出版距今毕竟已有十多年了，这十多年里，中国发生了巨大的变化，所以丕谟当年在书中所举一些事例或某些当年的行政称呼与我们现今有了较大的不同。如有的书提到灵岩山寺僧人收到施主红包一律上交，然后年底统一分红的例子，其中每人 50~100 元那是 20 世纪 90 年代初的具体数额，如今肯定有了一定的变化，但是这由于无关灵岩山寺僧严于律己、克己奉公、一心修持的大碍，所以我们便依然尊重原作，不作任何变动，如此等等，不一而足，希望读者诸君见谅。另外，《中国书法史话和名作赏析》是由《中国书法史话》和《中国历代书法名作赏析》两书合编而来，主要也是从读者的阅读需要和节省购书成本的立场考虑，希望读者喜欢。

姜玉珍

于新百尺楼东窗

2007 年 8 月 15 日

CONTENTS

目录

在古人眼里，阳宅风水是好是坏，直接关系到“家代昌吉”或者“门族衰微”的说法，并不是什么耸听的危言，正如《宅经》中说的：“宅墓以象荣华之源，得利者听作遂心，失利者妄生反心。”

阴阳者，天地之道也，万物之纲纪，变化之父母，生杀之本始，神明之府也；五行即所谓金、木、水、火、土五种基本元素；天干包括甲乙丙丁戊己庚辛壬癸，地支包括子丑寅卯辰巳午未申酉戌亥，以及八卦是构成风水的哲学思想基石。

引　言

《红楼梦》第十七回《大观园试才题对额》谈道：贾政引众人步入茆堂，里面纸窗木榻，富贵气象一洗皆尽，但宝玉一看之下，却认为缺乏天成的自然之趣，并引发出一通议论道："此处置一田庄，分明是人力造作而成：远无邻村，近不负郭，背山无脉，临水无源，高无隐寺之塔，下无通市之桥，峭然孤出，似非大观，那及前数处有天然之理、自然之趣呢?虽种竹引泉，亦不伤穿凿。古人云，'天然图画'四字，正恐非其地而强为其地，非其山而强为其山，即百般精巧，终不相宜。"话虽出于宝玉之口，实则反映了曹雪芹对环境美学、建筑美学的风水审美观。

学术领域无禁区，只要你带着客观、科学、求实的态度进行研究，就能在研究中有所发现，有所突破。风水术，这个新中国成立以来一向被认为是封建糟粕的禁区，在1988年中新社天津24日电的一次报道中，终于被突破了。电文说道："长期被人们视为封建迷信糟粕的中国古代风水术，如今被天津大学建筑系教授王其亨引入建筑设计研究。"经过多年深入系统的研究，王其亨认为，风水术的内核原来是中国古代建筑理论的精华所在。原因大致在于风水术圆满解答了中国古代建筑在空间环境的整体处理上，在人文景观和自然景观的有机结合，以及大规模建筑群布局等方面的千古之谜。由此表明，风水术实际上是集地质地理学、生态学、景观学、建筑学、伦理学、美学等于一体的综合性、系统性很强的古代建筑规划理论。它与营造学、造园学构成了中国古代建筑理论的三大支柱。

不言而喻，这种研究成果的取得，如果离开改革开放的大环境，以及知识分子的大胆探索，敢闯禁区，必将成为子虚乌有的事。早在1986年7月16日，台湾《中国时报》就曾刊载过一篇台湾中央研究院民族研究所所作的有关知识阶层重视风水的调查报道。报道说道：

中央研究院民族研究所人员瞿海源在一项抽样调查中，针对一千七百多名公、民营事业行政主管、专技人员、监督助理人员，买卖业、服务业、农林渔牧及体力工人各社会职业阶层，进行一般认为的迷信活动调查，这些活动包括算命、抽签、看风水，找乩童医病、收惊及进香。结果发现，前三项活动与后三项活动呈现明显差异，一般认为知识水准、社会地位较高的行政主管、专技人员在算命与抽签上，拔得头筹，有40%的人曾从事这些活动，高于农林渔牧及体力工人约24%到29%。

在看风水一项上，行政主管为22%，次于农林渔牧人员的24%，但仍高于体力工人的12%，以及买卖人员的14%。

不过，在从事收惊、进香、找乩童医病这三项活动的比例上，农林渔牧及体力工人则明显居高，例如进香方面，农林渔牧人员高达58.8%，体力工人为33%，而行政主管与专技人员只有12%及23%。

这里，尽管没提知识阶层对于风水术的研究成果，可是知识阶层中对于风水术持支持或相信态度的，竟也高达22%。正是由于海峡两岸知识分子对于风水术所持的不一笔抹杀的科学分析态度，才使得曾经一度晦迹不显的风水之术，有了进一步被重新认识的机会。

《堪舆记实》是台湾毛畅然先生的一部风水著述，书中提到已经过世的台湾省主席陈养公先生的墓葬说："养公葬于台北八里乡狮尾村之阳，来龙系砂体，气势雄厚，跌宕起伏，举顶左趋；土角流金出脉，逶迤宛如龙蛇，行约二千公尺，到头束气，拖平结穴，穴前虾须蝉翼砂，抱穴有情。前朝清秀开面之关渡山，为一字案，穴前吐出一完整空地，约六十坪，如铺毡展席，为内明堂。本身近砂，由右到左，绕穴作前案，以关内气，有如玉带缠腰。淡水河，右流无声，徐行入海。近砂之外，又有一小池塘，成椭圆形，横陈墓前。墓占地约二百坪，水停穴前，风藏水聚。而外明堂宽阔开朗，左右龙虎砂势，抱至淡水河边，向上紧扣。纵观全局，四势和平，山水清幽，风云呵护，蔚成天造地设之佳构。”这种墓葬，当然是就阴宅风水而说的。

既然有阴宅，当然就有阳宅，因为我国哲学概念中的阴阳概念，原是彼此两两相对的。清代大儒纪晓岚《阅微草堂笔记》说，他的一个曹姓同事曾搬去京师附近的孤寺南首一所屋子居住，谁想住不多久，一天晚上忽然接连死了两个仆人。这样一来，可把这位曹先生吓出了一身冷汗，结果连忙卷起铺盖，逃之夭夭，去别处居住了。原因是这是一处不利居住的凶宅。虽说纪晓岚平时并不尽信风水，认为一个人的吉凶主要来自平时为人的是善是恶，可是对于凶宅这件事，他还是很坚信的。根据现代科学分析，古时所说的凶宅，大多地处险恶，长期受不到阳光照射，且又不通空气，这样便就自然造成一种阴沉而不利于人们居住的室内环境，从而形成凶宅。

我国古代风水术起源，对于住人阳宅的风水讲究，早于落葬阴宅的风水讲究。唐朝吕才的《五行禄命葬书论》说：“逮乎殷周之际，乃有卜宅之文，故《诗》称‘相其阴阳’，《书》云‘卜惟洛宅’，此则卜宅吉凶，其来尚矣。”可见卜宅吉凶的阳宅风水，早在殷周时期，就已有了萌芽。说到有关阴宅风水的记载，《史记·樗里子传》说，“昭王七年，樗里子卒，葬于渭南章台之东。曰：‘后百岁，当是有天子之宫夹我墓。’樗里子疾室在于昭王庙西渭南阴乡樗里，故俗谓之樗里子。至汉兴，长安宫在其东，未央宫在其西，武库正直其墓。秦人谚曰：‘力则任鄙，智则樗里。’”樗里子名疾，是秦惠王的异母弟弟。由于平时滑稽多智，人家都把他叫做“智囊”。就这“后百岁，当是有天子之宫夹我墓”的有关宫墓的预言，使樗里子成了后世阴宅风水术的隐约远祖。

其实严格说起来，风水术的真正兴起，还是汉和汉以后的事。今传《青乌先生葬经》，据说就是汉时青乌先生的遗著。又据《后汉书·来历传》说：“安帝时皇太子病惊不安，嬖幸乳母野王君主圣舍。太子厨监邴吉以为圣舍新缮修，犯土禁，不可久御。”同书《袁安传》也说：“初安父没，母使安访求葬地。道逢书生，问安何之?安为言其故，生乃指一处云：‘葬此地，当世为上公。’须臾不见。安异之，于是遂葬其所占之地，故累世隆盛焉。”可见有关风水吉凶的说法，两汉之时已经广为流布于宫中和民间了。

魏晋南北朝以降，风水之术一时大行。《魏书·管辂传》说：“辂随军西行，过毋丘俭墓下，倚树哀吟，精神不乐。人问其故，辂曰：‘树木虽茂，无形可久；碑诔虽美，无后可守。元武藏头，苍龙无足，白虎衔尸，朱雀悲哭。四危以备。法当灭族，不过二载，其应至矣。’卒如其言。”这里管辂相墓的灵验，可谓神乎其技的了。

《隋书·经籍志》记载，当时有关的风水著述继东晋郭璞《葬书》以后，又有《宅吉凶论》三卷、《相宅经》三卷、《五姓墓图》一卷等多种问世。唐宋以后，有关这方面的著作，好比雨后春笋似的越来越多了。

和风水术专著同时并行的，尚有以议论文形式出现，兼可视作文学作品的众多有关论述风水的篇章。其中如曹魏嵇康《难宅无吉凶摄生论》、《答释难宅无吉凶摄生论》，唐代吕才《五行禄命葬书论》，元代赵汸《葬书问对》、《风水选择序》，明代吴翰《风水问答序》，罗虞臣《辨惑论》，张居正《时葬论》，项乔《风水辨》等，就是其中佼然出众的一些名篇。这些文章，有的论述风水的灵验，更多的则是从反对角度而言的，而在后者之中，又随处闪耀着一定的思想光芒。

由于历史上古往今来因人而异的探索，在风水领域中，还产生了种种不同的派别。这种派别之分，尤其以南方为最明显。史籍记载，自唐宋以来，江南一带的风水家们，主要有江西和福建两大派别。江西派奉唐朝的杨益（杨筠松）为祖师爷，其学说以山峦形势为主，又称形势派；福建派到宋朝王伋始大行于天下，其学说以宗庙理气为主，又称宗庙派。对此，《四库全书总目》指出：“后世之宗为其术者分为二宗。一曰宗庙之法，始于闽中，其源甚远，至宋王伋乃大行，其为说主于星卦，阳山阳向，阴山阴向，不相乖错，纯取八卦五行，以定生克之理，其学浙中传之，而用之者甚鲜。一曰江西之法，肇于赣人杨筠松，曾文辿及赖大有、谢子逸辈，尤精其学，其为说主于形势，原其所起，即其所止，以定位向，专指龙、穴、砂水之相配，而他拘泥在所不论，今大江以南无不遵之者。”其实，二宗之说虽有不同，但却彼此影响，所以发展到后来，渐有归并之势，诚如王玉德在《神秘的风水》中所说：“现在，理派和形派已很难分清楚了。”

不管江西派也好，福建派也好，从历代沉积下来的大量风水论著看，已无可辩驳地证明，这是一个精粗杂陈，民主性精华和封建性糟粕纠结在一起而有待于整理发掘的瑰异宝库。对此，任何全盘肯定或全盘否定的简单做法，都将被视为是唯心主义形而上学的不科学态度。正是基于这种认识，所以东南大学建筑系教授潘谷西在为何晓昕所著《风水探源》作序时说：“风水产生于以农业经济为基础的社会中，是人们渴望把自身和谐地统一于自然之间而采取的一种自我完善手段，本来没有丝毫神秘之处。但是在缺乏现代地质学、气象学、水文学、建筑学知识的时代，人们只能根据当时的知识水平来认识环境，解析所遇到的种种问题。于是，气、阴阳、五行、八卦等中国古代解释宇宙和自然的观念以及罗盘指南针就自然而然地成了风水术的主要理论依据和操作工具；为了适应人们普遍存在的避凶就吉的心态，风水师们又编织了越来越庞杂的谎言网笼罩在它的上面，使本来具有朴素科学原理的东西变成了扑朔迷离、神秘莫测的骗局。这就不得不引起人们的责难，甚至指为迷信而加以讨伐了。今天我们的研究任务就是要对之进行清理，去其荒诞的外壳，揭示其合理的内核，回复其原来意义上的古代环境工程学的面貌，从而在一个侧面来反映悠久的中华文化的丰富内涵，这对增强国人的自信自强之心也许不是没有帮助的。”

然而，由于历史的原因和此道艰涩难明，遂使时至今日，有关风水研究和评估的著作，除何晓昕的《风水探源》(东南大学出版社)、王玉德的《神秘的风水》(广西人民出版社)等少数几种外，竟告阙如，这对于每年出书达八万种之多的一个出版大国来说，不能不引起人们的思考和遗憾。为此，笔者不辞固陋，在借鉴古今中外研究成果的基础上，采取实事求是、一分为二的科学态度，撰成了这本《风水应该这样看》。

值此书成付梓之际，由于笔者对于风水领域的研究只是纸上谈兵，并无实践经验，古人不是早就说过“纸上得来终觉浅”的名句?故而较之何晓昕、王玉德等经过实地调查的大师，难免自惭形秽，这是要请广大读者不吝赐教的。

1992 年 4 月，洪丕谟记

卷一

古人眼里的风水术

在古人眼里，阳宅风水是好是坏，直接关系到『家代昌吉』或者『门族衰微』的说法，并不是什么耸听的危言，正如《宅经》中说的：『宅墓以象荣华之源，得利者听作遂心，失利者妄生反心。』

1 古人为什么特别重视风水

这个题目，大致相当于古书所说“开宗明义章节一”，因为失却了古人重视风水这一社会基础，也就无所谓风水之术可言。从字面解释，风水的意思，就是宅地或墓地周围风向水流的形势。晋代郭璞的《葬书》说：“葬者，乘生气也。”“《经》曰，气乘风则散，界水则止，古人聚之使不散，行之使有止，故谓之风水。”风水家们认为，宅地或祖宗墓地吉凶，在某种程度上可以导致住家或葬者一家以及子孙的祸福。从这一认识出发，风水家们反过头来又可通过仔细观察人家住宅或墓地周围自然环境的好坏，来推知住家或葬者一家的吉凶，这就又是由风水术引发出来的相宅和相墓之法了。所以如果从广义说，风水术除了指导人们怎样寻找生气结聚的宅地、墓地之外，还理应把相宅、相墓之法，也都囊括进来。由于懂得了怎么样的自然环境才是属于风水宝地的原则，相宅、相墓的吉凶也就迎刃而解，所以体现在风水术中，当以寻找生气结聚的最佳自然环境为第一要义。

在传说中，有“禹始肇风水地理，公刘相阴阳，周公置二十四局，汉王况制五宅姓，管辂制格盘择葬地”的说法。考之实际，至少在战国末年齐、燕一派的方术中，就已萌生了风水术的芽苞。《水经注·易水》曾载燕宫遗地说：“一水经故安城西侧，城南注易水，夹塘崇峻，邃岸高深。左右百步，有二钓台，参差交峙，迢递相望，更为佳观矣。”可见择地筑宫，配合山水景观的建筑美学，在战国燕国等地已经取得了相当的成就。然而，风水术的正式兴起，并在社会上广泛流行开来，则还是在两汉之时。汉武帝时，曾会聚占家动问：“某日可取妇乎？”结果“五行家曰可，堪舆家曰不可，建除家曰不吉，丛辰家曰大凶，历家曰小吉，天人家曰小吉，太一家曰大吉”。由于“辩讼不决”，最后不得不“以状闻”。制曰：“避诸死期，以五行为主。”后来，主张选日的堪舆家，和主张“大举九州之势，以立城郭室舍形，人及六畜骨法之度数，器物之形容，以求其声气贵贱吉凶”的形法家，由于在各自的实际活动中关系密切，所以时日一长，就慢慢合而为一，成了风水家了。东汉以后，风水术在社会上大为流行，所以风水家便也就称为堪舆家。关于两家合并以前的著作，形法家有《宫宅地形》二十卷，堪舆家有《堪舆金匮》十四卷。直到后来，清代钱大昕《恒言录》卷六还认为：“古堪舆家即今选择家，近世乃以宅相图墓者当之。”

说穿了，风水术其实就是一门建筑学上有关选择土地的生态环境，旁及方位，以及择日的独特学问。

因为古人非但重视生前住屋，并且重视死后择葬，所以从总体来说，风水术的标的就离不开建筑和筑墓了。

人活着要住屋，这在风水术中叫做阳宅。《黄帝宅经·总论》说：“凡之阳宅，即有阳气抱阴；阴宅，即有阴气抱阳。阴阳之宅者，即龙也。”《水龙经·总论》也说：“若祇取大荡，阳宅尚有归收，阴墓必难乘按。”文中所称阳宅，就是生活中一天也脱离不开的住宅。

古人重视阳宅的原因，《黄帝宅经·序》曾明确指出：“夫宅者，乃是阴阳之枢纽，人伦之轨模，非夫博物明贤，未能悟斯道也。就此五种，其最要者，唯有宅法为真秘术。”接着又说：“凡人所居，无不在宅，虽只大小不等，阴阳有殊，纵然客居一室之中，亦有善恶。大者大说，小者小论。犯者有灾，镇而祸止，犹药病之效也。”为此，结论是：“故宅者人之本，人以宅为家。若安，即家代昌吉；若不安，即门族衰微。坟墓川冈，并同兹说。上之军国，次及州郡县邑，下之村坊署栅，乃至山居。但人所处，皆其例焉。目见耳闻，古制非一。”

因为有着这种“宅者人之本，人以宅为家。若安，即家代昌吉；若不安，即门族衰微”的传统说法，所以自古以来，人们对于阳宅风水的好坏，给予了高度的重视。《晋书·魏舒传》记载，魏舒幼年丧父，寄养在外祖父母的家里。后来“宁氏起宅，相宅者云当出贵甥”。外祖父母见魏舒年幼聪慧，认为一定会应相宅者所说的话。魏舒也说：“当为外氏，成此宅相。”这里，魏舒的意思虽然是说，我长大后要好好努力，干一番事业，以证实舅氏门宅当出贵甥的相法，并且从此以后，“宅相”还成了外甥的代称；可在另一方面,却为我们道出了当时相宅风气的盛行和人们对居宅风水的重视。

在古人眼里，这种阳宅风水是好是坏，直接关系到“家代昌吉”或“门族衰微”的说法，并不是什么耸听的危言。在《晋书》里，还另有上党鲍瑗家因为“安宅失宜”而多丧祸贫苦的一则记载。当时，鲍瑗被丧祸贫困扰得焦头烂额，不知道是什么原因引起的，便去请教淳于智。淳于智占卜后根据所得卦象说：“为君安宅者，女子工耶？”鲍瑗回答：“是也。”淳于智又问：“此人已死耶？”鲍瑗回答说：“然。”接着，淳于智说：“此人安宅失宜，既害其身，又令君不利。宅东北有大桑树，君径入市门数十步，当有一人折新马鞭者，便就请买还，悬此树三年，当得物。”鲍瑗听了他的话，前去市上买来马鞭，把它挂在大桑树上三年。后来鲍瑗浚井，“得数十万铜钱，杂器复可二十余万”，于是家道中兴，家里生病的人也都霍然而愈了。

文献记载，三国时孙皓流徙丁奉一家。到了晋朝，丁家的旧宅先后住过的有周额、苏峻、衰真、司马秀等大户人家，然而结果却都“凶败”。此后，又由臧焘去住，“亦频遇丧祸”，所以大家都说这是“恶地”。当时有个名叫王僧绰的人，平时“常以正达自居”，认为“宅无吉凶，请为第，始就筑，未居而败”。

为了望知人家宅第的吉凶,《地境图》“望百家宅法”的说法，很有奇趣。书说：“有赤气者，家有泛财。白气入人家，有财不保。黑气有五，其伏在宅中。青气者，有银，地宝也。”

阳宅风水既然直接关联到一户一家“家代昌吉”或“门族衰微”的根

本问题，那么阴宅风水的重要性又怎样呢？

所谓风水术中的阴宅，指的就是坟墓。《礼·杂记上》说：“大夫卜宅与葬日。”疏说：“宅为葬地。”由于住宅和葬地都号称宅，所以为了加以区别，人们就把葬地称为阴宅。如《水浒传》一百二十回就说：“我若死于此地，堪为阴宅。”人死了要进墓，因为古人看重丧葬，故而在他们的心目里，阴宅风水的重要性非但丝毫不减于阳宅，并且还有过之而无不及。

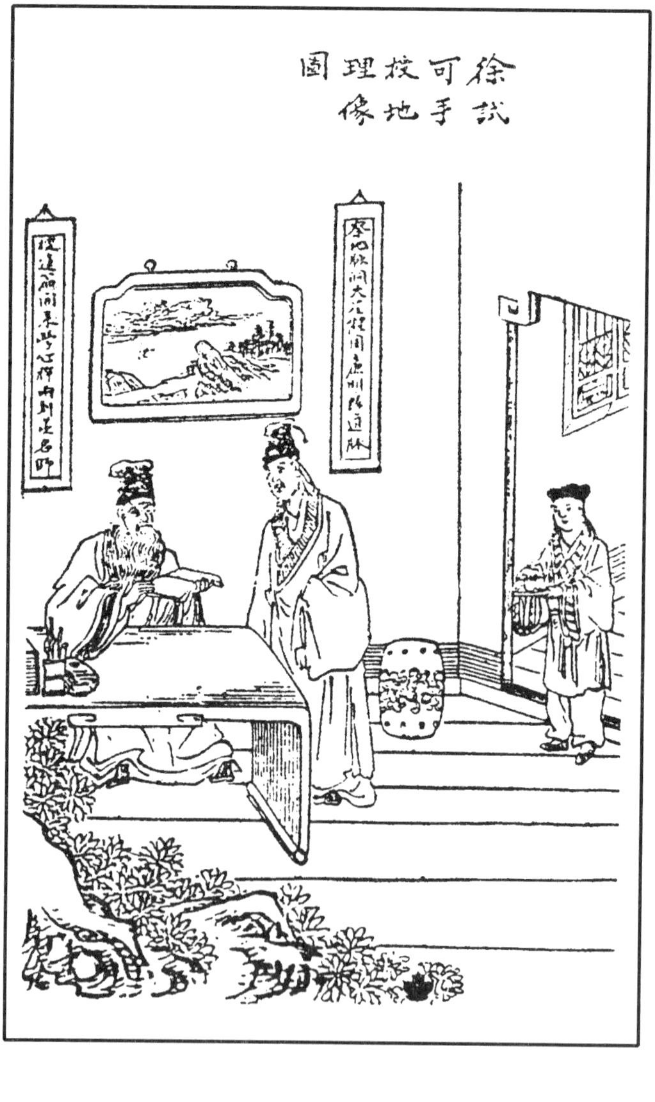

《大唐新语》是唐代刘肃的著作，书中卷十三说：“开府王仁皎以外戚之贵，坟墓逾制，繸服明器，罗列千里。坟土未干，家毁子死。”坟墓逾制，罗列千里，这样大摆阔气，还有什么吉利可言？而且这样千里罗列下来，显然也不符合风水术的择墓原则，所以两者合在一起，就难逃“坟土未干，家毁子死”的灾难了。

宋代方勺在《泊宅编》卷上中，也曾谈及阴宅风水的重要性。会稽山是东南的巨镇，周围占地大概有六十里之广。山的北面延出好几个垅，由于风水奇佳，选择在这里落葬的人家纷至沓来，然而墓地占着正垅的，就赵、陆两家的祖坟而已。这垅上赵、陆两家祖坟的位置，下瞰鉴湖，湖外有山，横抱过来好像几案，而案外又有尖峰耸起，名叫梅里尖地，又叫文笔案。占着这样的好风水，所以陆氏葬后，孙子陆佃当上了尚书左丞的大官；赵氏葬后，曾孙赵抃也登上了太子太师的高位。结果“陆公赠太保，赵公赠少保”。文末作者叹羡：“二垅同一山，而有曾孙追贲于九泉，盛哉！”

在何薳《春渚纪闻》卷第一《杂记》中，作者曾提到“定陵兆应”一则道：信州白云山人徐仁旺，曾经上表奏说，和丁晋公“议迁定陵事”。定陵是宋真宗赵恒永定陵的省称，所在地在当今陕西省富平县的龙泉山。争议下来，徐仁旺“欲用牛头山前地，晋公定用山后地”，意见统一不起来。为了据理力争，徐仁旺一方面力诉后山之害，“坤水长流，灾在丙午年，丁风直射，祸当丁未年终，莫不州州起火，郡郡兴盗”；另一方面甚至立下了自己愿意先关进大理寺监狱，以待三年后的吉凶，错则处罚的决心，然而最后朝廷还是没能采纳他的意见。当时，朝中一班人听了徐仁旺慷慨激昂的陈词，都不以为然，直到后来，“金人犯阙，果在丙午，而丁未以后，诸郡焚如之祸，相仍不绝，幅员之内，半为盗区”，方才大家叹服，可是却已经来不及了。因为这牵涉到帝王之墓的风水，而帝王又是统治全国的天子，所以古人认为，如果帝王陵墓风水不好，非但朝廷覆亡，还会祸及全国。

从上所说，《宅经》认为："宅墓以象荣华之源，得利者听作遂心，失利者妄生反心。"再之，《宅经》还对宅和墓之间的关系作了括要的叙述："墓凶宅吉，子孙官禄。墓吉宅凶，子孙衣食不足。墓宅俱吉，子孙荣华，墓宅俱凶，子孙移乡绝种。"对于宅墓的吉凶，青乌子的说法是："其宅得墓二神渐护，子孙禄位乃固。得地得墓，龙骧虎步。物业滋川，财集仓库。子孙忠孝，天神佑助。"青乌子是"汉时人，精地理阴阳之术，而史失其名"。晋代郭璞的《葬书》曾推崇古来所传《青乌先生葬经》说："先生之言，简而严，约而当，诚后世阴阳之祖书也。"为此，风水术在称为堪舆术之外，又得了个"青乌术"的雅号。

而《黄帝宅经》还从子夏"墓有四诀"的话引申开去："墓有四诀，商、角二姓，丙壬乙辛。宫、羽、徵三姓，甲庚丁癸。得地得宫，刺史王公，朱衣紫绶，世贵名雄。得地失宫，有始无终，先人受苦，子孙当凶。失地得宫，子孙不穷，虽无基业，衣食过充。失地失宫，绝嗣无踪，行求衣食，客气蒿蓬。"接着又引子夏论宅的话说："人因宅而立，宅因人得存。人宅相扶，感通天地，故不可独信命也。"

古人大多是信命的，这在科学技术还不发达的古代，原是可以理解的。可是，在风水术兴起以后，就产生了这样的矛盾，就是宅墓风水好坏可以影响到子孙辈们的吉凶祸福，而命又是与生俱来、不可违抗的。那么，宅墓风水和命运吉凶在不一致的情况下，也就是说宅墓风水好而子孙命不好，或者子孙命好而宅墓风水不好，又该听从于命呢，还是听从于风水？这里，子夏的回答是，命是必然有的，可是宅墓的吉凶，又可在一定程度上影响到命运的吉凶，正确的做法是把两者综合起来考虑，子孙命好的不可忽视宅墓风水对于子孙命运的影响，子孙命不好的，谨修宅墓风水，又可在一定程度上作相当的挽回。

也正由于以上种种因素在人们心理上引起的重大反响，所以在整个封建社会中，人们也就特别地看重宅墓风水了。

还在秦始皇时，有术者说金陵有天子气。为了保住自家的江山，于是秦始皇就派遣“朱衣三千人凿方山，疏淮水，以断地脉”。地脉一断，也就坏了风水了。

最有趣的要数明末崇祯帝和李自成之间的一场风水战，原来历代封建帝王为了保住自己的家天下并使之万代相传，都十分重视对于葬地风水的选择。一处墓地的选定，都往往要经过反复的踏勘和全国一流风水先生的参与。在这种思想支配下，当李自成领导的大规模农民起义威胁到明王朝江山时，崇祯皇帝就派出专人到陕西米脂去平毁李自成的祖坟，想借风水的法宝来割断他蒸蒸日上的生气。而从李自成一头来说，当他的农民军队攻占凤阳朱氏老家以后，也一把大火烧毁了崇祯帝祖辈的皇陵。结果出于历史的安排，崇祯帝自缢煤山，李自成兵败身死。可风水家们却不这样去想，并因此而又捞到了一个事实依据。

2 历代史籍中有关风水的记载

长期以来，作为传统文化中的风水之术，不仅上至帝王，下至百姓，对之如痴如狂，深信不疑，就是具有较高文化素养的文人学士，也都趋之若鹜，对于风水术有着极大的兴趣。由于有着这样庞大的社会基础，所以反映到史籍中来，也就不绝于书了。

方回是尧时有名的隐士，传说他曾著有《山经》说：“山川而能语，葬师食无所；肺腑而能语，医师色如土。”文中，方回饶有深意地把看风水的葬师和医师扯在一起说，如果山川能够说话，那么葬师就没有地方吃饭了，同样道理，如果肺腑能说话，那么医师们也就因此失去作用而面如土色了。对于方回著《山经》的事，我们可以断言纯是出于后人的伪托，然而这里的一些话，却说明了这样一个问题，就是山川是不会说话的，所以地师寻找风水宝地，就显得并不那么容易了。

《周礼·夏官·司马下》说："土方氏掌土圭之法以致日景（影）。以土地相宅而建邦国都鄙，以辨土宜土化之法而授任地者，王巡守，则树王宫。"结合《诗经·大雅·公刘》所说，可知这一时期，人们选择邦国都鄙，以及迁徙人宅，总要把考察山水自然形胜、测量日影、丈量土地提上议事日程，实为后世风水术的滥觞。

至西汉，《汉书·扬雄传》卷上载有扬雄《甘泉赋》说，"属堪舆以壁垒兮……"张晏注解道："堪舆，天地总名也。"孟康则认为："堪舆，神名，造图宅书者。"后来，唐代颜师古判定："堪舆，张说是也。属，委也，以壁垒委之。"可见到了汉代，作为风水前身一支的堪舆之术，是由"造图宅书"的神来命名的。

翻开《后汉书·袁安传》，袁安父亲去世，袁安为他物色落葬之地，在道上碰到三个书生，三书生指着一块地告诉他："若把你的父亲葬在这里，子孙辈便就可以世代为上公了。"结果袁安按照三书生的话把父亲下葬到了那块地里，果然自此之后，累世贵盛得可以。

管辂是魏时著名术士，《三国志·管辂传》说他随军西行，过毋丘俭墓，倚靠在一株大树上独自哀吟，精神不乐，别人问他缘故，他说："林木虽茂，无形可久；碑言虽美，无后可守。玄武藏头，苍龙无足，白虎衔尸，朱雀悲哭。四危以备，法当灭族，不过二载，其应至矣。"最后竟然应了管辂的话。玄武、苍龙、白虎，朱雀为"四灵"，当时管辂随军而行，因受启于《礼记·曲礼上》所载："行前朱雀而后玄武，左青龙而右白虎，招摇（北斗星）在上，急缮其怒。"加之班固的《白虎通义》中也说："左青龙（木），右白虎（金），前朱雀（火），后玄武（水），中央后土（土）。"所以便就有此一番联想和发挥。

《晋书·羊祜传》记载，有术士相羊祜祖坟上有帝王之气，羊祜听说，为了明哲保身，怕出乱子，便主动掘断地势，毁坏地形。当这以后，相地术士又说："尚出折臂三公。"后来羊祜果然坠马折臂，但还是做到了三公的高位。又同书《周光传》记载，陶侃将葬亲，家里忽然跑失了一头牛，在寻找中，有老者告诉他说："前面的山冈有只牛眠睡在那里，不知是不是你家里的。我看这地方的风水很是吉利，如果把这里选作葬亲的墓地，当位极人臣。"于是陶侃就把牛在山冈上的卧处选为葬地，这就是风水术中有名的"折臂三公"和"牛眠地"的出处。

南北朝刘义庆撰《幽明录》说，有个名叫孙钟的人，平时种瓜为业。一天，家里来了三个清气飘然的异人，一番寒暄之后，孙钟设瓜招待了他们。交谈之中，三个异人对他说道："示子葬地，下山百步，但不要回过头来看我们。"孙钟听了他们的话径直走下山去，然而要不了十六步，就忍不住回头看了一下，只见三只白鹤向高高的云堆里飞去。后来孙钟就在异人所示的地方葬了他母亲，并生了儿子孙坚。这则故事，虽然带有浓重的神话色彩，并且"孙钟设瓜"的成语，还被用作善有善报而广泛应用，然而在实质上，说明这一时期，人们虽然迷信风水，可是却又不能人人都懂，于是就借仙人来指点迷津了。

南朝的梁武帝时，社会上曾流传有"鸟山出天子"的民谣。为了这个民谣，梁武帝派了专人四出，只要逢上用鸟来命名的山峦，就都毫不留情地凿断地脉，破坏风水，所以当时长江下游东南一带各种名称的鸟山，没有一处是完好的，只有长兴的雉山漏网。后来陈武帝霸先称帝，他的祖坟正是筑在这漏网的雉山上的，竟然应了民谣的说法。

根据《北史》和《隋书》记述，萧吉字文休，博学而通阴阳地理之术。一次萧吉路过华阴，看到大臣杨素冢上白气连天，就暗暗对隋炀帝说道："杨素家里当有兵祸，这是灭门之象，除非改葬，才可避免。"隋炀帝听后，就从容地把萧吉的话转告给杨素的儿子杨玄感，希望他早日改葬。可是，握着重兵的杨玄感对此却认为是个吉利的兆头，于是便以辽东未灭，一时顾不到私事为借口含糊了过去。不久，杨玄感起兵反隋，围攻东都洛阳不克，又转而西取关中，及至阌乡（今河南灵宝西南），被隋军赶上，兵败而死。从文献记载看，萧吉有关风水的著述有《宅经》、《葬经》等。

《大唐新语》是唐代刘肃的笔记著作，其中卷十三有一则说，唐玄宗开元十五年（727）正月，集贤学士徐坚请假去京兆为妻子岑氏落葬，临去之前，徐坚向张说讨教兆域之制，张说当即发了这样一通议论："墓而不坟，所以反本也。三代以降，始有坟之饰，斯孝子永思之所也。礼有升降贵贱之度，俾存没之道各得其宜。长安、神龙之际，有黄州僧弘者，能通鬼神之意，而以事参之。仆常闻其言，犹记其要：'墓欲深而狭，深者取其幽，狭者取其固。平地之下一丈二尺为土界，又一丈二尺为水界，各有龙守之。土龙六年而一暴，水龙十二年而一暴，当其隧者，神道不安，故深二丈四尺之下，可设窀穸。墓之四维谓之折壁，欲下阔而上敛。其中顶谓之中樵，中樵欲俯敛而旁杀。墓中抹粉为饰，以代石垩。不致瓦瓿瓷瓦，以其近于火。不置黄金，以其久而为怪。不置朱丹、雄黄、矾石，以其气燥而烈，使坟上草木枯而不润。不置毛羽，以其近于尸也。铸铁为牛豕之状像，可以御二龙。玉润而洁，能和百神，置之墓内，以助神道。'僧弘之说如此，皆前贤未达也。桓魋石椁，王孙倮葬，奢俭既过，各不得中。近大理卿徐有功，持法不滥，人用赖焉。及其葬也，俭不逾制。将穿墓者曰：'必有异应，以旌若人。'果获石堂，其大如釜，中空外坚，四门八牖。占曰：'此天所以祚有德也。'置其墓中，其后终吉。后优诏褒赠，宠及其子。开府王仁皎以外戚之贵，坟墓逾制，襚服明器，罗列千里。坟土未干，家毁子死。殷鉴不远，子其择焉。"这种兆域之制和土龙、水龙，以及有关落葬奢俭得中的说法，在当时来说，具有一定的积极意义。又如"不置朱丹、雄黄、矾石，以其气燥而烈，使坟上草木枯而不润”的理论，可以看出对于墓地上面的环境保护，古人也是十分注重的。

当年，黄州（在今湖北省）有浮屠泓师精于风水，张说对他十分敬佩。《丑庄日记》曾载，一次，张说请浮屠泓师为他买宅，泓师告诫他不要在宅屋的东北打洞。后来，宅屋东北无故塌陷了一丈多，为此，泓师预测：“公当富贵一世，而诸子将不终。”张说想要平整土地，泓师说服他说：“客土无气，与地脉不连，譬如身疮痏，补他肉无益也。今之俗师妄言风水者，一遇方隅坎陷，则令补筑增矮，便谓藏风聚气，岂不谬哉！君子无惑焉可也。”

五代之时，后晋大臣王建立对风水很感兴趣。《旧五代史·王建立传》说，王建立临终，在病榻前语重心长地嘱咐儿子：“榆社之地，桑梓存焉，桑以养生，梓以送死。余生为寿百，刻铭石室，死当速葬，葬必从俭。违吾是言，非孝也。”为什么王建立要如此这般吩咐儿子呢？原来原因在于：“榆林其冈重复，松桧蔼然，占者云：‘后必出公侯。’故建立自为墓，恐子孙易之也。”

宋代名士洪迈著《夷坚志》，其书乙卷第十一有“刘氏葬”一则很是奇特，刘延庆少保从小失去父亲，后来祖父亡故，刘卜葬于保安军。这时有人对他说：“君家所卜宅兆，山甚美而不值正穴，盖墓师以为不利己，故隐而不言。若启坟时，但取其所立处，则世世富贵矣。”刘延庆闻言便照着他的话做，在勘地定穴时以墓师所立之处为墓穴，墓师见状不禁泪汪汪地说：“谁为君言之？业已尔，无可奈何！葬后不百日，吾当死，君善视我家，当更为君择吉日良时以为报。某日，可异柩至此，俟见一驴骑人即下窆，无问何时也。”刘氏听他说完，心里也觉得很难受，可是对于“驴骑人”的说法，又不能不感到疑惑。待到下葬之时，刘延庆为等“驴骑人”经过，从早起一直等到中午，才见一个村民肩上背着一头小驴经过，于是及时葬了祖父。原来当时山下小民家里的驴子刚生了一头毛色奇异的小驴子，小民好奇，就把小驴子扛在背上去给主人家看，这就是“驴骑人”的来历。葬后过了三月，墓师果然一命呜呼了。后来刘延庆位至节度使，儿子刘光世官至太傅杨国公。以上这些，都是刘尧仁对作者洪迈亲口说的。其事看来虽然奇异得离了谱，可是作为一说，也不妨故妄听之。

“客土无气”是《太平广记》卷七七引《大唐新语》和《戎幕闲谈》的一席话，这在明朝张岱的《夜航船》卷十四《九流部》中也有所提及。《夜航船》说：“浮图泓师（唐代齐安人，今湖北黄州）与张说市宅，视东北隅已穿十二坎，惊曰：‘公富贵一世矣，诸子将不终。’张惧，欲平之。泓师曰：‘客土无气，与地脉不连。譬如身疮痏，补他肉无益也。’”这种“客土无气”的说法，在风水术中也受到十分的重视。

在《夜航船》同卷中，张岱还举“真天子地”一则道：“明王贤尚梦人授以书：读书可以绯，不读此止衣绿。数日于路得一书，视之，《青乌说》也。潜玩久之，乃以善地理闻。时为钧州佐，上取以往命相地，得窦五郎故址，曰：‘势如万马，自天而下。真天子地也。’”

在诸多宋人笔记中，何薳的《春渚纪闻》是很有名声的一种。书中卷第二《张鬼灵相墓术》一篇道：三衢人张鬼灵，小时候父亲让他跟同里人学相墓术。后来忽有所悟，就以鬼灵作为名字。宋徽宗建中靖国初年，张鬼灵来到钱塘，请他相墓的人闻风而至。当时有个姓周的县令，括苍人，因为也爱好风水地理之术，于是就准备了饭菜把张鬼灵请到家里。周县令问道：“凡相墓或不身至，而指示图画，可言克应否？”张鬼灵说：“方位山势不差，合葬时年月，亦可言其粗也。”周县令听说，就起身指着墙上的一张坟墓所在地图请教，张鬼灵仔细看了半天，才说：“据此图，墓前午上一潭水甚佳，然其家子弟若有乘车坠此潭，几至不救者，即是吉地而发祥自此始矣。”周县令回答：“实在有这件事。”随之，张鬼灵继续话题：“是年此坠马人，必被荐送，次年登第也。”听到这里，周县令不觉起身握着他的手道："吾不知青乌子郭景纯何如人也。今子殆其伦比耳。是年春祀，而某乘马从之，马至潭仄，忽大惊跃，衔勒不制，即与某俱坠渊底，逮出气息而已。是秋发荐，次年叨忝者，某是也。"又有蔡宏、蔡靖兄弟的先墓在富春白升岭，也请张鬼灵去看看吉不吉利。张鬼灵来到墓下端详道："此墓当出贵人，然必待君家麦瓮中飞出鹌鹑，为可贺也。"蔡宏回说："前日某家卧房米瓮中忽有此异，方有野鸟入室之忧。"张鬼灵应曰："此为克应也，君家兄弟有被魁荐者，即是贵人也。"这年秋天，蔡靖"果为国学魁选"。平时，张鬼灵常对人说："我亦患数促，非久居世者，但恨无人可授吾术耳。"两年以后，张鬼灵果然与世长辞，当时还只有 25 岁。《春渚纪闻》把张鬼灵的相墓术说得活灵活现，不可思议，显然有着极度的夸张成分在内，然而从另一面看，可知当时社会上对相墓术是相当注重的。

由于阴宅风水到了宋代受到越来越多的重视，所以朝廷大官有时还会因皇陵的事而吃官司。宋人魏泰在《东轩笔录》中为我们陈述了这样一件事：宋真宗驾崩以后，丁晋公为山陵大礼使，宦者雷允恭为山陵都监。及开皇堂，看到泉脉坌涌，丁晋公便"私欲庇覆"，于是"更不闻奏"，擅自移开了好几十丈。当时有人认为，丁晋公这样一移，就把皇陵移到了绝地，以致朝廷大喧。这时，权知开封府的吕夷简对这一案件进行了审理。当时，丁晋公虽然早已失了天下人心，可是却还秉政，掌握着朝廷的实权。在审理案件时，具体经办人许公深知丁晋公为人机智而多心眼，因此"凡移行、推劾文字，及追证左右之人"，一切都推在雷允恭身上，一点也不关联到丁晋公。定案之时，许公要向皇上汇报，丁晋公心想，这总没问题了，便同意让许公面呈皇上。待到皇上接见许公，许公才将丁晋公擅自移动陵墓位置的事托了出来。这样，丁晋公"竟以此投海外"，而许公便开始参知政事了。案情在查办过程中尽管有些插曲，但却全由丁晋公为山陵大礼使时，"及开皇堂，泉脉坌涌"，"欲私庇覆，遂更不闻奏，擅移数十丈"而起，可见有关皇家的风水大事，是来不得半点差失的。

皇家择葬如此重视风水，社会上也同样如此。宋代方勺的《泊宅编》卷上说："吴伯举舍人知苏州日，谒告归龙泉，迁葬母夫人。已营坟矣，及启堂殡，见白气氤氲。紫藤绕棺，急复掩之。术人视殡处，知自是吉地，因即以为坟。然颇悔之，舍人竟卒于姑苏。"为了不懂风水而被人抢去为坟的吉地，竟至悒郁而死，可见风水宝地在当时人的心目中占有多么重要的位置了。

南宋末年赵与时的《宾退录》中，还提到朱熹和宾客谈论风水的话："冀州好一风水：云中诸山，来龙也；岱岳，青龙也；华山，白虎也；嵩山，案也；淮南诸山，案外山也。"可见理学家朱熹也是笃信并擅长风水之术的。

在明清文人的笔记或文集中，奢谈风水的篇章也屡见不鲜。徐霞客是明代有名的大旅行家，在他一生北抵晋冀，南尽粤桂，西极黔滇，东至浙闽的大规模游程中，以科学求实的精神，对风水之学作了地质学和美学意义上的探索和考察。为此，当代杨文衡先生曾在1990年撰有《徐霞客的风水思想和活动》一文，提交"国际中国科学技术史学术讨论会"。打开《徐霞客游记》，当年潘耒的那篇序文就曾提及："其（指徐霞客）行不从官道，但有名胜，辄迂回屈曲以寻之，先审视山脉如何去来，水脉如何分合，既得大势，然后一丘一壑，支搜节讨。登不必有径，荒榛密箐，无不穿也；洞极邃者，必猿挂蛇行，穷其旁出之窦。途穷不忧，行误不悔。瞑则寝树石之间，饥则啖草木之实。不避风雨，不惮虎狼，不计程期，不求伴侣，以性灵游，以躯命游。亘古以来，一人而已。"《檐曝杂记》是清代大诗人赵翼所著的史料笔记，书中卷二有《相宅董仙翁》篇，说赵翼家乡有个壬申年进士，名叫董华星的人，平时精六壬奇门之术，尤其擅长于相宅。壬申年会试之前，需要在贡院前借屋居住，赵翼曾和董华星约好同住一处。当时，赵翼先去座师汪文瑞家拜访，不料汪文瑞却为他借了一宅，因为碍于情面，于是就只得让内弟刘敬舆去董华星处一起居住，自己不能住一起了。其时董华星和另一位同乡符天藻已住在了董华星亲自择定的一处屋里。两场考试以后，赵翼前去董华星处叩问屋里有几个人会考取，董华星回答说是："三人俱可隽，恐符君或失之，盖夜卧须各按本命定方位，而符怀疑，不我从也。"出榜，果然董华星、刘敬舆都中了进士，赵翼和符天藻落第。又有一次，江苏巡抚庄有恭请董华星去相察正在建造中的衙署吉凶，董华星指示改修了几个地方。不久衙署落成，庄有恭准备上堂办公，董华星让他择一吉时而出。到时庄有恭刚一坐停，辕门外就传来报喜的鼓声，原来这时传来了巡抚官加宫保的好消息。此外，有个康基田的县令，因为家里有子弟应秋试，就去问董华星吉利不吉利。董华星先问他祖坟朝什么方向，然后再叫他在坟的某一个方位立一灯竿，这样以后，子弟中某一年生的一个就可笃定考中了，结果果然应了董华星的话。因为董的相宅预言多有奇验，人家都叫他为"董仙翁"。

尝鼎一脔，历代史籍中有关风水术的记载远远不止这些，然而我们却又不难通过这里的这些记载，了解到我国从古以来对于风水术重视到何等程度的大致情况。

3　风水古籍通览

我国古代风水著述，虽经历史风雨侵蚀，波涛汰刷，可是流传至今的，依然为数可观，卷帙浩瀚，如单就《中国丛书综录》所收，略参其他单刻本流传，除去重复，就达上百种之多。清人王鸣盛在《十七史商榷》中曾经说过："凡读书最切要者，目录之学。目录明，方可读书；不明，终是乱读。"现按《中国丛书综录》术数类所列"堪舆之属"，以及零星所见，开列要目如下，以供披阅：

①《黄帝宅经》二卷

后人托名上古黄帝所撰，有《正统道藏》、《道藏举要》、《夷门广牍》、《津逮秘书》等多种丛书本。

②《葬经》一卷

后人托名汉青乌子撰，金人兀钦仄注解。有《小十三经》、《夷门广牍》、《津逮秘书》、《学津讨原》、《古今图书集成》等本子。

③《相地骨经》

后人托名汉青乌子授，有《居家必备》、《说郛》等丛书本。

④《管氏地理指蒙》

旧题魏管辂撰，实为晚唐时期托名之作。内分“有无往来”、“山岳配天”、“配祀”、“相土度地”等多个章节，在后世相地书中，有着一定的影响。

⑤《葬书》一卷

旧题晋郭璞撰，别称《葬经》，又有二卷本。此书平时较为习见，有多种丛书本及单刻本，不难寻觅。

⑥《青囊海角经》

旧题晋郭璞所著，又名《玄女青囊海角经》，实亦出于后人依托。

⑦《撼龙经》一卷

唐代杨益撰，又有多卷本传于世。有《菊逸山房地理正书》、《地理大全》、《四库全书》、《正觉楼丛刻》等多种不同版本。

⑧《疑龙经》一卷

唐代杨益撰，又有多卷本传于世。后世《菊逸山房地理正书》、《地理大全》、《四库全书》、《正觉楼丛刻》等多种丛书都收采其书。

⑨《葬法倒杖十二法》一卷

唐杨益撰，有《地理大全》、《四库全书》等本子。

⑩《青囊奥语（旨）》一卷

唐杨益撰,《地理大全》、《杨曾地理元文四种》、《四库全书》等丛书都曾收载。

⑪《都天宝照经》一卷

唐代杨益原著，清人端木国瑚注解，收入《杨曾地理元文四种》。此外又有民国廖平注本，见《新订六译馆丛书·地理类》。

⑫《天玉经》一卷

唐杨益撰，清人端木国瑚所注，收入《杨曾地理元文四种》。

⑬《杨公金函经》一卷

唐杨益撰，明黄复初辑佚，有《地理真诀》本传于世。

⑭《金刚钻本形法葬图诀》

旧题杨再谪仙人撰，或谓杨再谪仙人即唐代地理大师杨益。书前《论葬》有言：“杨公一日执金刚钻谓门人曰……”可以推知大概。

⑮《曾氏水龙经校》一卷

唐曾文辿撰，有《地理真诀》本等。

⑯《天机素书》四卷

唐邱延翰撰，见载于《地理大全》第一集。

⑰《卜氏雪心赋》一卷

唐卜则巍撰，明黄复初辑,《地理真诀》收有此书。

⑱《灵城精义》二卷

南唐何溥撰，明初刘基注解，有《四库全书》本。

⑲《博山篇》

五代黄妙应撰，内容简明，时有可采。

⑳《玉尺经》四卷，附《原经图式》一卷

宋陈抟撰，元代刘秉忠集，载入《地理大全》第二集。

㉑《吴公教子书》一卷，附《四十八局图说》一卷

宋代吴克诚撰，又名《天玉经外传》,《地理大全》二集曾收其书。

㉒《催官篇》二卷

宋赖文俊撰,《四库全书》收载。又有清人尹有本作注的四卷本，入录于《四秘全书》。

㉓《理气穴法》一卷

宋赖文俊撰，此书作为赖氏所著《催官评龙篇》二卷的附录，见载于《地理大全》第二集中。

㉔《七十二葬法》一卷

宋赖文俊撰，清尹有本注解，有《四秘全书》本。

㉕《天星篇校》一卷

宋赖文俊撰,《地理真诀》收载其书。

㉖《发微论》一卷

宋蔡元定撰,《地理大全》、《四库全书》等丛书收有此书。此外，尚有《地理真诀》本《蔡氏发微论校》一卷，附《穴情赋》一卷。

㉗《九星穴法》四卷

宋廖瑀撰，有《地理大全》本。

㉘《廖公四法心经》一卷，附《全局安坟立宅入式歌》一卷

宋廖瑀撰,《地理真诀》采入此书。

㉙《十六葬法》

宋廖瑀撰，书中以天、地、人作为大纲，统帅脉之四穴、息之四穴、窝之四穴、穴之四穴，则十六葬法的能事毕矣。

㉚《达僧问答》一卷

宋人刘潜撰，清尹有本注解,《四秘全书》载有此书。此外,《地理真诀》丛书也收载此书，题为《司马头陀达僧问答》一卷，附《水法》一卷。

㉛《琼林国宝经》

宋孙伯刚撰，在总述择地之法的同时，突出对于奇形怪穴的研究和选择。

㉜《乘生秘宝论》

宋刘见道撰，全书计十四章，每章以四言绝句一首的韵文形式概述全章大旨，理解为难。

㉝《神宝经》

宋谢和卿撰，书中反对针盘、卦例等项，主张作穴之法，当以明理为先，不可执板。

㉞《天宝经》

宋谢和卿撰，又名《王元子天宝经》，其内容仅只十二段，在简明扼要的论述中，透露出作者对于择穴落葬之道，首先注重于阴阳之理的推敲。

㉟《堪舆总索杂著》

宋李思聪撰，因书中有“嘉靖壬戌（明世宗四十一年）寺焚石现，倭遂破城”等语，所以有人认为，此书可能出于后人依托，但也不排除先为宋人所著，后世有所增益的可能性。

㊱《地理葬书集注》一卷

元郑谧撰，被收载于《十万卷楼丛书初编》、《续金华丛书·子部》。

㊲《葬书问对》一卷

元赵汸撰，见《十万卷楼丛书初编》所收《地理葬书集注》附，《续金华丛书·子部》所收《地理葬书集注》附。

㊳《风水问答》一卷

元朱震亨撰，《奚囊广要丛书》入录。

㊴《披肝露胆经》一卷

明刘基撰，《地理大全》一集载有此书。

㊵《堪舆漫兴》

明刘基撰，以七言绝句的形式，掇出山祖、水源、北龙、中龙、南龙、枝干、干龙、支龙等风水要领，计一百余首。

㊶《地理正言》一卷

明朱权（涵虚子）撰，收入《奚囊广要》丛书。

㊷《相宅要说》

明高濂撰，见《居家必备·趋避》。

㊸《葬经翼》一卷

明缪希雍撰，有《津逮秘书》、《学津讨原》丛书本，广中并同时收有缪氏所著《难解二十四篇》一卷，图一卷。

㊹《青乌绪言》一卷

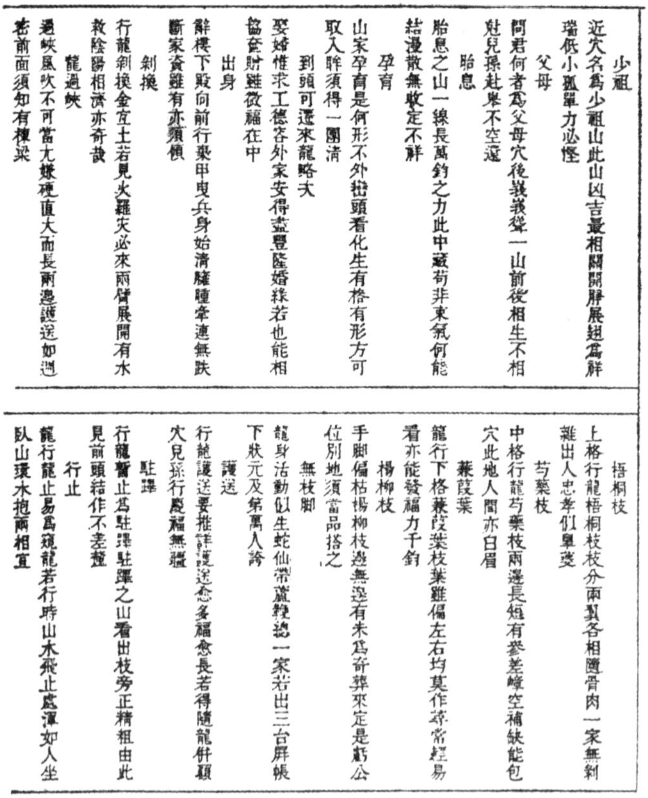
少祖
近穴名爲少祖山此山凶吉最相關靜展翅爲鮮
瑞低小孤單力必慳
父母
問君何者爲父母穴後巍巍聳一山前後相生不相
尅兒孫赴舉不空還
胎息
胎息之山一線長萬鈞之力此中藏苟非束氣何能
結漫散無收定不祥
孕育
山家孕育是何形不外抬頭看化生有格有形方可
取入胙須得一團清
到頭可還來龍略大
娶婦惟求工德容外家安得盡豐隆婚姻若也能相
協奩財雖微福在中
出身
辭樓下殿向前行棄甲曳兵身始清臃腫牽連無跌
斷家資雖有亦須傾
剝換
行龍剝換金直土若見火羅灾必來兩臂展開有水
救陰陽相濟亦奇哉
龍過峽
過峽風吹不可當尤嫌硬直大而長兩邊護送如迴
若前面須知有棟梁
梧桐枝
上格行龍梧桐枝枝分兩翼各相隨骨肉一家無剝
雜出人忠孝似皋夔
芍藥枝
中格行龍芍藥枝兩邊長短有參差嶂空補缺能包
穴此地人間亦白眉
蒹葭葉
龍行下格蒹葭葉枝葉雖偏左右均莫作尋常輕易
看亦能發福力千鈞
楊柳枝
手脚偏枯楊柳枝邊無邊有未爲奇葬來定是葛公
位別地須當品搭之
無枝脚
龍身活動似生蛇仙帶藏鞭總一家若出三台屏帳
下狀元及第萬人誇
護送
行龍護送要推詳護送愈多福愈長若得隨龍併顧
穴兒孫行殿福無疆
駐蹕
行龍暫止爲駐蹕駐蹕之山看出枝旁正精粗由此
見前頭結作不差池
行止
龍行龍止易爲窺龍若行時山水飛止處渾如人坐
臥山環水抱兩相宜

刘基《堪舆漫兴》(《古今图书集成》本)

明李豫亨撰，有《学海类编》本。

㊺《新镌唐氏寿域》一卷

明王福贤撰，见《五种秘窍全书·罗经秘窍图书附》。

㊻《心得要旨》一卷

明金星桥撰，《木樨轩丛书》收录。

㊼《山水忠肝集摘要》一卷

明萧克撰，《续知不足斋丛书》第二集。

㊽《石函平砂玉尺经纂》一卷

明赖从谦辑，采入《地理真诀》丛书。

㊾《秘传水龙经》五卷

明无名氏撰，蒋平阶辑，有《借月山房汇钞》、《指海》、《丛书集成初编》等本子。

㊿《阳宅指南》一卷

明蒋平阶撰，清尹言本发义，有《四秘全书》本。

⑤①《阳宅三格辨》一卷

明蒋平阶撰，有《四秘全书》本。

⑤②《地理辨正补义》五卷

明蒋平阶补传，姜垚辨正，清尹有本补义，《四秘全书》收录。

⑤③《玉函真义古镜歌》三卷

明蒋平阶撰，清尹有本发义，《四秘全书》收采。

⑤④《地理古镜歌》一卷

明蒋平阶撰，见《艺海珠尘革集》庚集。

⑤⑤《相地指迷》十卷

明蒋平阶（大鸿）撰，清凌堃辑，见《凌氏传经堂丛书》。

⑤⑥《地理微绪》一卷

明罗明祖撰，见《罗纹山先生全集》。

㊼《阳基部》一卷

明黄复初撰，入采于《地理真诀》。

㊽《龙部》一卷

明黄复初撰，入采于《地理真诀》。

㊾《穴部》一卷

明黄复初撰，入采于《地理真诀》。

㊿《作用部》一卷

明黄复初撰，入采于《地理真诀》。

61《警世要言》一卷

明黄复初撰，见《地理真诀·附》。

62《理气部》一卷

明黄复初撰，入采于《地理真诀》。

63《水部》一卷

明黄复初撰，入采于《地理真诀》。

64《砂部》一卷

明黄复初撰，入采于《地理真诀》。

65《搜玄旷览》十四卷

明李国木撰，见《地理大全》一集。

66《索隐玄宗》九卷

明李国木撰，见《地理大全》二集。

67《地理秘窍》一卷

明甘霖撰，《五种秘窍全书》收采。

68《罗经秘窍图书》十卷

明甘霖撰，《五种秘窍全书》收采。

⑲《江氏百问目讲禅师地理书》一卷

明释目讲撰，采入《三馀堂丛刻》。

⑳《地理索隐》一卷

明释目讲撰，采入《三馀堂丛刻》。

㉑《阴阳宝海三元玉镜奇书》三卷

明释目讲撰，又名《三白宝海》，采入《选择丛书集要》。

㉒《阳明按索》五卷

明陈复心撰，陈汉卿补注，采入《选择丛书集要》、《阴阳五要奇书》。

㉓《平洋论》

明无名氏撰，见《地理大全一集·披肝露胆经附》。

㉔《潮水论》

明无名氏撰，见《地理大全一集·披肝露胆经附》。

㉕《罗盘解》一卷

清赵榆森撰，见《三馀堂丛刻·江氏百问目讲禅师地理书附》。

㉖《征验图考》一卷

清尹有本撰，《四秘全书》入收其书。

㉗《地理精语》四卷

清尹有本撰，《四秘全书》入收其书。

㉘《八宅明镜》二卷

清箬冠道人撰，采入《阴阳五要奇书》。

㉙《宅谱指要》四卷

清魏青江撰，《阳宅大成》收采其书。

㉚《宅谱迩言》二卷

清魏青江撰，《阳宅大成》收采其书。

㉛《选时造命》四卷

清魏青江撰，《阳宅大成》收采其书。

㉜《宅谱修方》五卷

清魏青江撰，《阳宅大成》收采其书。

㉝《阳宅摄要》二卷

清吴鼒撰，见《借月山房江钞》第十二集。《泽古斋重钞》第十集。

㉞《阳宅辟谬》一卷

清姚文田（梅漪老人）撰，见《榕园丛书续刻》、《咫进斋丛书》第三集、《丛书集成初编·社会科学类》。

㉟《青囊天玉通义》五卷

清张惠言辑，收入《大亭山馆丛书·子类》。

㊱《葬书》二卷

清陈确撰，有《乾初先生遗集·别集》、《葬书五种》等版本。

㊲《地理骊珠》

清张沄撰，见《檀几丛书》第四帙。

㊳《翻卦挨星图考著》一卷

清戴鸿撰，见《艺海珠尘革集》庚集。

㊴《葬考》一卷

清邵嗣宗辑，见《娄东杂著（土集）》。

㊵《地理末学》六卷

清纪大奎撰，见《纪慎斋先生全集》。

㊶《地理水法要诀》五卷

清纪大奎撰，见《纪慎斋先生全集》。

㊷《周易葬说》一卷

清端木国瑚撰，见《杨曾地理元文四种》附。

㊸《地理真踪》一卷，附录一卷

清黄锡绂撰，有《逊敏堂丛书》本。

㊉《风水祛惑》一卷

清丁芮朴撰，有《月河精舍丛钞》本。

(95)《慎终录要》一卷

清王载宣著，吴骞校订，入采于《葬书五种》。

(96)《菊逸山房山法备收》一卷

清寇宗辑，见《菊逸山房地理正书》。

(97)《堪舆谱概》一卷

清张桂林撰，入录于《张氏杂著》。

(98)《诚是录》一卷

清孟超然撰，见《亦园亭全集·孟氏八录》。

(99)《罔极录》二卷，附记一卷

清许楹撰，入采于《葬书五种》。

(100)《蜀山葬书》二卷

清范鲲撰，入采于《葬书五种》。

(101)《丧葬杂说》一卷

清张朝晋撰，入采于《葬书五种》。

(102)《地理枝言》

清洪枰撰，见《赤城遗书汇刊》。

(103)《地理辨正图说》一卷

清徐迪惠撰，见《杨曾地理元文四种附》。

(104)《水盘八针法》一卷

清无名氏撰，见《逊敏堂丛书》。

(105)《地理答问》一卷

民国廖平撰，见《新订六译馆丛书·地理类》。

⑩⑥《地理辨正补正》三卷

民国廖平撰，黄镕笔述，见《新订六译馆丛书·地理类》。

⑩⑦《撼龙经传订本注》一卷

民国廖平撰，黄镕笔述，见《新订六译馆丛书·地理类》。

此外，尚有不明著述朝代如沈祖绵所撰《玄空秘旨通释》一卷，《玄机赋通释》一卷，《飞星赋通释》一卷，《紫白诀通释》二卷，刘紫芝传《豁落斗》一卷等。

再如近人孙殿起的《贩书偶记》所载，尚有王达琮《葬经注》一卷、《地理纯孝渊源录》五卷，孟浩《雪心赋正解注》四卷、《辨论篇》一卷，李文田《撼龙经注》一卷，吴景鸾《秘传夹竹梅花院纂》三卷，郝镕量《地理钩玄论》一卷，赵祐《地理紫囊书》八卷，张绍林《游南龙记》，张亘《地理玄机》、《地理全书》五卷，冯起震《阳宅易简》，李邦祥《阳宅真传秘诀》六卷，方成郊《地学犀精》二卷，秦宫璧《葬书八种》八卷，曹安峰《地理原本说》四卷，程永芳《地理水法宗旨》二卷，金六吉《地学臆解》三卷、《指迷篇》二卷，秦蕙田《地理元宗图说》二卷，倪化南《地理形势集》八卷，汪思回《地理薪传》十六卷，董得彰《阡厝要诀》一卷，江元林《地理裘腋集》五卷，青江子《地学答问》二卷，汪沅《青囊解惑》四卷，陈诜《地理述》八卷，吴楚《地理卜兆真机》六卷，焦循《相宅新编》二卷，熊起磻《堪舆泄秘》六卷，袁培松《风水本义》一卷，张觉正《阳宅爱众》四卷，李三素《天机贯旨红囊经》四卷，史易《阳宅吾说篇》六卷，高云龙《地理青囊粹编》一卷，罗金鉴《地理支陇乘气论》四卷，王增杰《罗经新解》五卷、《疑龙补注》三卷，姚承舆《阳宅正宗》二卷、《阳宅指正》四卷，张际盛《阳宅易知录》一卷、《阴宅易知录》一卷，许扬芬《堪舆演易前集》五卷、《后集》四卷，歙方奇《修元大道》三卷，杨芳《三元透易》等。

以上这些风水著述，看去头绪纷繁，为了便于对其中的某些经典之作，有个提纲挈领的了解，现把《四库全书·术数类》所收风水著作八部十七卷，作个约略的介绍。在《四库全书·术数类》中，风水著作不称为“堪舆之属”而称为“相宅相墓之属”，自有它的一番道理。

按相宅相墓，自称“堪舆家”，考《汉志》(《汉书·艺文志》)有《堪舆金匮》十四卷，列于五行。颜师古注引许慎曰：“堪，天道；舆，地道。”其文不甚明，而《史记·日者列传》有武帝娶会占家，问：“某日可娶妇否？”堪舆家言“不可”之文。《隋志》则作“堪馀”，亦皆日辰之书，则堪舆占家也。又自称曰“形家”。考《汉志》有宫宅地形二十卷，列于形法，其名稍近；然形法所列，兼相人、相物，则非相宅、相地之专名。今题曰“相宅相墓”用《隋志》之文，从其质也。

有关《四库全书·术数类》所收“相宅相墓之属”八部十七卷的情况为：

①《宅经》二卷（两江总督采进本）

此书旧本题为《黄帝宅经》。从《汉书·艺文志》形法家类著述收有《宫宅地形》二十卷分析，可见相宅之书的出现，大致要比相墓之书为早。再从《隋书·经籍志》收有《宅吉凶论》三卷、《相宅图》八卷，《旧唐书·艺文志》收有《五姓宅经》二卷，都不说出自黄帝来看，可见旧称《黄帝宅经》，原系出于依托。又从书中提到黄帝两《宅经》，以及淮南子、李淳风、吕才等《宅经》二十九种进行推敲，可知其书写成之初，并不伪称出于黄帝，加之黄帝之时，尚无文字出现，如此看来，此书只是方技之流，为了抬高风水术的身价和神奇，才把黄帝给抬了出来。

打开《宋史·艺文志》五行类，内载《相宅经》一卷，很可能说的就是此《宅经》。那么,《宅经》即使出于依托,但在术数之中,还是可以说是最为近古的一种。

关于《宅经》的一些情况,《四库全书总目》卷一百九说:"其法分二十四路考寻休咎,以八卦之位向乾、坎、艮、震及辰为阳,巽、离、坤、兑及戌为阴。阳以亥为首,巳为尾;阴以巳为首,亥为尾。而主于阴阳相得,颇有义理,文字亦皆雅驯。"

②《葬书》一卷(通行本)

《葬书》又称《葬经》,旧本题为晋人郭璞撰。我国三代以上,葬不择地,没有阴宅风水的说法。此后直到班固著《汉书》,才在《艺文志》"形法家"中,把宫宅地形和相人相物之书同时并列。随之,《后汉书·袁安传》进一步载述袁安父亲谢世,袁安为他寻求葬地,在路上碰到三个书生,三书生指着一块地说:"如果把你父亲葬在这里,世世代代当为上公。"袁安听了三书生的话,就把父亲葬在那块地里,结果累世贵盛。由此推测,阴宅风水之说,当在东汉之后方才流行开来,只是由于擅长其术的,首推晋人郭璞,所以后世说起阴宅风水,就把郭璞推为鼻祖了。

若问《葬书》究竟是否出于郭璞手笔,答案是否定的。《四库全书总目》曾考证为:"考璞本传,载璞从河东郭公受青囊中书九卷,遂洞天文、五行、卜筮之术。璞门人赵载尝窃《青囊书》,为火所焚,不言其尝著《葬书》。《唐志》有《葬书地脉经》一卷,《葬书五阴》一卷,又不言为璞所作,惟《宋志》载有璞《葬书》一卷,是其书自宋始出。其后方技之家,竞相粉饰,遂有二十篇之多。蔡元定病其芜杂,为删去十二篇,存其八篇;吴澄又病蔡氏未尽蕴奥,择至纯者为《内篇》,精粗纯驳相半者为《外篇》,粗驳当去而姑存者为《杂篇》。新喻刘则章亲受之吴氏,为之注释。今此本所分《内篇》、《外篇》、《杂篇》,盖犹吴氏之旧本,至注文出于刘氏与否,则不可考矣。书中词意简质,犹术士通文义者所作,必以为出自璞手,则无可征信。

或世见璞葬母暨阳，卒远水患，故以是书归之欤。”

书中所述内容，《四库全书总目》概括为：“其中遗体受荫之说，使后世惑于祸福，或稽留而不葬，或迁徙而不恒，已深为通儒所辟。然如‘乘生气’一言，其义颇精。又所云‘葬者原其起，乘其止’，‘乘风则散，界水则止’诸条，亦多明白简当。”可见古代明达之士，对于风水吉凶也是一分为二，并不盲从。

③《撼龙经》一卷（通行本）、《疑龙经》一卷（通行本）、《葬法倒杖》一卷（通行本）

以上一部三种，无名氏著。后来题为唐朝杨筠松撰。杨筠松名益，字叔茂，筠松是他的号，自称“救贫先生”。祖籍窦州（今广东省信宜县）人，后来寓居江西。术家传说，杨益曾掌灵台地理，官至金紫光禄大夫。唐僖宗广明初年（公元 880 年），黄巢起义军进入长安，杨益乘乱窃取禁中玉函秘术，逃之夭夭。此后并往来于虔州一带。这些术家传说，多为无稽之谈，难以凭信。

以上三种风水地理著述的一些情况，《四库全书总目》掇要叙为：“《撼龙经》专言山龙脉络形势，分贪狼、巨门、禄存、文曲、廉贞、武曲、破军、左辅、右弼九星，各为之说。《疑龙经》上篇言干中寻枝，以关局水口为主；中篇论寻龙到头，看面背朝迎之法，下篇论结穴形势，附以《疑龙十问》，以阐明其义。《葬法》则专论点穴，有倚、盖、撞、粘诸说；《倒杖》分十二条，即上说而引申之，附二十四砂葬法，亦临穴时分寸毫厘之辨。”

三书旧本有明人李国木的注释，并且附有图版，后来《四库全书》在收采其书时，认为书中所注和附图庸俗浅陋，一无可取之处，所以就一起删掉了。

④《青囊奥语》一卷、《青囊序》一卷（通行本）

《青囊奥语》旧本题杨筠松撰，《青囊序》为杨筠松弟子曾文辿所作（后来曾文辿又把杨筠松之术传给陈抟）。

有关本书的由来和原名，《四库全书总目》所作考证，可供参考："按赵希弁《读书后志》有《青囊本旨》一卷，云不记撰人，演郭璞《相墓经》；陈氏《书录解题》有杨公遗诀《曜金歌》，并《三十六图像》一卷，注云'杨'即筠松也。今是书以阴阳顺逆九星化曜，辨山水之贵贱吉凶，未审与《曜金歌》为一为二，惟郑樵《通志·艺文略》别载有曾氏《青囊子歌》一卷，又杨、曾二家《青囊经》一卷，或即此书之原名欤？"

书中大意，按照《四库全书总目》概括，大致为："其中多引而不发之语，如'坤壬乙巨门从头出'一节，历来注家罕能详其起例。至《序》内'二十四山分顺逆'一条，则大旨以木、火、金、水，分属甲、丙、庚、壬、乙、丁、辛、癸，互起长生，如甲木生于亥，库于未，乙木生于午，库于戌之类，因以亥、卯、未、寅、午、戌、巳、酉、丑、申、子、辰为四局，反复衍之，得四十八局。阳从左旋，阴从右转，盖本之说卦阳顺阴逆之例，为地理学家之权舆。明人伪造之《吴公教子书》，刘秉忠《玉尺经》，盖即窃其余绪，衍为图局。逮僧徹莹作《直指元真》，专以三元、水口，随地可以定向，于是谈地学者舍形法而言理气，剽窃附会，俱以是编为口实，然不以流派多歧，并咎其创法之始也。"

书中原有托名为刘基的注本，后来李国木又加润饰。由于注文芜蔓殊甚，又妄据《玉尺经》篡改原文字句，所以《四库全书》在采编此书时，在更正原文的同时，把注文都删除尽净了。

⑤《天玉经内传》三卷、《外编》一卷（通行本）

旧本题为杨筠松撰，但郑樵《通志·艺文略》，陈振孙《书录解题》所提到的杨、曾二家著述，都未见有《天玉经》的书名。所以关于其书是否果真出于杨益所撰，还是出于后人伪托，便就一时难下结论了。

后来，风水术中崇尚理气一派的，都很推许此书。书中所述，语多隐涩，《四库全书总目》曾提挈其纲领为："《内传》首言江东一卦，江西一卦，南北八神一卦，术者罕通其说，近时潘思榘作《天玉经笺》，许清奇作《天玉经注》，始推绎下文有父母三般卦，又有'天卦江东掌上寻'之语，疑所谓江东者即天卦，所谓江西者即地卦，所谓南北者即父母卦。大抵以甲、丙、庚、壬四阳干左旋起长生者为东卦，阳数奇，故曰天卦，曰八神四一；以乙、丁、辛、癸四阴干右旋起长生者为西卦，阴数耦（偶），故曰地卦，曰八神四二。又以山家之坐向为南北一卦，由天地而及人，故曰父母卦。盖自神其说，故为隐奥之词，使人惝恍迷离，骤不得其指要，方技家之谲智，往往如斯，不独此篇为然也。《外篇》专言四经五行，其以子、寅、辰、乾、丙、乙为金，午、申、戌、坤、壬、辛为木，卯、巳、丑、艮、庚、丁为水，酉、亥、未、巽、甲、癸为火，又谓之元空卦，亦莫能明其所以然。"

书中有天谷散人所作注文，可供阅读时参考。

⑥《灵城精义》二卷（两淮盐政采进本）

旧题南唐何溥撰，明刘基注。由于书中推许的元运学说，起源于明朝初年，而其时刘基注文所列引用书目如《八式歌》等二十二种著述，又大多为明代中叶以后的伪书，所以大致可以认定，其书既非出于何溥手笔，注文也并非刘基所作。话虽如此，但这并不等于说，这书就没有参考价值了，正如《四库全书总目》所说："但就其书而论，则所云'大地无形看气概，小地无势看精神'，'水成形，山上止，山成形，水中止'，'龙为地气，水为天气'诸语，于彼法之中颇为近理。注文亦发挥条畅，胜他书之弇鄙，犹解文义者之所为。"同时并认为："术数之书，无非依托，所言可采，即录存以备一家，真伪固无庸辨，亦不足与辨也。"

书中上卷论形气，以山川形势，辨龙辨穴为主；下卷论理气，以天星卦例，生克吉凶为主。书中以元运学说为主，提到宇宙有大关合，气运为主；又提到地运有推移，而天气从之，天运有转旋，而地气应之。关于元运学说的要领，主要以甲子六十年为一元，由上元而中元而下元，历一百八十年为一周，三周为一运。这样下来，实际经历九个甲子，也就是九个六十年，计五百四十年为一运，以与《洛书》九宫学说相配。结合相地，每元之中，又以二十年为一个小运，以卜地气的旺、相、休，囚。如上元甲子一白司运，便就坎得旺气，震、巽得生气，乾、兑得退气，离得死气，坤、艮得鬼气就是。这种卜法出于明初宁波幕讲僧，其法大抵依照《皇极经世》进行推演，在相地书中可谓别具一格。

⑦《催官篇》二卷（通行本）

宋赖文俊撰。赖文俊，字本素，处州人。当年，他曾在处州（今福建省建阳县）当过官。由于平时爱好相地之术，便就弃职浪游，自号布衣子，人家都称他为“赖布衣”。他的著作除《催官篇》外，尚有《绍兴大地八钤》、《三十六钤》等书，可惜后因佚失，故而无从得见。

《催官篇》二卷，内分龙、穴、砂、水四篇，各为之歌。龙篇以二十四山分阴阳，以震、庚、亥为“三吉”，巽、辛，艮、丙，兑、丁为“元秀”，从而揭示其变换受穴吉凶之应。穴篇仍然以龙为主，而受气则分挨左挨右，各不相同。砂篇、水篇也都以方位为主，判断吉凶。

由于书中时涉神怪，所以较难理解，但也不乏采用阴阳五行之理进行发挥之处。为此，《四库全书总目》指出：“如谓寅、甲二龙出疯跛者，木盛生风，又星应尾箕而好风，震为足，风淫末疾，故主疯跛。丙方上应星马，故有蚕丝之祥；丁方上应寿星，故多寿考之兆。兑龙辰水，辰有金杀，兑为口舌，为毁折，故主阙唇露齿。又辰酉逢合，土塞金声，故主重舌含糊。其言虽颇涉神怪，而于阴阳五行，生克制化，实能言之成理，视悠谬无根之谈，侈其休咎而不能明其所以然者，胜之多矣。”

书中原有无名氏所作注解，阐发原文较为详尽。

⑧《发微论》一卷（通行本）

宋蔡元定撰，但《地理全书》所收此本，题为蔡牧堂撰。牧堂老人为蔡元定父亲蔡发的自号。

《发微论》中所述风水侧重，《四库全书总目》括其要领为："大旨主于地道一刚一柔，以《明动静》、《观聚散》、《审向背》、《观雌雄》、《辨强弱》、《分顺逆》、《识生死》、《察微著》、《究分合》、《别浮沉》、《定浅深》、《正饶减》、《详趋避》、《知裁成》，凡十有四例，递为推阐，而以《原感应》一篇，明福善祸淫之理终焉。盖术家惟论其数，元定则推究以儒理，故其说能不悖于道。如云水本动，欲其静，山本静，欲其动，聚散言乎其大势，面背言乎其性情，知山川之大势，默定于数理之外，而后能推顺逆于咫尺微茫之间。善观者以有形察无形,不善观者以无形蔽有形，皆能抉摘精奥，非方技之士支离诞漫之比也。"

除上所收各书，《四库全书总目》"子部"、"术数类存目二"并列有相宅相墓之属十八部，一百三十七卷，附录一部十卷。现从简开列所存书目，以供浏览：

①《汉原陵秘葬经》十卷（《永乐大典》本）

不著撰人名氏，前有自序。

②《葬经》一卷（两江总督采进本）

题云《青乌先生葬经》，大金丞相兀钦仄注。

③《天机素书》四卷（通行本）

旧本题唐邱延翰著。邱延翰字翼之，闻喜人。

④《内传天皇鳌极镇世神书》三卷（浙江巡抚采进本）

旧本题邱延翰正传，杨筠松补义，吴景鸾解蒙。

⑤《地理玉函纂要》二卷（浙江巡抚采进本）

不著撰人名氏。

⑥《天玉经外传》一卷、《四十八局图》一卷（通行本）

旧本题宋克诚撰，其子景鸾续成之。一名《吴公教子书》。

⑦《九星穴法》四卷（通行本）

旧本题宋廖瑀撰。

⑧《玉尺经》四卷（通行本）

旧本题元刘秉忠撰，明刘基注。

⑨《披肝露胆经》一卷（通行本）

旧题明刘基撰，《明史・艺文志》亦载有其目。

⑩《地理大全》一集三十卷、二集二十五卷（通行本）

明李国木撰辑，为风水地理类丛书，但其对于所集诸家之书，多所窜改。

⑪《地理总括》三卷（浙江巡抚采进本）

明罗珏撰。罗珏，字世美，鄱阳人。原书刻于明神宗万历二年（公元1574年）。

⑫《罗经顶门针》二卷（内府藏本）

明徐之镆撰。徐之镆，建阳人。万历年间诸生。

⑬《堪舆类纂人天共宝》十二卷（安徽巡抚采进本）

明黄慎撰。黄慎，字仲修，海阳人。其书刊于明思宗崇祯癸酉（公元1633年）。

⑭《罗经消纳正宗》二卷（两淮盐政采进本）

明沈升撰。沈升何许样人，不详。

⑮《寸金穴法》二卷（浙江巡抚采进本）

不著撰人名氏。

⑯《画筴图》一卷、《撼龙经》一卷（两淮盐政采进本）

清孙光悫撰。孙光悫，字丹扶，余姚人。清世祖顺治辛卯（公元1651

年）副榜贡生。

⑰《定穴立向开门放水坟宅便览要诀》四卷（浙江巡抚采进本）

清梅自实撰。梅自实，字有源，宣城人。

⑱《山法全书》十九卷（江苏周厚堉家藏本）

清叶泰撰。叶泰，字九升，婺源人。

附录：

《尚书天地图说》六卷（河南巡抚采进本）

清潘咸撰。

再之，从历史上曾经出现的风水地理类著述看，还远远不止这些。比如打开《二十四史》“艺文志”或“经籍志”，以及各种文集、笔记、书目等著述，乃至其他民间秘集，就可发现好多这里还没列入的书目。这些浩如烟海的典籍，除少数出于学者大儒手笔，或托名为仙师所传，或标榜为异人所授，内容难免驳杂混乱，以伪乱真，使人眼花缭乱，莫衷一是，所以乾隆时吴元音《葬经笺注》在凡例中揭出：“地理之说，以伪乱真，甚于他书十倍。盖自《青乌》、《孤首》而后代有传文，其见于《人天共宝》、《仙婆集》、《大机会元》、《地理统宗》、《地理大全》、《山法全书》、《人子需知》等集者不下百十余种，而别刻单刻，为各集之所未载，又不啻千百余家。”只是由于书海茫茫，个人精力有限，故而博涉为难。然而无论如何，尝鼎一脔，去其粗而取其精，我们还是可以从这些所列书目中，窥知古代风水著作的大致情况。至于今后的进一步研究开掘，又存乎未来的有志者了。

卷二

与风水术有关的两个问题

阴阳者，天地之道也，万物之纲纪，变化之父母，生杀之本始，神明之府也；五行即所谓金、木、水、火、土五种基本元素；天干包括甲乙丙丁戊己庚辛壬癸，地支包括子丑寅卯辰巳午未申酉戌亥，以及八卦是构成风水的哲学思想基石。

1 阴阳五行、天干地支和八卦

我国古代的风水术，由于处处受着阴阳五行、天干地支和八卦等哲学思想的支配，因此如果不懂得这一套，就不可能进而奢谈风水。

【阴阳】

在我国古代哲学中，对于世间一切事物的属性，差不多都可用阴阳五行来加以概括。

在长期的生产和生活实践中，人们逐渐地认识到，自然界众多事物的种种变化无不具有对立统一的两个方面。而这两个方面的内在联系、相互作用和不断的运动，正是世间万事万物得以生长，变化、消亡和重新生长的根源。正因为这样，所以《老子》说："万物负阴而抱阳，冲气以为和。"《易经·系辞传上》也说："一阴一阳之谓道。"《素问·阴阳应象大论》则说得更具体："阴阳者，天地之道也，万物之纲纪，变化之父母，生杀之本始，神明之府也。"

结合具体事物，运用阴阳这种对立统一、相反相成的"道"来作"纲纪"性的概括，就是天为阳，地为阴；日为阳，月为阴；火为阳，水为阴；明为阳，暗为阴；动为阳，静为阴；热为阳，寒为阴；出为阳，入为阴；上为阳，下为阴；升为阳，降为阴；向为阳，背为阴；表为阳，里为阴；左为阳，右为阴；成为阳，败为阴；乃至雄为阳，雌为阴；男为阳，女为阴，直至无穷无尽，网罗万象。大至天地日月，小至每一具体物象的表里内外，靡不都在牢笼之中，所以有"神明之府"之称。

要妙在于，不仅世界上的任何事物都具有阴阳对立的两个方面，并且在两个方面的任何一方，又都可以用阴阳来作再一次的划分，以至无穷。太极图是群经之首——《易经》描述的宇宙模式图样，这一图像外表的圆形，代表着天地混沌的原始状态，由无极生出的太极。图中分为黑白两方，就是所谓太极生两仪的阴阳两个方面，其中明亮的白色代表阳，阴暗的黑色代表阴。然而神奇的是，白色的一方竟有着一个小小的黑点，而黑色的一方也同样有着一个小小的白点，这就明白无误地向人们展示了阳中有阴、阴中有阳的道理。对于这种道理，《素问·金匮真言论》举一昼夜的时间为例进行划分，则就更加具体了："平旦至日中，天之阳，阳中之阳也；日中至黄昏，天之阳，阳中之阴也；合夜至鸡鸣，天之阴，阴中之阴也；鸡鸣至平旦，天之阴，阴中之阳也。"这种阴中有阴，阴中有阳，阳中有阳，阳中有阴的现象，说明天地万物的阴阳并不是绝对割裂的，而是分中有合，合中有分的。

由于阴阳两种力量的对垒和相互渗透，因此它们彼此之间是互相牵制消长的。阴盛则阳衰，阳盛则阴衰，就是这种盛衰消长的对垒，构成了客观世界的动态平衡。如以一年四季的天时变化为例，从冬至到夏至白昼一天天地长起来，气温也一天天地升高起来，说明了这段时期正处在一个阳长阴消的过程之中。反之，从夏至到冬至，黑夜开始一天天地长起来，气温也一天天地降了下去，这又说明，这一时期正处在阴长阳消的阶段。古人所谓"冬至四十五日，阳气微上，阴气微下，夏至四十五日，阴气微上，阳气微下"，就是这一阴阳交互消长、你来我往规律的具体体现。

阴阳变化规律不仅体现在你中有我、我中有你、相互消长、你来我往上，还在极大程度上体现在相互依存和相互转化上。阳根于阴，阴根于阳，孤阴不生，独阳不长，任何一方如果失掉对另一方的依存，就没有什么阴阳可言。比如没有明就无所谓暗，没有热就无所谓冷，没有上就无所谓下，没有右就无所谓左，等等。又如从体和用来说，物体是阴，作用是阳。阴是阳的物质基础，阳是阴的作用体现。这种关系也可用质和能的关系来加以阐明，没有阴的质量，就无所谓阳的能量。"无阳则阴无以生，无阴则阳无以化"，这就是阴阳互根、对立统一的道理。

说到阴阳的转化，这也是一种自然界物极必反的规律。任何事物，当它发展到尽头的时候，就会走向反面。比如白天发展到中午的顶峰，就开始走下坡路，最后终至被黑夜所吞噬；而黑夜发展到子夜的极限，也势必不可抗拒地要开始发生转化，直至最终被白天所代替。一天如此，一年也同样如此，冬去春来，夏去秋来，循环往复，如环无端。生命的尽头是死亡，死亡的反面是新生。物极谓之变，物生谓之化，生生死死，变变化化，自然界的阴阳变幻转化就是这样的不可抗拒，任你哀叹也无济于事。

《素问·阴阳离合论》说："阴阳者，数之可十，推之可百，数之可千，推之可万。万之大，不可胜数，然其要一也。"世间万物的变化虽然多得不可胜数，然而它的要领却只有一个，这就是阴阳对立统一的规律。

【五行】

五行是组成宇宙万物的物质基础。

印度古代哲学认为，天地宇宙万物虽然名目繁多，使人数不胜数，可是其中最为基本的原始物质，则只有地、水、风、火四种。佛教所说"四大皆空"，指的就是这四种基本物质的最终归于寂灭、复返于无的独特认识。

我国古代哲学家在探索宇宙奥秘时，也有着和古印度哲学类似的文明，把探索的触角伸向了物质世界最原始、最基本的组成成分，并从而归纳、抽绎出了金、木、水、火、土这五种基本元素，人称五行。对于五行的各自性质，《尚书·洪范》归纳为："水曰润下，火曰炎上，木曰曲直，金曰从革，土爰稼穑。润下作咸，炎上作苦，曲直作酸，从革作辛，稼穑作甘。"

物质世界是一个不断运动着的、永无休止的世界。在这个世界里，一方面是生命和物质的不断生化，另一方面又是生命和物质的不断消亡。就这样，生生灭灭，变变幻幻，陆离光怪，鬼使神差，而其中的原动力则大致可以归根于五行的相生和相克。此外，还有形影不离，对立而又统一的阴阳的交互作用。

造化之机，不可没有生化，也不可没有制约。客观物质世界如果没有生化则势必了无生机，变成死水一潭，没有制约则又易亢而为害，酿成不可收拾的局面。五行的生克要妙，竟是这般地神灵，这般地伟大，以至于宇宙间整个的物质世界，在动态中求得了总体的平衡。

这里先说相生，规律是木生火，火生土，土生金，金生水，水生木，最后又由木生火，从头开始，并从而循环往复，直至永远。

再说相克，规律是木克土，土克水，水克火，火克金，金克木，最后又由木克土，从头开始，并也从而循环往复，以至无穷。

我们又由此可见，五行中的任何一行都无不例外地有着我生、生我，我克、克我的双边关系。对于我生和生我，古人把它喻之为母、子关系；对于我克和克我，则又有“所胜”和“所不胜”的说法。

既然五行是组成千姿百态、千变万化、浩然无垠的客观物质世界的五种基本元素，那么五行和自然界的联系，自然也就不可割断了。对此，我们且把一些最简单但又最核心的联系罗列出来，因为自从五行哲学观诞生的千百年来，早已根深蒂固地深入到博大精深的各个学术领域中去了。这不仅表现在哲学、科学、天文学、地理学上，还广泛表现在三教九流，医、卜、星、相中。而作为我国民族传统文化的重要组成之一的风水术，也同样如此。因此如不弄懂弄清这些基本概念，简直就无法涉足风水术的门庭。为了清晰起见，现把五行和自然界一些最简单、最核心的联系，或者径说是本质的属性也未始不可，列表如下，以便浏览。

五行	季节	时间	气候	方位	发展过程	五色	五味	五音
木	春	平旦	风	东	生	青	酸	角
火	夏	日中	暑	南	长	赤	苦	徵
土	长夏	日西	湿	中	化	黄	甘	宫
金	秋	日入	燥	西	收	白	辛	商
水	冬	夜半	寒	北	藏	黑	咸	羽

其实，风水术中有关五行的情况远非这样简单，而是异常复杂。除了以上所说五行，亦即正五行外，尚有洪范五行、八卦五行、纳音五行等。比如洪范五行，又有宗庙五行或大五行，其诀有云：

甲寅辰申大江水，戌坎申辛水亦同，
震艮巳三原属木，离壬乙丙火为宗，
兑丁乾亥金生处，丑癸坤庚未土中。

对于这种洪范五行，王玉德在《神秘的风水》中开解其结道："洪范五行以穷山音。它以八卦交通，演而伸之为二十四位五行变化之情。所谓八卦变通，十分复杂，由是爻变而成：甲本属木，纳于乾宫与坤交，以坤之上下二爻，交换乾之上下二爻，化成坎象，甲随坎化，遂属水。乙本属木，纳于坤宫，与乾交，以乾之上下二爻，交换坤之上下二爻，化成离象，乙受离化，遂属火。丙本属火，纳于艮宫，艮与兑对，以兑之下爻，交换艮之下爻，化成离象，丙随离化，遂属火。丁本属火，纳配艮宫，兑与艮对，以兑之上爻，交换艮之上爻，化成乾象，丁受乾化，遂属金。庚本属金，纳配于震，震与巽对，以巽之下爻，交换震之下爻，化成坤象，庚受坤化，遂属土。辛本属金，纳配于巽，巽与震对，以震之上爻，交换巽之上爻，化成坎象，辛受坎化，遂属水。壬本属水，纳配于离，离与坎对，以离之中爻，交换坎之中爻，化成乾象，壬受乾化，本当属金，因纳于离火，火焰金消，不能自立，退而附于离，遂属火。癸本属水，纳配于坎，坎与离对，以离之中爻，交换坎之中爻，化成坤象，癸受坤化，遂属土。"

由于风水术中应用五行，彼此各搞一套，所以日长时久下来，纷纷纭纭，造成严重混乱。为此，宋人褚泳在《祛疑说》中慨叹："向为先子卜地，遍叩日者，就参地理之学，虽各守其师说，深浅固未易知。但二十四位之五行，亦有二说，莫之适从。自古所用大五行，虽郭璞《元经》亦守其说，谓之山家五行。然先辈皆谓莫晓其立法之因，既无可考之理，古今岂肯通用而不疑者哉。近世蒋文举只谓得杨筠松之学。又有蜀中一家，谓是希夷先生之传，亦以子亥为水，巳午为火，与蒋说同，而独以壬位为火。”

【天干地支】

按照古代传说，天干地支是上古的大挠所发明的。天干有十，它们的名称依次为甲、乙、丙、丁、戊、己、庚、辛、壬、癸；地支有十二，它们的名称又依次为子、丑、寅、卯、辰、巳、午、未、申、酉、戌、亥。在纪年、纪月、纪日和纪时时，十天干和十二地支一对一地分别结合起来，这样十个天干和十二地支轮转一周，就成了六十花甲子了。这六十花甲子的配合如下：

①甲子 ②乙丑 ③丙寅 ④丁卯 ⑤戊辰

⑥己巳 ⑦庚午 ⑧辛未 ⑨壬申 ⑩癸酉

⑪甲戌 ⑫乙亥 ⑬丙子 ⑭丁丑 ⑮戊寅

⑯己卯 ⑰庚辰 ⑱辛巳 ⑲壬午 ⑳癸未

㉑甲申 ㉒乙酉 ㉓丙戌 ㉔丁亥 ㉕戊子

㉖己丑 ㉗庚寅 ㉘辛卯 ㉙壬辰 ㉚癸巳

㉛甲午 ㉜乙未 ㉝丙申 ㉞丁酉 ㉟戊戌

㊱己亥 ㊲庚子 ㊳辛丑 ㊴壬寅 ㊵癸卯

㊶甲辰 ㊷乙巳 ㊸丙午 ㊹丁未 ㊺戊申

㊻己酉 ㊼庚戌 ㊽辛亥 ㊾壬子 ㊿癸丑

(51)甲寅 (52)乙卯 (53)丙辰 (54)丁巳 (55)戊午

(56)己未 (57)庚申 (58)辛酉 (59)壬戌 (60)癸亥

在风水术中，除了干支纪日外，最主要的还是经常结合着干支的五行属性和方位来阐述风水学上的一些问题。因此不懂得五行的属性和方位，还是啃不动风水术这块硬骨头的。

关于天干的五行属性和方位，可以简要地归纳为这样五句话，即：

东方甲乙木，

南方丙丁火，

中央戊己土，

西方庚辛金，

北方壬癸水。

意思就是甲、乙的五行属性是木，其中甲为阳木，乙为阴木，方位居东；

丙、丁的五行属性是火，丙为阳火，丁为阴火，方位居南；

戊、己的五行属性是土，戊为阳土，己为阴土，方位居于中央；

庚、辛的五行属性是金，庚为阳金，辛为阴金，方位居西；

壬、癸的五行属性是水，壬为阳水，癸为阴水，方位居北。

至于地支的五行属性和方位，则比天干要来得稍许复杂一点，大要如下：

寅、卯属木，

巳、午属火，

申、酉属金，

亥、丁属水，

辰、戌、丑、未属土。

在方位上，由于十二地支彼此瓜分着东、南、西、北的四个方位，因此把它列成图像，就是：其中子是正北，午是正南，卯是正东，酉是正西，其他则丑正北偏东，寅正东偏北，辰正东偏南，巳正南偏东，未正南偏西，申正西偏南，戌正西偏北，亥正北偏西。

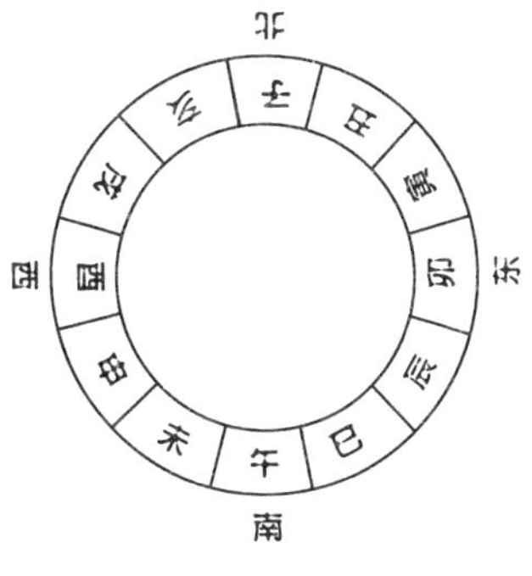

【八卦】

《易经·系辞下》说：“古者包牺氏之王天下也，仰则观象于天，俯则观法于地，观鸟兽之文与地之宜，近取诸身，远取诸物，于是始作八卦。”

《白话易经》说：“伏羲画八卦，为我国文字的雏形；文王演周易，是我国文化的开端。”虽然从大量出土的殷朝青铜器看，我国文化的发展到了殷朝，已经极为异彩斑斓了，可是被读书人奉为经典的《周易》，却多半公认为是周文王演进了伏羲八卦才得以最后确定下来的。

组成八卦的基本符号是神秘而又与现代科学息息相通的爻。爻有阴爻阳爻的分别，其中阳爻作“⚊”，阴爻作“⚋”。近代学者郭沫若认为“⚊”象男阴，“⚋”象女阴，钱玄同在他以前，也曾有过乾象男阴，坤象女阴的提法。由于男女交媾，万物化生，因此随着阴爻阳爻的交互作用，演化出了男女、父母、天地、刚柔、水火等阴阳对立统一的观念。至于积爻成卦的卦象、方位，以及它们各自的象征意义，则大致可以列成这样的表格，以清眉目。

卦名	自然	方位	时令	属性	人	身体	动物
乾☰	天	西北	秋冬间	健	父	首	马
坤☷	地	西南	夏秋间	顺	母	腹	牛
震☳	雷	东	春	动	长男	足	龙
巽☴	风、木	东南	春夏间	入	长女	股	鸡
坎☵	水、两	北	冬	陷	中男	耳	豕
离☲	火、日	南	夏	附	中女	目	雉
艮☶	山	东北	冬春间	止	少男	手	狗
兑☱	泽	西	秋	悦	少女	口	羊

在风水术中，用得较多的还是八卦的方位，现将文王八卦，亦即后天八卦方位列成图像，以便记忆。

与文王八卦方位不同的是，在伏羲八卦，亦即先天八卦中，以坤代表冬至和正北方，震代表立春和东北方，离代表春分和正东方，兑代表立夏和东南方，乾代表夏至和正南方，巽代表立秋和西南方，坎代表秋分和正西方，艮代表立冬和西北方。为此邵子有云："乾南坤北，离东坎西，震东北，兑东南，巽西南，艮西北。自震至乾为顺，自巽至坤为逆。"关于八卦转向的顺逆，后世也时有所用，只是在方位的确定上，由于风水术中多以文王八卦定向，因此对于伏羲八卦，便就只是聊备一格了。

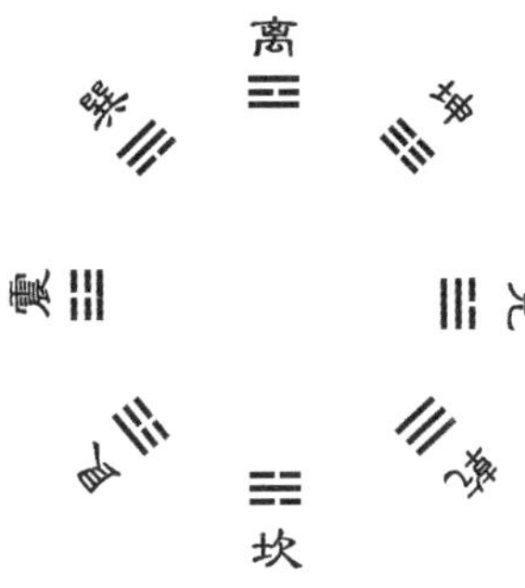

2 有关建造的择日吉凶

住宅环境和宅形确定后，选择吉日良辰建造，也是风水术所要讲究的。《雪山赋》说："山川有一节之小毗，不减真龙之厚福，年月有一端之失，反非吉地之祯祥。"《阳宅十书》也说："论形势者，阳宅之体，论选择者，阳宅之用。纵令用外之形俱佳，修造之法尽善，若诸神煞，一有所犯，凶祸立见，犹不可不慎。"对于这些不可侵犯的神煞，《宅经》提出："凡欲修造动治，须避四天神，亦名帝车、帝辂、帝舍。假如春三月东方为青帝，木王，寅为车，卯为辂，辰为舍即是。正月、二月、三月不得东户。经曰：犯帝车杀父，犯帝辂杀母，犯帝舍杀子孙。夏及秋冬三个月仿此为忌。"

《宅经》又说："每年有十二月，每月有生气死气之位，但修月生气之位者福来集。月生气与天道月德合其吉路，犯死气之位为有凶灾也。"十二个月中的生气、死气之位，是《宅经》对"四王神"避忌外择日的一个补充：

正月生气在子癸（北），死气在午丁（南）；

二月生气在丑艮（东北），死气在未坤（西南）；

三月生气在寅甲（东），死气在申庚（西）；

四月生气在卯乙（东），死气在酉辛（西）；

五月生气在辰巽（东南），死气在戌乾（西北）；

六月生气在巳丙（南），死气在亥壬（北）；

七月生气在午丁（南），死气在子癸（北）；

八月生气在未坤（西南），死气在丑艮（东北）；

九月生气在申庚（西），死气在寅甲（东）；

十月生气在酉辛（西），死气在卯乙（东）；

十一月生气在戌乾（西北），死气在辰巽（东南）；

十二月生气在亥壬（北），死气在巳丙（南）。

对此，王玉德的《神秘的风水》解释说："这就是说，每个月都有生气和死气，具体的方位则是罗盘上用八卦、天干、地支表示的方位。风水先生看地时，手持罗盘，首先看清本月中生气和死气所在方位，以生气方位动土为吉，以死气方位动土为凶。"

不仅如此，《宅经》还述及土气所冲之方说："凡修筑建造，土气所冲之方，人家即有灾殃，宜禳之。"在一年十二个月中，土气所冲之方是这样的：

正月土气冲丁未方

二月土气冲坤方

三月土气冲壬亥方

四月土气冲辛戌方

五月土气冲乾方（西北）

六月土气冲寅甲方

七月土气冲癸丑方

八月土气冲艮方

九月土气冲丙巳方

十月土气冲辰乙方

十一月土气冲巽方（东南）

十二月土气冲申庚方

“凡选择须先起命前五神”，是《阳宅十书》建造择日的一个依据。五神的名称是：

甲乙为青龙，

丙丁为明喜，

戊己为仓库，

壬癸为盗贼（主招盗贼及损六畜），

庚辛为白虎（主哭泣丧事）。

五神之中，青龙、明喜、仓库是吉神，盗贼、白虎是凶神。不管吉神也好，凶神也好，都和甲、乙、丙、丁、戊、己、庚、辛、壬、癸十天干有着密切的关联。凡是天干逢甲或乙的是青龙神，丙或丁的是明喜神，戊或己的是仓库神，庚或辛的是白虎神，壬或癸的是盗贼神。

怎样在具体的建造选择中得知“五神”中逢了哪一神呢？这在风水术中有着它的一套推算方法。这种方法先是看取“命前五神定局”：

子生人五神在巳，

丑生人五神在午，

寅生人五神在未，

卯生人五神在申，

辰生人五神在酉，

巳生人五神在戌，

午生人五神在亥，

未生人五神在子，

申生人五神在丑，

酉生人五神在寅，

戌生人五神在卯，

亥生人五神在辰。

这种“命前五神定局”是就地支而说的。推算时根据建造主人生月所逢地支，结合建造年的太岁遁算出有关天干。对此，前人有《五虎遁诀》一首道：

甲己之年丙作首，乙庚之岁戊为头，

丙辛之岁寻庚上，丁壬壬位顺行流，

戊癸之岁何方起？甲寅之上好推求。

意思就是说，太岁如逢甲年或己年的，就以丙作为正月的天干，这时正月寅月的干支就成了丙寅了。由此顺推下去二月丁卯，三月戊辰，四月己巳，五月庚午，六月辛未，七月壬申，八月癸酉，九月甲戌，十月乙亥，十一月丙子，十二月丁丑。为了说得更明白些，现把《五虎遁诀》列表如下，以醒眉目：

太岁天干	《五虎遁诀》所遁的十二地支和天干结合情况											
甲、己	丙寅	丁卯	戊辰	己巳	庚午	辛未	壬申	癸酉	甲戌	乙亥	丙子	丁丑
乙、庚	戊寅	己卯	庚辰	辛巳	壬午	癸未	甲申	乙酉	丙戌	丁亥	戊子	己丑
丙、辛	庚寅	辛卯	壬辰	癸巳	甲午	乙未	丙申	丁酉	戊戌	己亥	庚子	辛丑
丁、壬	壬寅	癸卯	甲辰	乙巳	丙午	丁未	戊申	己酉	庚戌	辛亥	壬子	癸丑
戊、癸	甲寅	乙卯	丙辰	丁巳	戊午	己未	庚申	辛酉	壬戌	癸亥	甲子	乙丑

这样按照表格和“命前五神定局”，如果子生人在太岁甲子年起造，由于“子生人五神在巳”，查表或遁出这年和地支巳的天干搭配是己，因为戊和己分别是仓库神，所以子生人在这年起造就可得“粟麦满仓”之吉。再如在甲子这年丑生人要起造的话，由于“丑生人五神在午”，这时从表格可以查得，与午结合的天干是庚，因为庚和辛都是白虎神，故而丑生人要在这年起造，就可能遭到“哭泣丧服”的厄运。

再举太岁在庚子年为例，如戌生人在这年起造，戌生人五神在卯，按照《五虎遁诀》或表格，可知这年和地支卯的天干配合是己，由于戊、己都是仓库，所以大利于修造。同样道理，这年如果是巳生人要想起造，巳生人五神在戌，这年和地支戌结合的天干是丙，丙丁为明喜神，所以有“大喜之兆”。

和这种遁法类似的择日之法，还有所谓“起宅小运例法”等，原理也和这大致相仿。

根据《阳宅十书》，还有一种对造基地、起工破木、定桑扇架、竖柱、盖屋、泥屋等规定的吉凶日期。由于这种日期是限死的，因此不用推算，便可查知。

①造基地

造基地的宜日，不论在哪一月中，只要是碰上甲子、乙丑、丁卯、戊辰、庚午、辛未、己卯、辛巳、甲申、己未、丁酉、己亥、丙午、丁未、壬子、癸丑、甲寅、乙卯、庚申、辛酉等二十天的，都属吉利。

对于不吉利的忌日，大致有元武黑道、天日、受死、天瘟、土瘟、土忌、土符、地破、月破、地囊、九土、鬼正、四废、天地正转杀、天转地转、月建转杀、土公占、土痕、建、破、收日等。

②起工破木

起工破木的吉日，总起来说有己巳、辛未、甲戌、乙亥、戊寅、己卯、壬午、甲申、乙酉、戊子、庚寅、乙未、己亥、壬寅、癸卯、丙午、戊申、己酉、壬子、己卯、己未、庚申、辛酉、黄道、天成、月空、天月二德及合、成、开日等天。

对于起土破木的不利忌日是刀砧杀、木马杀、斧头杀、天贼、受死、月破、破败、独火、鲁班杀、建日、九土、鬼正、四废、四离、四绝等日。

③竖柱

竖柱的宜日，大致是乙巳、辛丑、甲寅、乙亥，乙酉、己酉、壬子、乙巳、己未、庚申、戊子、乙未、己亥、己卯、甲申、己丑、庚寅、癸卯、戊申、壬戌、黄道，以及天月二德等吉星，还有成日和开日。

④上梁

上梁的宜日有甲子、乙丑、丁卯、戊辰、己巳、庚午、辛未、壬申、甲戌、丙子、戊寅、庚辰、壬午、甲申、丙戌、戊子、庚寅、甲午、丙申、丁酉、戊戌、己亥、庚子、辛丑、壬寅、癸卯、乙巳、丁未、己酉、辛亥、癸丑、乙卯、丁巳、己未、辛酉、癸亥，以及成日、开日、黄道，并天月二德等吉星。

在竖柱和上梁中，被认为不吉的忌日是朱雀黑道、独火、天火、月火、狼藉、贼火、冰消瓦解、天瘟、天贼、月破、大耗、天罡、河魁、受死、鲁班杀、刀砧杀、划削、血刃杀、鲁班跌扑杀、阳错阴错、伏断、九土、鬼正、四废日等。五行忌月建转杀、火星、天牢日。

⑤盖屋

盖屋的宜日有甲子、丁卯、戊辰、己巳、辛未、壬申、癸酉、丙子、丁丑、己卯、庚辰、癸未、甲申、己酉、丙戌、戊子、庚寅、丁酉、癸巳、乙未、己亥、辛丑、壬寅、癸卯、甲辰、乙巳、戊申、己酉、庚戌、辛亥、癸丑、乙卯、丙辰、庚申、辛酉，以及成、定、开日等。

⑥泥屋

泥屋就是用泥涂刷内外屋壁的意思，这是盖屋以后必不可少的一道工序。泥屋的宜日大致有甲子、乙丑、己巳、甲戌、丁丑、庚辰、辛巳、乙酉、丁亥、庚寅、辛卯、壬辰、癸巳、甲午、乙巳、丙午、戊申、庚戌、辛亥、丙辰、丁巳、戊午、庚申，以及成、平等日。

这里，问题在于选择的诸多术语使人有如跌进五里雾中、茫然不知所云的感觉。其实，古人纪日除了干支以外，还有一套黄道、黑道的说法。其中黄道是一周年中，太阳在各恒星之间的运行轨迹，而黑道则是一周年中，月亮在各恒星之间的运行轨迹。当然，这种黄道、黑道的运行轨迹，则又都是以人类居住的地球作为观测出发点的。后来，这种原属天文学上日月的不同运行轨迹，被星占家们附上了吉凶灾变等种种无稽之谈，滋生出了黄道主吉、黑道主凶的学说。

关于黄道吉凶的学说，在择日上有多种多样的推算方法。一种是把日辰的十二地支，相应地给配上十二个不同名称的值日天神。这样子、丑、寅、卯十二天轮流下来，十二天神各值一次，并从而循环往复，以至无穷。十二天神配十二地支的情况如下：

子日青龙

丑日明堂

寅日天刑

卯日朱雀

辰日金匮

巳日天德

午日白虎

未日玉堂

申日天牢

酉日玄武

戌日司命

亥日勾陈

十二个值日天神中，逢上青龙、明堂、金匮、天德、玉堂、司命六神所值的属于黄道日，这时不仅宜于兴土建造，并且对于嫁娶、开张等，也都十分适宜，所以民间对此有“黄道吉日”的美称。相反，其他如天刑、朱雀、白虎、天牢、玄武、勾陈六神所值，则都属于不吉的黑道日，这时非但不宜建造，并且对于嫁娶、开张、出行，以及移居、安葬等也都不宜，所以有“诸事不宜”的说法。

另有一种十二值是建、除、满、平、定、执、破、危、成、收、开、闭。十二值依次轮流值日，由于有时一值可以连值两天，所以它和十二地支的关系是轮流的，不比十二值日天神那样来得固定。比如，公元1986年农历丙寅年的历书，二月廿五的戊申日和廿六的己酉日接连两天都是“破”日，而三月廿六的戊寅日和廿七的己卯日接连两天都是“闭”日。关于十二值的吉凶宜忌，主要如下：

建日吉利；

除日去旧迎新，吉利；

满日祭祀吉，其他不吉；

平日万事大吉；

定日宜宴会协议，安灶大吉，不利医疗诉讼；

执日宜新建、种莳，忌移居、旅行；

破日万事不利；

危日万事不利；

成日宜嫁娶、开张、入学，忌诉讼；

收日宜收藏、安灶，忌开张、举事；

开日宜开张、婚娶、安灶，忌葬礼和其他不净之事；

闭日万事皆凶，不宜作为。

除以上两种值日以外，还有一种六曜和逐日历注。逐日历注在万年历大字通书中，检索起来可以每天按照逐日历注标明的天德、月德、天马、天瘟、月破、月杀、往亡、吉庆、六合、五仪等四十多种星辰对照着判断吉凶。六曜则是大安、佛灭、友引、先胜、先负、赤口六星的合称。历书认为，逢上大安日的万事大吉，佛灭日的万事大凶，友引日的半吉，先胜日的上午吉，先负日的上午凶，赤口日的早晚凶，中午前后吉。

风水术中，在择日吉凶上经常参考的还有《董公选择日要览》。翻开《董公选择日要览》，作为判断每月择日吉凶依据的，主要是建、除、满、平、定、执、破、危、成、收、开、闭十二值。然而，按照凡例的说法，若照此书择日还必须和宪书对照着看，才能最后判定所选日子的吉凶。宪书吉而此书也吉的，用之可获大吉；宪书未见大吉而此书吉的，用之无妨；如果宪书吉而此书不吉的，则不可用。此外，老宪书中如遇二十八宿中的金神七煞值日，也因犯忌而往往不用。

凡例又说："人之年命相向，检阅宪书所载男儿宫女儿宫，便知其中分别，尔四命及东四宅之说，西四命及西四宅之说，即此语也。是善于堪舆者，问主人年岁以定方向，若东四宫命者，宜住北房大吉，东房平常，西房次吉，南房宜中间正开大门作走道，亦大吉。凡东四宫命者，因其坐于东南，在离、震、坎、巽之方，故住南房在中开门作走向。其故何也？缘其向在坎方，名为水火既济，而成交泰，气亦趋吉之法。如西四命者，宜住东西房大吉，若住南房，何其不走乾方之青龙而走艮方之白虎？因西四宫命者，住南房在白虎前开门，艮方在于东北，可得紫气东来生发之吉也。不走乾方，以金水太寒之故。北方虽好，难以顺心遂意，此乃阳宅之大概也。”对于这里所说的“东四命及东四宅，西四命及西四宅之说”，因为又涉及九宫八卦的福元学说，这里就暂且不说了。

比起《董公选择日要览》,《杨公忌日》似乎更为简要。在历书中，杨公忌日总共才十三天，这十三天如下：

正月十三

二月十一

三月初九

四月初七

五月初五

六月初三

七月初一

七月二十九

八月二十七

九月二十五

十月二十三

十一月二十一

十二月十九

这里面有个规律，就是从正月十三起，每月递减两天，又从七月二十九起，每月递减两天。因此对于《杨公忌日》，只要记住正月十三和七月二十九两天，其他每个月的忌日，就都迎刃而解了。至于人们不慎触犯了“杨公忌日”的，有诗一首报凶道：

神仙留下十三日，举动须防有损失。

一切起造与兴工，不遭火盗主遭凶。

婚姻嫁娶非长久，不得到头终不吉。

凡人出入遇此日，劳劳碌碌得还失。

安葬若然逢此日，后代儿孙主乞食。

上官赴任用此日，败破多愁主革职。

得识广布传世人，子孙昌盛主阴骘。

可见在阳宅风水的起造兴工和阴宅风水的安葬动土上，“杨公忌日”也是风水择日时所要考虑的。

按照王玉德先生研究，他把古人择日避凶的要领归纳为忌水日、土日，忌凶神值班日，忌三煞，忌太岁等。何谓忌三煞？就是以年为论，“寅午戌煞北，申子辰煞南，亥卯未煞西，巳酉丑煞东”。这是说，凡是寅、午、戌、年、月、日、时，俱忌北方修造；申、子、辰、年、月、日、时，俱忌南方修造；亥、卯、未、年、月、日、时，俱忌西方修造；巳、酉、丑、年、月、日、时，俱忌东方修造。例如壬山兼子，子是北方，就不能在正月（寅）、五月（午月）、九月（戌月）修造动土，否则犯煞。

再之，王先生还在风水先生众多的择时方法中，扼要介绍了丛辰、禄命、天星、运气、三式等法。如介绍运气法就说：“以五运六气的周期模式，以律气候之变迁，吉凶之肆应。”三式法为：“以兵家奇门遁甲法、六壬二傅四课之法、太乙神数之法合称三式，三式合一乃为神。”

以上所说建造择日吉凶，虽在古人心目中起过重大影响，可是因为并无什么实际意义，加之内中不乏自相矛盾之处，所以早就成为明日黄花、历史陈迹了。

卷三

风水术基础

龙真、穴的、砂环、水抱四个要件全部具备的地方乃是择居或者安葬的结穴所在，若寻得这样的地方，则能占据风水之利。

1 龙、穴、砂、水

——风水选择的四个准则

人活着要住屋，叫做阳宅，人死了要落葬，叫做阴宅。由于风水学家认为，阴宅风水也和阳宅一样，不但直接关系到死者本人入土后的安适不安适，而且会影响到一家子的吉凶和后世子孙的荣枯，所以从古以来，人们对于阴阳宅风水的选择，同样倾注了很多的心血。

住人的阳宅风水之外，为什么阴宅风水的好坏也会影响到一家子的吉凶，甚至后世子孙的荣枯呢？《青乌先生葬经》说："百年幻化，离形归真。精神入门，骨骸反根。吉气感应，鬼神及人。"注解是："人死形脱，离而化为土。真气归本，精神聚于坟墓中，受生气荫枯骨则吉。人祥之气与穴气相感应，积祯祥以及子孙也。"晋代郭璞所著《葬书》也认为："人受体于父母，本骸得气，遗体受荫。盖生气之聚，凝结者成骨，死而独留。故葬者反气内骨，以荫所生之道也。"以上这些，就是风水想象中"气感而应，鬼神及人"的原理。

那么，地中的生气究竟是怎么回事？而人们又怎样来把握或探知地中生气所在，从而使得生者、死者皆得其所呢？对此，《葬书》开宗明义就说："葬者，乘生气也。夫阴阳之气，噫而为风，升而为云，降而为雨，行乎地中，而为生气。生气行平地中，发而生乎万物。"可见生气是在平地中运行着的，能够"发而生乎万物"的阴阳之气。此其一。《葬书》又说："气行平地中，其行也，因池之势，其聚也，因势之止。丘垄之骨，冈阜之支，气之所随。经曰：气乘风则散，界水则止。"于此又可见气的行止，是有脉络可寻的。此其二。而风水选择的关键，就是在天阔地远的茫茫自然界中，找出生气凝结的吉穴，从而使住者、葬者得乘生气。

在历史的积淀中，风水之术曾一度有过各自授受的宗派，后来这些宗派在江西一派的兴起下，都渐渐地销声匿迹了。余嘉锡在《四库提要辨正》卷十三中概括得好，他说："丁丙朴《风水祛惑》曰：'风水之术，大抵不出形势、方位两家。言形势者，今谓之峦体。言方位者，今谓之理气。唐宋之人，各有宗派授受，自立门户，不相通用。'……义乌王祎《青岩丛录》云，后世言地理之术者分为二宗：一曰宗庙之法，始于闵中，其源甚远，至宋王伋乃大行。其为说主于星卦，阳山阳向，阴山阴向，不相乖错。纯取五星八卦，以定生克之理。其学浙闽传之，而今用之者甚鲜。一曰江西之法，肇于赣人杨筠松、曾文辿及赖大有、谢子逸辈，尤精其学。其为说主于形势，原其所起，即其所止以定方向，专注龙、穴、砂、水之相配，其他拘忌，在所不论。其学盛行于今，大江南北，无不遵之。"可知，当年曾经盛行一时的江西风水派的特征，一是"专注龙、穴、砂、水之相配"，二是"其他拘忌，在所不论"。

阳宅风水讲究龙、穴、砂、水，阴宅风水同样讲究龙、穴、砂、水。《管氏地理指蒙·乾流过脉》就曾说过："黄帝葬于乔山，在大河之南，脉自积石逾河，衍者丰饶而广被也。舜葬于苍梧，在大江之南，脉自荆汉逾江。"指出黄帝和舜葬在龙脉之上，福泽江河。

在历史上，我国历代帝王对于陵墓择基的龙、穴、砂、水，大多讲究得让你叹为观止。当年雍正皇帝在位之时，先曾选好东陵所在地的九凤朝阳山作为寿宫，后来忽然又起变卦，最后终于选择在离东陵西面一百多里远的河北易县泰宁山作为自己百年后的长眠之地，是为泰陵。打开清宫档案《起居注册下》，内中曾载当时雍正所下手谕道："此地（指九凤朝阳山）近依孝陵（顺治帝陵墓）、景陵（康熙帝陵墓），与朕初意合，及精通堪舆之人再加相度，以为规模虽大而形局未全，穴中之土又带砂石，实不可用。今据治亲王、总督高其倬奏称，相度得易州境内永宁山太平峪万年吉地，实乾坤聚秀之区，阴阳合会之所，龙、穴、砂、水，无美不收，形势理气，诸吉咸备等语。朕览此奏，其言山脉水法，条理详明，询为上吉之壤，但与孝陵、景陵，相去数百里，且与古帝制典礼有未合之处，著大学士九卿详悉会议，具奏。”

关于雍正离祖另选葬地，也有认为可能雍正肚里明白，在康熙帝临终之时，做了什么对不起他老子的事，所以心里暗自着慌，死后怕见康熙帝于地下，才另择卜葬之地。不过无论如何，所起泰陵，讲究龙、穴、砂、水之美，则是实实在在的事。

何谓龙、穴、砂、水？这就是说，选择生气积聚的风水宝地要按照“龙真”、“穴的”、“砂环”、“水抱”四个准则进行仔细的推定。天下之大，山水处处不同，可是万变不离其宗，风水学家只要根据这四个准则进行追寻推勘，就不愁把不住平地中无形生气流向和凝结之处。

所谓“龙真”，是指生气流动着的山脉。我国古代风水术以山势为龙，把山势起伏绵亘、逶迤曲折的脉络称为龙脉，气脉所结之处为龙穴。其中又以主山为来龙，亦即龙的来源。宋赵与时所著《宾退录》卷二说：“朱文公（熹）尝与客谈世俗风水之说，因曰：冀州好一风水，云中诸山来龙也。”明吾山瑞著《运甓记·牛眠指穴》说：“此间前冈有块好地，来龙去脉，靠岭朝山，种种合格。”后来人们把事情的来历和发展称为来龙去脉，出典就在这里。

“龙真穴便真，龙假穴便假。”古来万事，有诸内必形诸外，龙在地上而逶迤曲折地跑，由此推断地底的生气，也势必随着龙的逶迤曲折而在地底逶迤曲折地流动着。龙是穴的根本，因此只要找着了生气流动的山，并循着山势的绵亘起伏，就可在界水的地方，找到生气凝聚的吉穴。这里的因果关系是寻龙为了点穴，点穴必须寻龙。

所谓“穴的”，是指生气凝聚着的吉穴的位置所在。因为在风水术中，称地脉停顿之处为龙穴。清蒋平阶所著《秘传水龙经》有《自然水法歌》

说："聚水成池，砂水双双回头于左，此亦横来而侧结穴也。"然而，结穴不等于便是吉穴，这就又要结合结穴周围砂水的形势进行综合分析了。大要是砂环水抱，关阑周密处所的结穴，则多半可因生气聚凝而得吉穴。反之如果砂飞水走，毫无关阑处所的结穴，因为生气散泄不聚，又哪来吉穴可供择居或落葬呢?

因为这个缘故，所以在风水术中，如要判断结穴的吉与不吉，从而决定择居还是不择居，就得仔细考察结穴周围砂水环境是砂环水抱，还是砂飞水走。

所谓"砂环"，是指穴地背侧和左右山势重叠环抱的大好自然环境。在风水术中，人们惯常把穴地周围的山称之为砂。由于穴地左右和背侧有山环抱，可以使凝聚地中的生气不致被风吹散。所以风水家们选择居处或墓穴，不得不考虑到不受大风吹刮的避风条件。这样，避风的"砂环"幽境，就自然成了风水家们必得考虑的重要条件之一了。

所谓"水抱"，是指穴地面前有水抱流。水有池塘、溪涧、河流，甚至海洋的不同，但不管是什么水，都是环抱的吉，因为这样才能使生气环聚在内，而没有走失的怀疑。《葬书》说："经曰：气乘风则散，界水则止。古人聚之使不散，行之使有止，故谓之风水。"又说："风水之法，得水为上，藏风次之。"可知在风水术中，风与水所占的重要位置。其中由于生气碰上水则结集不前，故而尤以水为更为重要的决定因素。

由此看来，如果要找到择居、安葬的结穴，"龙真"、"穴的"、"砂环"、"水抱"四个要件，总是缺一不可。其中入山寻龙是第一步，就是要在绵亘起伏、逶迤曲折的众多山脉中，真知灼见地探得生气充盈的真龙，然后又循着这生气充盈真龙的走势，找到它的止息之处，因为《葬书》说道："气之盛，虽流行而其馀者犹有止，虽零散而深者犹有聚。""气行乎地中，其行也因地之势，其聚也因势之止。"因此之故，山脉的止息之处，往往就成了生气凝聚的结穴所在。

找到真龙似的山脉止息之处后，并不等于就是找到吉穴了。这是因为地气的结聚，在很大程度上还受着“气乘风则散，界水则止”的约束。因此，这时再仔细地观察一下穴地周围环境是砂环水抱的藏风聚气之所，还是砂飞水走的受风散气之地，就不是可有可无的了。

此外，《葬书》还有“占山之法，势为难，形次之，方又次之”的说法。其中“势”、“形”与龙有关，而方则是确立宅墓的正确方位。在风水术中，结穴周围的形势以左面的支脉为青龙，右面的支脉为白虎，前面的澄水为朱雀，背回的靠山为玄武。要求是：“玄武垂头，朱雀翔舞，青龙蜿蜒，白虎驯俯。”如果“形势反此，法当破死。”其中“虎蹲谓之衔尸，龙踞谓之嫉主，玄武不垂者拒尸，朱雀不舞者腾去”，都对宅墓有所不利。又说“以支为龙虎者，来止迹乎冈阜，要如肘臂，谓之环抱；以水为朱雀者，衰旺系乎形应，忌夫湍激，谓之悲泣。朱雀源于生气，派于未衰，朝于大旺，泽于将衰，流于囚谢，以返不绝。法每一折潴者而后泄，洋洋悠，顾我欲留。其来无源，其去无流”。

在点穴方位时，《葬经》有“土圭测其方位，玉尺度其遐迩”的方法。因为画龙点睛，穴点得好是颇为重要的，否则点穴不确，也会前功尽弃。

再如对于土的要求，也有一定的讲究。最理想的宅居或落葬地的土壤，应当是坚细微润，不干不燥，有如“裁肪切玉，备具五色”。至于“干如粟穴，湿于封肉，水泉、砂砾”等土，都是风水术家认为要避开的凶土。

以上所述风水选择四准则，客观分析，其中蕴藏着地质学、环境学、景观学等科学成分，表现了先民们对于美的追求、吉的渴望。然而由于在实际上，风水术中寻龙、点穴、察砂、问水等种种讲究，并不会给生者带来多少福分或祸害，更不要说是招致盗贼的厚葬了。因此，三国时身为九五之尊的魏文帝曹丕落葬不讲风水，并且自求薄葬的做法，在当时历史条件下，便显得极其难能可贵了。打开《三国志·魏文帝纪》，我们且看曹丕是怎么说的："昔尧葬谷林，通树之，禹葬会稽，农不易亩，故葬于山林，则合乎山林。封树之制，非上古也，吾无取焉。寿陵因山为体，无为封树，无立寝殿，造园邑，通神道。夫葬也者，藏也，欲人之不得见也。骨无痛痒之知，冢其栖神之宅，礼不墓祭，欲存亡之不黩也。为棺椁足以朽骨，衣衾足以朽肉而已。故吾营此丘墟不食之地，欲使易代之后不知其处。无施苇灰，无藏金银铜铁，一以瓦器，合古涂车、灵刍之义。棺但漆际会三过，饭含无以珠玉，无施珠襦玉匣，诸愚俗所为也。"曹丕的这番闪烁着思想光芒的实在语言，在于他站在历史的高度，对于沧桑兴废所作的深邃洞察："自古及今，未有不亡之国，亦无不掘之墓也。丧乱以来，汉氏诸陵无不发掘，至乃烧取玉匣金缕，骸骨并尽，是焚如之刑，岂不重痛哉！"

曹丕画像

回到现实生活中来，实际上，一个人的真正吉凶祸福，除掉那些难以把握的社会历史因素，及其他种种蓦然而至的外因，在很大程度上取决于生者平时的所作所为，所谓"善有善报，恶有恶报"。所以除却阳宅风水，时至提倡简葬薄葬的今天，除了国家公墓择地，要求略讲阴宅风水，使之有个较为静谧优雅、适宜于家属凭吊并予以心理慰藉的环境外，对于其他一切有关丧葬吉凶祸福的说法，早就没有什么实际意义了。

2 入山寻龙和平洋龙法

昆仑山祖势高雄，三大行龙南北中。
分布九州多态度，精粗美恶产穷通。

北龙结龙最为佳，万顷山峰入望赊。
鸭绿黄河前后抱，金台千古帝王家。

中龙尊贵孰堪论？水绕山环四海均。
我祖祖陵钟厥秀，须知昭代万年春。

南龙一干亦多奇，当代高皇始帝之。
惟有金陵称胜概，高祖下作上天梯。

——（明）刘基《堪舆漫兴》

在茫茫大地和众多群山中，风水家们心目中的真龙以昆仑山脉作祖，然后由此分为左、中、右三大支脉，亦即左、中、右三大行龙。其中左支环阴山贺兰，入山西，起太行，渡海而止，称为北龙。中支循西番入趋岷山，沿岷江左右，出右江者叙州而也；江左者北去，趋关中，系于大散阙，左渭右汉，为终南太华，下太华起嵩山，右转荆山，抱淮水，左落平原，起泰山入海，称为中龙。右支出吐蕃以西，下丽江，趋云南，绕沾益、贵州、关索，而东去沅陵。分其一支由武关出湘江，西至武陵；又分其一支由桂林海阳山过九嶷、衡山，出湘江，东趋匡庐止；又分其一支过庾岭，渡草坪，去黄山、天目、三吴止。过庾岭的一支又分仙霞关，至闽止；分衢为大拌山，右下括苍，左为天台、四明，渡海而止，称为南龙。

刘基画像

虽说以上分法基本从总体上把握了我国地理龙脉的大局，可是从落实到具体细部的勘察中，要寻觅到大至都城、皇陵，小到村落、墓葬理想的真龙，却也往往踏破铁鞋，不是一件轻而易举的事。比如单就墓葬来说，就有好多山不宜落葬，《青乌先生葬经》说：“童断与石，过独逼侧，能生新凶，能消己福。”注曰：“旧注：不生草木曰童，崩陷坑堑曰断。童山无衣，断山无气，石则土不滋，过则势不住，独山则无雌雄，逼山则无明堂，侧山则斜欹而不正。犯此七者，能生新凶，能消已受之福。”青乌先生是汉朝著名的风水学家，可惜的是“史失其名”，为后人进一步考据他的生卒年代和生平事迹留下了一大难题。相传被后世奉为“阴阳之祖书”的《葬经》，就是他的著述。后来人们有称风水术为“青乌术”的，其来由就出在这里。书中，青乌先生提出童山、断山、石山、过山、独山、逼山、侧山七种山脉不适宜于安葬立墓，否则不仅死者家属要消已受之福，并且还要生出新凶，这自然是件可怕的事。原因是童山没有草木为衣，断山崩陷坑堑毫无生气，石山不见土壤为滋，过山中间过度而山势不止，独山孤零零而失却雌雄呼应，逼山地势逼仄而难容生气凝聚的明堂，侧山则山势倾斜而不中正。这些都是入山寻龙者必须首先排除的。

郭璞的《葬书》把《葬经》中不可落葬的七种山脉除去逼、侧二山，成了“五不葬”，而解释缘由则似乎又推进了一层。《葬书》说：“山之不可葬者五：气以生和，而童山不可葬也；气因形来，而断山不可葬也；气因土行，而石山不可葬也；气以势止，而过山不可葬也；气以龙会，而独山不可葬也。”这里的关键是，郭璞拈出了一个“气”字，可谓箭无虚发，一语中的。

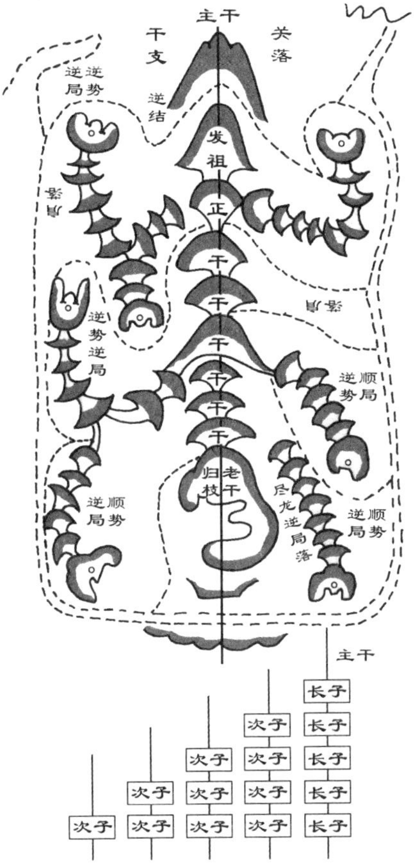

风水与守法礼制比较

——摹自《阴阳二宅》全书

剔开五不葬或七不葬，在入山寻龙时，由于群山起伏，区分为难，所以又有“分龙”之法。这种方法主要是用来区分祖山和正干，以及由此而生发出来的支脉。当你身处群山之中时，可以跑到一处高山之巅，然后仔细观察众山的起伏，如果看到一处山脉高出众山，雄镇一方，没有可以和它分庭抗礼的，则就是这一山脉群中的祖山了。又如群龙横出，有长有短，其中如有一处气势极为开张，而周围群龙又都趋拱并断断续续护卫着它的，就可把此山认作是祖山分出的正干了。那些拱护着正干的，或各分而势小，或在正干之上再抽出分支。从祖山或正干上分支出来的龙脉，最好要各自成体。这样，只要客观条件许可，又可按照这同样的方法，由大到小，再一次次地继续把群山抽分下去。明代缪希雍《葬经翼》说：“崇山忽起，作镇一方，莫之与京者，是曰祖山。群垄横山，力有长短，众之所趋，彼独开张，断续供护，是为正干。或各分而势小，或由干而再抽，此分龙之始也。各分欲其成体，再抽欲其出面。成体者尚须变化，出面者惟求特达。又当观其始分再抽之际，护从冈峦，孰多孰寡，孰短孰长，则得水得局，可概见矣。昔人谓‘起家须用好公婆’是也。”那么，祖龙的祖气和由它化育抽分出来的分龙之气有没有什么不同，或者说是有没有大小强弱的区别呢？《管氏地理指蒙·象物第十》认为：“凡祖龙发迹，直至结穴之所，不知几经曲折，而其化毓之真者，断然不异祖气，所谓‘生子生孙巧相似’也。若到头一有变易，即非造化之真也。”看来，只要找到生气积聚的吉穴，不管祖龙还是龙子、龙孙，那地下的生气也还是一样的。对于这种“分龙”，或者说是“寻龙枝干”的学说，《堪舆漫兴》有诗道：

寻龙枝干要分明，枝干之中别重轻。

欲识真枝与真干，短长界水得其情。

天马行空气象尊，千年拥护度乡村。
前头门户有关闭，立郡迁都子又孙。

擘脉分枝三两行，到头结作细参详。
直须辨别非桡棹，此地于人亦小康。

枝干之外，《堪舆漫兴》又有旁正、粗嫩、长短、真假、贵贱、少祖等诗，足以补充“分龙”的学说：

出身共此祖和宗，旁正详观自不同。
正结至尊如帝座，旁虽有穴欠全功。
粗中抽出嫩为佳，嫩可安坟老却差。
又有尽头名曰老，莫教一例断荣华。

随龙长短辨低昂，龙若长兮福亦长。
一节有情一节好，短长节数任端详。

真龙穿帐必中央，虚假模糊似破裳。
过峡还当观护送，有迎无送亦非良。

分龙贵贱有著龟，贵贱攸分在动移。
贵格星峰多振作，贱龙懒散欠拖为。

近穴名为少祖山，此山凶吉最相关。
开睁展翅为祥瑞，低小孤单力必悭。

在名称上，龙的名目可谓是繁多的了。这里，《管氏地理指蒙》“九龙”的说法，堪称明了：

①降龙

“曰降龙者，来迢迢兮，垂云际而襟沧海。”注：“降龙穴在云际，以沧海为襟，期高处无水，自必以远者为应，赖氏曰‘穴高朝流而长远，富贵易致人安康’者此也。”

②腾龙

“曰腾龙者，来迢迢兮，耸端秀而起江干。”注曰：“腾者自下而升，故曰耸。”

③蟠龙

“曰蟠龙者，来迢迢兮，环首尾而枕澄渚。”注曰：“首尾交顾曰蟠。”

④出洋龙

“曰出洋龙者，来迢迢兮，脱云雾而奔清泉。”注曰：“出洋者，离山既远，如过海之船，出林之兽。”

⑤卧龙

“曰卧龙者，来迢迢兮，面环净而绕长湾。”注曰：“形卧者攀其肩井，一曰攀龙。”

⑥生龙

“曰生龙者，来迢迢兮，奋鬐鬣而跌横川。”注曰：“鬐鬣，龙身之墩阜也。”

⑦飞龙

“曰飞龙者，来迢迢兮，展羽翼而致波澜。”注曰：“开睁展翅曰飞。”

⑧领群龙

“曰领群龙者，来迢迢兮，统行队而饮清泉。”注曰：“群龙众支中之一龙。”

⑨隐龙

“曰隐龙者，来迢迢兮，伸臂掌而仰全盘。”注曰：“隐龙穴在水分水聚之中。金盘、仰掌，其水聚之中也，然须辨阳会阴流。”

前面说过，独山不可葬的理由是独山不分雌雄，所以为寻龙者所不取。龙的有雌有雄，雌为阴，雄为阳，就好比人生夫妻一样。夫妻交媾，男女化生，天地万物也同样如此，有雌雄交而孕汇繁育的契机。关于龙的阴阳，有多种看法，一种是行度方位和纳甲之法，这就是《杨筠松青囊奥旨》注中所谓“察雌雄行度于方位之上，则坎、癸、申、辰、离、壬、寅、戌、乾、甲、坤、乙属阳为雄，艮、丙、巽、辛、兑、丁、巳、丑、震、亥、未为阴为雌”，以及“察雌雄于纳甲之中，则用乙、辛、丁、癸、甲、庚、丙、壬、辰、戌、丑、未为阴为雌，乾、坤、艮、巽、震、离、坎、兑、寅、申、巳、亥为阳为雄，各以配卦纳甲相见，可以占一气相应之吉”的说法了。这种以兑山、艮山、震山等方位分雌雄二十四龙的方法，在具体勘察时，一定要借助于罗经的使用，才能测定某一来龙属于二十四龙中的哪一条龙。风水家们使用罗经测定山龙方位，大概起于隋唐五代时期。其盘依顺时针方向分别按照壬、子、癸、丑、艮、寅、甲、卯、乙、辰、巽、巳、丙、午、丁、未、坤、申、庚、酉、辛、戌、乾、亥的次序进行排列。又有天盘、人盘、地盘二十四山的不同。由于罗盘 360 度分成 24 份的结果是每份得 15 度，因此落实到二十四山中，便就每山各占 15 度了。这种二十四山的方法，如再结合九星派理论，又可制成一种九星盘式。这种九星盘式，就是把罗盘地盘上的二十四山，分别与贪狼、巨门、禄存、文曲、廉贞、武曲、破军、左辅、右弼九星结合起来。其结合的情况，《罗经详解》的说法是：“艮、丙贪狼木；巽、辛巨门土；乾、甲禄存土；离、壬、寅、戌文曲水；震、庚、亥、未廉贞火；兑丁、巳、丑武曲金，坎、癸、申、辰破军金；坤、乙辅弼木、土是也。”至于罗经地盘上二十四山各自所占的度数，一般大多标得明明白白，测量时只要面对所要测量的山，再读出盘上指针的度数和与度数连在一起的山石，便就成竹在胸了。

这里不妨先看十二雄龙，又称阳龙的情况。在罗经地盘测量中，凡是属于盘上所标定的壬、子、癸、寅、甲、乙、辰、午、坤、申、戌、乾十二个字度数范围内的，都属阳龙。阳龙十二字度数范围的分属情况如下：

壬，337.6°~352.5°。

子，352.6°~7.5°。

癸，7.6°~22.5°。

寅，52.6°~67.5°。

甲，67.6°~82.5°。

乙，97.6°~112.5°。

辰，112.6°~127.5°。

午，172.6°~187.5°。

坤，217.6°~232.5°。

申，232.6°~247.5°。

戌，292.6°~307.5°。

乾，307.6°~322.5°。

二十四山中去掉十二阳龙，罗经地盘上留下来凡属亥、丑、艮、卯、巽、巳、丙、丁、未、庚、酉、辛十二个字度数范围内的，就都属于雌龙或阴龙了。十二阴龙的刻度所属如下：

亥，322.6°~337.5°。

丑，22.6°~37.5°。

艮，37.6°~52.5°。

卯，82.6°~97.5°。

巽，127.6°~142.5°。

巳，142.6°~157.5°。

丙，157.6°~172.5°。

丁，187.6°~202.5°。

未，202.6°~217.5°。

庚，247.6°~262.5°。

酉，262.6°~277.5°。

辛，277.6°~292.5°。

二十四山之外，察气察形也是一种辨龙的方法。这种方法由于以天气左旋为阳，地气右旋为阴，而龙气行于地中，也有阴阳作为依据。以龙从左旋则气必从左为阳为雄，龙从右旋气必从右为阴为雌。关于雌龙雄龙的入葬吉凶，《青囊海角经》上集有诗道：

阳位山来男更多，阴山只是旺青娥。
阴阳相配俱周足，孝义儿孙发福多。

阴山齐起出英雄，昔日黄巢葬祖宗。
二十万军心一片，忽然战败走西东。

阳山齐起号金龙，时暂收他太乙宫。
无奈廉贞多叛逆，此山天上号狂龙。

与此同时，察形中还有一种龙分阴阳和阳龙阴受、阴龙阳受的方法，就是龙行低平的为阳，尖耸的为阴。从这一认识出发，故凡来龙低平，直至到头结穴时地貌忽又变得突起耸来的，叫做阳龙阴受。《曾杨问答》有云：

“何者为阳来阴受？曰：来脉微平，入穴之处，突节起块，是谓阳来阴受。”李思聪《堪舆总索》并有诗说：

龙如仰掌是阳来，自是阳来阴受胎。
凸起节包为正受，覆杯相似不须猜。

与阳来阴受相反的是阴来阳受。大凡来龙脊骨明显，而结穴时地貌忽又变得有窝凹陷的，叫做阴来阳受。《曾杨问答》说道：“何者为阴来阳受？曰：脉来有脊，入穴有窝，是谓阴来阳受。”李思聪《堪舆总索》亦有诗说：

显如覆掌是阴龙，阴极阳生理在中。
到穴略开窝有口，其形马迹正相同。

阴阳之外，还有五行之山的分法，以上应天上木、火、土、金、水五星。《葬经》说：“官贵之地，文章插耳，鱼袋双连，庚金之位，南火东木，北水鄙枝。”注说：“两员峰相连，一大一小，谓之鱼袋。庚金取其圆活出贵也。若尖尾象火，主医巫。长瘦象木，轻薄象水，出淫荡妓也。”可见五山的特征是金山圆利，木山直秀，土山方平，火山尖削，水山灵动。为此，六言古诗有云：

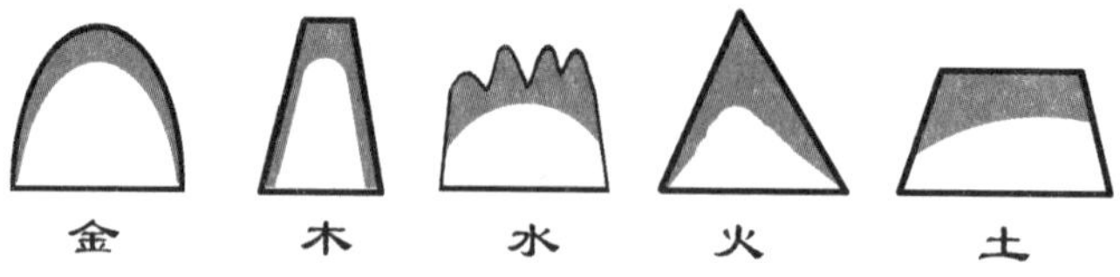

五星示意图

（引自《地理直指原真》）

金星圆如覆釜，
遇火耸而为殃。
方出头而是美，
剥换净兮高强。

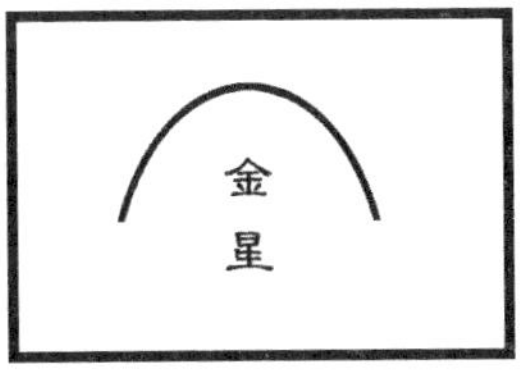

木星直如顿笏，
动则乃是恩星。
忌其圆而高起，
惟取纯远为尊。

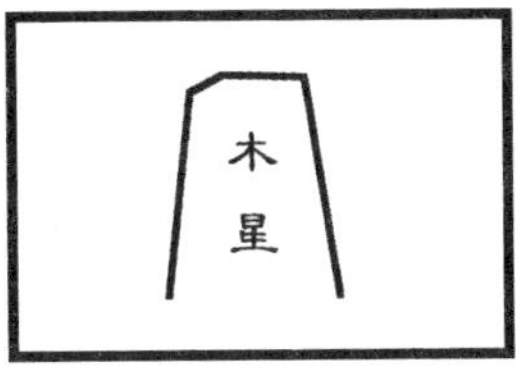

水星动似游龙，
其长来远堪求。
更取纯而不杂，
龙中最上峦头。

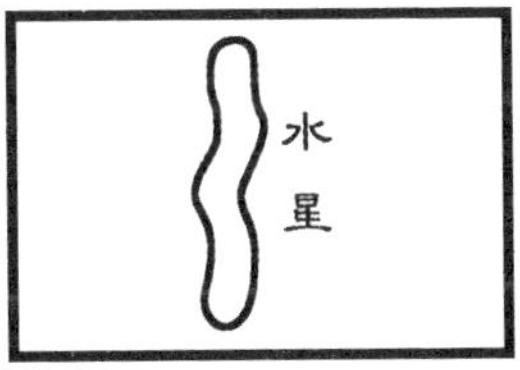

火星尖而秀出，
居于南面离宫。
喜直恶动本性，
登山细认峰峦。

土星方而丰厚，
形似覆盆相同，
忌木喜火为伴，
登山须辨真宗。

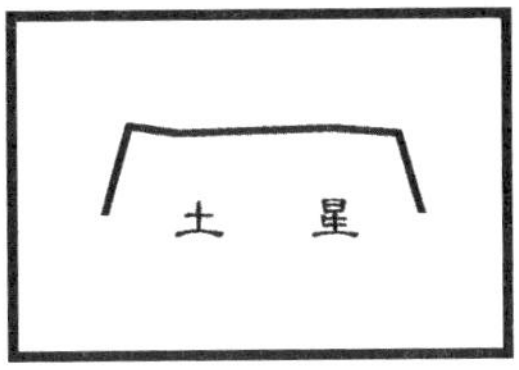

明代刘基《堪舆漫兴》组诗，对于这种形态各异的五星，是这样分咏并兼及祸福吉凶的：

金星形体净而圆，弓起浑如月半边。

秀丽笃生忠义士，高雄威武掌兵权。

木星身耸万人惊，倒地人看一树横。
有水令人身显贵，攲斜不正反遭刑。

涨天水星浪交加，或落平阳曲似蛇。
智巧聪明多度量，荡然无制败人家。

火星作祖似莲花，贪巨相承宰相家。
只有开红堪作穴，亦须平地出萌芽。

土星高大厚而端，牛背屏风总一般。
若在后龙兼照穴，兄弟父子并为官。

若是五星会聚一起，叫做“五星聚讲”，这就更是妙不可言的福地了。诗说：

火南水北木居东，西有金星土在中。
此为五星来聚讲，天壤正气福无穷。

由于我国古代，人们还惯常把姓氏的发音归纳为角、徵、宫、商、羽五音，其中角姓属木，徵姓属火，宫姓属土，商姓属金，羽姓属水，所以结合起木生火、火生土、土生金、金生水、水生木，以及木克土、土克水、水克火、火克金。金克木的五行生克关系，又有种种说法。比如《青囊海角经》就有诗说：

六龙只得一条山，五姓相生更可安。
合得阴阳山水位，扦茔富贵出英贤。

这是就山的五行和姓的五行彼此相生而说的。又如：

来山虽吉姓相刑，祸福相兼岁岁生。
若值木宫和合处，更无灾眚及儿孙。

可见来山虽吉，若和姓的五行刑冲，便就大打折扣了。

然而不管雌龙也好，雄龙也好，还是五行之山也好，却都离不开赴、卧、蟠三奇。《管氏地理指蒙·三奇第五》说："龙之元微，先式三奇：曰赴、曰卧、曰蟠。形势低昂，相其潜飞，以指其要，为寻龙之机。"其中从远处迢迢而来的叫赴，横倒在面前的叫卧，龙首龙尾环顾的叫蟠。又说："其赴者正履端操，一起一伏，肢腕翼辅，如经丝摆练，直缕边幅，趋长江而垂垂。其卧者横亘磅礴，迁徐偃息，不枝不挺，如长江隐雾，连城接垒，枕溪渚而迟迟。其蟠者蜿蜒温螾，首尾交顾，周回关镇，如鞶带缠绕，旋根错节，临湖涧而规规。"注曰："龙之变化无穷，不外赴、卧、蟠三式，而三式之结，一趋于长江，一枕于碧溪，一归于河涧。其远近正侧虽不侔，所以契于水者一也。"这里"契于水者"一语很是重要，因为龙的止息之处如果没有水的话，那么地底的生气非但聚不起来，并且还会乘风而散，消失得无影无踪。

既然是龙，就免不了有龙的身体头尾肩项脐腹髻鬣角爪等。关于这些，《管氏地理指蒙·象物第十》有赋道："指山为龙兮，象形势之腾伏；犹易之乾兮，比刚健之阳德。虽潜见之有常，亦飞跃之可测。有脐有腹兮，以蟠以旋；有首有尾兮，以顺以逆。顺兮指其所钟，逆兮原其发迹，蟠兮指其回环，旋兮指其污蹠。耸肩伸项兮，有结咽过关之想；布爪扬鬣兮，有夹辅维持之力。左抱右偃兮，若其角之卫，腾峰挺秀兮，若其髻之植。"对于其中未尽的意蕴，注解这样补充道："此一节借龙之全体，以喻夫山之形。真龙落脉，多在低藏处所，即或有高处落，亦必在帐幕潜户之中，此神而隐迹，潜以保身之谓也。"

重要的是不要忘了辨龙的“形”与“势”，东晋郭璞的《葬书》说：“《经》曰：外气所以聚内气，过水所以止来龙。千尺为势，百尺为形。势来形止，前亲后倚，为吉藏也。”注解说是：“后倚其圆，分也；前亲后倚，合也。言后要有分，前要有合也。”就是墓穴后“势来形止”的靠山，最好至此分为左右两支，并由此而向墓穴的左右两侧遥遥地环抱过来，前文所谓“砂环”，就是指此而说。

《管氏地理指蒙·形势异相第十五》进一步发挥道：“势必欲行，行则远，远而腾踪；形不欲行，行则或西而或东。势不欲止，止则来无所从；形必欲止，止则浮而有容。形不欲露，露则气散于飘风；势必欲露，露则气寂而不钟。形必欲洿，洿则气聚而有融。盖形者势之积，势者形之崇。彼有左右之势，以从中而卫穴；面前之势，以朝穴而应龙。”对此，注释还作了这样的补充：“势言其大者，形容其小者。势欲其来，形欲其止。势不畏其露，形惟贵不洿。盖左右前后皆势也，而形居势之中，故曰‘势之积’，犹积气成天，积形成势也。”接着原文又说：“外势欲圆，内形欲方。”原因是外势圆就气畅行，内形方则穴墓正。

说到龙势，还顺便提一下“五势”。所谓“五势”，就是正势、侧势、逆势、顺势、回势的合称。龙北发而朝南来的是正势；龙西发，北作穴、南作朝的为侧势；龙“逆水上朝”的是逆势；龙“顺水下朝”是顺势；龙身回顾祖山作朝的是回势。五势中，逆势最贵，顺则力减，所以较逊。

回顾前文所说赴、卧、蟠三奇，又有与之相对的全躯、分支、隐伏的“三径”理论。两者的区别在于“三奇言其来”，而“三径”则“言其止”。《管氏地理指蒙·三径微第十七》说：“世之寻龙，惟知辨形，不知原势。辨形则万端不足，原势则三径而可殚。辨之则易，原之则难。矧三径之出乎三奇之原，有全躯之统，有分支之应，有隐伏气脉于连臂之间。”全躯之统，其势远奋天边，磅礴奔放，所以非扼住它极细的咽喉通道，就不能括尽其气。分支之应，为极盛的全统之躯里分出来的分队，名目有梅花、串珠、走马、金星之类，由于其“极细之咽已统于全躯”，不妨“住形于结喉之宽”。至于隐伏之脉，其气收敛潜伏，好比龙蛇蛰藏一样的不致走泄，所以不必扼住咽喉要道，也可完足无虞。

从“言其止”的三径来势和住形看，全躯的全统之势降落之处多悠扬不迫，好比飘云出洞，其住欲巧，分支的断续之势将落处悠扬不迫，一似驱鹿下山，完全是一片阳气冲和之象，其住欲专；隐伏的晦迹微踪之势着落处犹如蚓陌蛛丝，帛纹水痕，其住欲端。总结：“势降处成形，形止处成穴。势不降则形不成而势累形，形不止则穴不成而形累穴。势累形者不见其晓落，形累茔者窟突之无分也。”

关于“势”和“形”的吉凶，除了前有所述“势来形止，前亲后倚”的总说法外，郭璞的《葬书》还有较为具体的说法，现条陈如下：

①势如万马，自天而下，其葬王者；

②势如巨浪，重岭叠嶂，千乘之葬；

③势如降龙，水绕云从，爵禄三公；

④势如重屋，茂草乔木，开府建国；

⑤势如惊蛇，屈曲徐斜，灭国亡家；

⑥势如戈矛，兵死刑囚；

⑦势如流水，生人皆鬼。

再看有关“形”的吉凶：

①形如负扆，有垄中峙，法葬其止，王侯崛起；

②形如燕巢，法葬其凹，胙土分茅；

③形如侧罍，后冈远来，前应曲回，九棘三槐；

④形如覆釜，其巅可富；

⑤形如植冠，永昌且欢；

⑥形如投筭，百事昏乱；

⑦形如乱衣，妒女淫妻；

⑧形如灰囊，灾舍焚仓；

⑨形如覆舟，女病男囚；

⑩形如横几，子灭孙死；

⑪形如卧剑，诛夷逼僭；

⑫形如仰刀，凶祸伏逃。

关于形势之间的关系，《葬书》还作了这样的交代，就是：“势与形顺者吉，势与形逆者凶。势凶形吉，百福希一；势吉形凶，祸不旋日。千尺之势，宛委顿息，外无以聚，内气散于地中。《经》曰，‘不蓄之穴，腐骨之藏’也。盖噫气为能散生气，龙虎所以卫区穴。叠叠中阜，左空右缺，前旷后折，生气散于飘风。”

结合形势的吉凶，《青囊海角经·寻龙论理篇》中有关山的“山厚”、“山瘦”文字，又从另一角度，充实了入山寻龙有关吉凶的具体内容。文曰：“山厚人肥，山瘦人饥，山清人秀，山浊人迷，山宁人驻，山走人离，山雄人勇，山缩人痴，山顺人孝，山逆人亏。”可谓一目了然，要言不繁。

在入山寻龙过程中，望气寻龙也是其中的一个组成内容。大抵山川之气，和太阳的出没有着很大的关系，由于中午时太阳高悬空中，“其气潜伏，无可觇验”，所以一定要在太阳还没升起，阳气始兴，或在太阳才一下山，阴气渐萌之时，方是觇验山川之气的最佳时刻。古书有云：“黄富而青贫，赤衰而白绝。唯五色之气氤氲，乃绵绵而后杰。寻龙至此，能事已毕。爱银海之明，欲灵犀之话。”同时，又有福喜之气、衰败之气的种种不同。“福喜之气，上黄下白，如牛头之触人，如羊群之相迫，如人持斧以腾身，如将举首而向敌。或如堤坂（其气横亘），或如木植（其气森列）”，关键是“其气凝聚有力”。又如“衰败之气，下连上壁，聚而复兴，微而复赫，如卷石扬灰，如乱穰坏帛，如惊蛇飞鸟，如偃鱼（气不涌跃）巨舶（形体横卧，没有振兴之象）”，问题在于“其气零散不凝”。

对于望气寻龙，《青囊海角经》也自有它的说法。诗云：

山势成龙土亦温，茂林修竹木盘根。
灵源怪石天然巧，吐气兴云看晓昏。

诗末串解：“冬、夏二至，晨昏雨后，气升如盖。如禽主文，如兽主武，气异极贵。或如石门，或隐隐如千石仓，或如山镇，或如楼屋在云雾中，此异气也。凡气雾浓盛者，此吉地也。”

入山寻龙的目的，不是择居，就是建墓，可是从古以来，人家不居住或建墓在山里而居住建墓在平洋大地的，也比比皆是。对此，风水术又是怎么捉摸其龙脉呢？这就牵涉到平洋龙法了。

原来平洋大地远离崇山峻岭，众水交流，阔衍坦荡，即使山冈有所起伏，也多断续支离，所以如要寻龙立穴，又有着另外一番学说。杨公有云：“行到平洋莫问踪，但看水绕是真龙。”然而水不自绕，因砂而绕，这种说法原也是对砂水相缠的地理形势而说的。现在平洋夷阔，无砂可绕，可是那水的绕缠之处，还是有气可乘的。

水有大水小水的不同，就好比山的有干有支一样。这时选择就要依照“大水之中寻小水”的原则去办。例如在大江大湖地区结穴的，要以不见江湖为贵，这就又要仔细辨寻它所分出的众多小而环绕有情的支水了。对于那些有脊势可以推究的平洋地区，可寻找脊势的来源，探求它过咽束气的地方。《难解》第二十四认为，平洋大地的落穴之处，必定要求“开口”：“昔人谓‘平地不开口，神仙难下手’。盖开口方有真明堂，则真气方住。若在水乡平田，专以隔水田丘形势照应，夹拱有情为准要，以来大去小，面前不见大水为佳，纵见亦是一线。立穴必当培土成坟，不宜穴土为葬，如是方不舛错。”由开口而涉及落葬。古人葬在山里的，有时常把棺木深置穴中，并不全要隆起成坟，可是葬在平洋大地的就不同了，总以培土成坟，有隆起的为佳。

对于我国东南水乡的辽阔平地，古代风水学家曾作过具体寻龙分析。这种隐约的寻龙，基础源于对穿田度水、断伏已多的遥远的龙脉的捉摸。比如以过去行政区划，苏、松、嘉、湖、常五府来说，嘉兴、松江府的龙脉，先由西天目山分支到杭州的凤凰山，然后又循着钱塘江的东北逶迤而行，渐渐消逝于海宁、海盐一带。其中从中间行进的一支，又隐隐约约地穿越起伏在崇德、桐乡、嘉兴、秀水、嘉善、平湖、松江等地，最后以两余九峰为脉的终结点，因为被大泖之水所界，所以生气盎然。而西天目山稍外的一支由隆而平，气势从上海到吴淞口而止。因此就西天目山这一脉来说，从苕水以东到大海以西的诸郡邑之地，都是它的分支所结之地。

又如湖州的龙脉，从东天目山发轫，为临安，为余杭，分安吉，涉武康，经归安，最后止于乌程，而以霅水为界。原来苕溪之西，霅水之东，就是东天目山的尽头。再看东天目山在霅水西端，滆湖东侧的孝丰、长兴以及广德、宜兴一带的分支，其中长兴的一支在弁山告终，宜兴的一支在离墨消失。这些都是东天目山的南干分支，由于龙种尊贵，虽然路远迢迢，一路关峡收水，却仍然耸拔强健，不同于其他名山。

从常州之龙看，那山脉从京口连于丹阳，而高原冈阜、隐隐隆隆的地方，则是昆陵、晋陵一带，其中如无锡的锡山等，则属于这一脉的分支。其支从晋陵循着太湖向东南蜿蜒曲折，大约过了六十多里，就是许洋山了。这里山势地面方广四十五里，到天平山向东稍南而行，断伏超金山，金山出狮山，狮山又出索山。此后再向东去，就是将近三十里地的平原地带，然后会为吴郡。在丹阳和武进之交滨江，山脉由此另分一支走江阴，然后循江而东稍南，生出虞山，这就进入常熟之地了。常熟的北面是长江，南面是昆湖，江湖中间一脉绵亘，东南连接昆山，此后东抵嘉定、太仓，至于吴淞江口而尽。

以上这些，就是东南平洋大地，众水界割，山脉蓄气的一方大势。只要懂得诸水所界的原理，那么对于把握地脉所止，支干大小，便就不致大有出入了。

这里还得提一下的是辽阔平洋的平冈或平地之中，也有所谓“五星”的说法。由此看来，“五星”又不仅仅只是高山龙脉的专利了。为了对照着有所比较，这里且把高山、平冈、平地五星三格的吉象捏在一起叙述。这里先看金星吉象：

高山之金，如钟如釜，头圆不欹，光彩肥润的吉；
平冈之金，如笠如马，圆融活动，如珠走盘的吉；
平地之金，圆如糖饼，肥满光净，有弦有棱的吉。

木星吉象：

高山之木，高耸卓笔，挺然特立，不欹不侧的吉；
平冈之木，枝柯宛转，回抱衺延，势若鞭袅的吉；
平地之木，软圆平直，枝柯横布，苞节牵连的吉。

水星吉象：

高山之水，土泡曲艳，势如展帐，横阔摆列的吉；
平冈之水，手脚平铺，势如行云，透迤曲折的吉；
平地之水，展席铺毡，层波叠浪，有低有昂的吉。

火星吉象：

高山之火，秀丽尖耸，焰焰烧空，为祖为宗的吉；

平冈之火，手足袤延，纵横生焰，得水相连的吉；

平地之火，斜飞闪闪，曲中生曜，水里石梁的吉。

土星吉象：

高山之土，如库如屏，重厚雄伟，端正方平的吉；

平冈之土，如几如圭，端厚肥重，不倾不欹的吉；

平地之土，堑削方棱，厚重平齐，有高有低的吉。

说到平冈，古人又有一种冈阜观支之法，就好比群山之中的分龙之法一样。郭璞的《葬书》说：“地贵平夷，土贵有支。支之所起，气随而始，支之所钟，气随以钟。观支之法，隐隐隆隆，微妙元通，吉在其中。《经》曰：地有吉气，土随而起，支有止气，水随而比。势顺形动，回复终始。法葬其中，永吉无凶。夫重冈叠阜，群垄众支，当择其特大则特小，小则特大。参形杂势，主客同情，所不葬也。夫垄欲峙于地上，支欲伏于地中。支垄之止，平夷如掌，故《经》曰：支葬其巅，垄葬其麓。卜支如首，卜垄如足。形势不经，气脱如逐。夫人之葬，盖亦难矣。支垄之辨，炫目惑心。”注曰：“垄言其老也，支言其嫩也。老忽变嫩，嫩忽变老，所以炫目惑心也。”由此可知，择穴寻找，不只崇山峻岭之中，即使在平洋的冈阜之间，也有龙的存在。古人认为，“垄”亦即“龙”，彼此同音通假。

然而不管入山寻龙也好，平洋龙法也好，由于地中生气有着“气乘风则散，界水则止”的特点，因此对于《水龙经》卷四所载《水龙寻脉歌》，我们不妨把它当做对平洋龙法的补充来看：

地理真传世罕逢，阴阳之妙最难穷。

寻龙捉脉观山水，冈阜平洋总一同。

平洋之地水为龙，四野茫茫岂认踪？
若使明师精妙理，追寻原脉辨雌雄。

水龙妙法少人知，慎勿轻传与俗师。
达者悟之明地理，愚人不晓岂能为？

元武之水是龙身，定穴君须看的真。
水积必然龙有穴，水流气散不堪陈。

大水萦回是干龙，小河支接干亲踪。
干龙气尽难安穴，作穴支龙贵贵丰。

元武之宅有湖池，立宅能令福炁随。
坟墓穴前宜此水，儿孙富贵著绯衣。

河兜地水不通流，水若通身气不留。
若见田圩观水口，儿孙富贵永无休。

大湖之脉气归湾，湖内明砂应业拦。
下后儿孙多富贵，能令白屋出高官。

流来水势似刀枪，射胁冲心不可当。
尖利田圩为绝地，杀伤公讼退田庄。

后山来龙似反弓，出入悖逆各西东。
若还遇此反弓水，退散田园守困穷。

水要弯环莫直流，直流之处最为囚。
更兼四畔无遮掩，浪打风吹不可求。

十字水流后与前，廿字井字总一般。
此为市井多人住，若是一家不可安。

抱身之水势环坟，穴好龙真气脉纯。

葬后其家多富贵，儿孙荣显作王臣。

以上入山寻龙和平洋龙法，好多方面同样适用于阳宅风水的选择，并不是说只有阴宅才有入山寻龙和平洋龙法。

若从现代地质地理角度考察，所谓“龙脉”，基本由火成岩、变质岩、沉积岩等岩层褶皱所形成，其中尤以沉积岩褶皱形成的龙脉最为明显。

对于这种龙脉状褶的形成过程，王炜、陈丽芳的《揭开风水之谜》作了这样的解释：“泥土沙石被流水带到湖泊或海洋里，便沉积成水平的岩层。可是后来，在不同方向上的水平挤压力的作用下，像人们用手推桌布一样，地层皱起来了——在地质上称为褶皱。由于地球引力作用，岩层便逐渐产生褶皱，形成了高低不同的脉状褶皱山岭。不同的沉积岩层，由于硬度不一，通过褶皱后，坚硬的岩层抗蚀力强，使它保存相当完好的走向，而且或明或暗露出地表，很明显地表现出它的脉络来。褶皱上升的背斜，成为高高低低的山脉，而褶皱的斜向，便成为山谷。由于褶皱，使山川形势特别显得与‘龙’逼真了。”此外，由地层升降断裂形成的断块山脉，看上去也往往酷似形象逼真的龙脉。

3　择穴之道

在历代的诗人中，东晋的陶渊明是极为豁达恬淡的一个，然而在他的《挽歌辞》中，也免不了流露出一种深沉的哀思。所谓“挽歌”原是古代拖引柩车的人所唱的丧葬之歌。陶渊明的《挽歌辞》一共写了三首，第一首写殓，第二首写祭，第三首写葬，因为都是从亡人自叹的角度展纸落笔，所以也有人认为是他的自伤自悼之作。我们且看写葬的那一首：

荒草何茫茫，白杨亦萧萧。
严霜九月中，送我自远郊。
四面无人居，高坟正嶕峣。
马为仰天鸣，风为自萧条。
幽室一已闭，千年不复朝。
千年不复朝，贤达无奈何。
向来相送人，各已还其家；
亲戚或馀悲，他人亦已歌。
死去何所道，托体同山阿。

在一片高凉气氛笼罩之中，只见高坟嶕峣，原来是幽室已闭，从此便托体山阿，千年沉睡了。

诗中所说的幽室，就是墓室。由于“死生亦大矣”，在人的一生中，无论是生是死，古人都把它看得很重，因此在有关丧葬中，除了力有不逮的贫苦人家，大多是十分讲究而隆重的。尤其在风水术兴起以后，为了找到一处藏风聚气、虫蚁不生的吉壤吉穴，则更是踏破铁鞋、孜孜以求，更何况风水术的惑人魅力，并不仅仅只在于死者一人而已，醉翁之意在酒而又不在酒，因为这更是牵涉到家属子孙贵贱荣枯的百年大计。

风水术的择穴之道，也和寻龙、问水、披砂一样，是阴阳宅风水术中的四大准则之一。缪希雍的《葬经翼·自序》说：“穴者，冲阳和阴，精气凝成之窍也。葬欲乘之，返气纳骨之道也。”古人有云：“三年求地，十年定穴。”可见对于择穴之道有多重视了，这里，我们先参考一下我国风水祖书《青乌先生葬经》和郭璞的《葬书》是怎样为后世的择穴之道定下基调的。先看《葬经》：

无其始也，无其议焉。不能无也，吉凶形焉。曷如其无，何藏于有？藏于杳冥，实关休咎。（言气不于所生之山而来，则此穴或成或否，亦不可得而议也。气必有所来而不能无，此穴吉凶之所形，亦彼之贯也。方言共有，曷如入穴之只求其有中之无也。有无藏在杳冥，微茫不可见，实关得穴不得穴之休咎。）

山川融结，峙流不绝。双眸若无，乌乎其别？（山峙有天心至于山，川流自交合至于水口，皆融成穴。双眸附近之眉毛眼睫，为上面之印证，所以别其真穴也。）

不畜之穴，是谓腐骨。不及之穴，主人绝灭。腾漏之穴，翻棺败椁。背囚之穴，寒泉滴沥。其为可畏，可不慎乎！（旧注：不畜者，言山之无色藏也。不及者，言山之无朝对也。腾漏者，言其空缺。背囚，言其幽阴，此等之穴，俱不可葬也。）

百年幻化，离形归真。精神入门，骨骸反根。吉气感应，鬼神及人。（人死形脱，离而化乎土。真气归本，精神聚于坟墓。中受土气荫枯骨则吉，人祥之气与穴气相感应，积祯祥以及子孙也。郭氏引《经》曰：鬼神及人，宗其类耳。）

东山起焰，西山起云。穴吉而温，富贵绵延。其或反是，子孙孤贫。（阴阳配合，水火交搆，二气郁蒸而成穴，故吉而温，子孙富贵长久也。不能如是，不可谓穴。）

山随水著，迢迢来路。挹而注之，穴须回顾。（山因水激而成穴，是来路之长，回头顾朝，水而作穴也。）

天光下临，百川同归。真龙所泊，孰辨元微？（天心平正，真龙正穴，万水同归，一源交合，此其所以有元微。）

若乃断而复续，去而复留。奇形异相，千金难求。折藕贯丝，真机莫落。临穴坦然，形难扪度，障空补缺，天造地设。留与至人，前贤难说。（旧注谓富地利害轻重，人得而识之，贵地所系大，造化不令人识，惟众人所不喜，则为大贵之地，使人俱识之，则家家稷、契，人人皋、夔，无是理也。奇形异状，所以千金难求，留于至人先贤，所难说也。断续去留，折藕贯丝，是本源探奇形异相，真机难摸，且有元微要口，障空补缺，是真穴到处。或有空缺，又外生一峰，以障蔽之，乃天地安排，至人先贤所以难说也。）

地贵平夷，土贵有支，穴取安止，水取迢递。（旧注：安止则穴无险巇，迢递则水有源流。）

向定阴阳，切莫乖戾。差之毫厘，谬之千里。（旧注：阴阳多以左右取穴。左则为阳穴，右则为阴穴。）

贫贱之地，敌如散蚁。达人大观，如示诸指。（脉理散乱，无的定之穴。注云：山沙散乱，朝不明。）

吉穴葬凶，与弃尸同。阴阳合符，天地交通。

内气萌生，外气成形。内外相乘，风水自成。察以眼界，会以性情。若能悟此，天下横行。（内气萌生，言穴暖而生万物也。外气成形，言山川融结而成形象也。生气萌于内，形象成于外，实相乘也。察以眼界，形之于外，今皆可见之。至于会以性情，非上智不能言也。眼界之所聚，性情之所止，势有大小，无穴不然。尚能通之，蛮貊之邦行矣。）

《葬经》的注释者是金朝的丞相兀钦仄。综合原文和注释，《葬经》提出的择穴之道，大致可以归纳为这样几点：

①墓穴虽说是用来安葬死者遗骸的，可是按照“吉气感应，鬼神及人”的原则，如果墓中生气荫护枯骨的，就可使得穴气和人祥之气相互感应，从而使子孙获得种种祯祥。

②要找得地中生气凝聚的吉穴，结穴周围的环境是不得不讲究的。最理想的结穴周围的环境是山川融结，砂水环抱而又临穴坦然，因为这样的周围环境正是地中生气凝聚的好处所，否则脉理散乱，山砂朝对不明，就找不到理想的吉穴。

③如果结穴周围的砂水环境奇形异相，障空补缺的，则更是天造地设、千金难求的大贵之地。可是这种大贵之地，由于折藕贯丝，真机难摸，所以并不是一般的风水先生所能识得的。

④周围山砂阴阳配合，水火交媾，从而郁蒸成穴的，必定温而吉利。此外，非但穴要安止，并且还要回头朝顾来龙，以便更好地迎留地中生气，为我所用。

⑤上好的吉穴必须是内气萌生，外气成形的。内气萌生则穴暖而生万物，外气成形则山川融结而成形象。这样内外相乘，从而形成风水的上品。

⑥穴有可畏而不利于安宅或落葬的，要谨慎地加以避免。这些不可安宅或落葬的穴地，大致有四种情况：一是山不包藏的“不畜之穴”，二是山无朝对的“不及之穴”，三是山砂有缺的“腾漏之穴”，四是幽阴不明的“背囚之穴”。如果不慎而选了这些穴位，按风水先生的说法，那么不是腐骨或主人不吉，就是翻棺败椁或寒泉滴沥，致使生者死者，双双遭殃。

⑦好的吉穴还要配上合宜的葬法，否则穴吉葬凶，也会使好不容易找来的上好风水前功尽弃。此外风水结穴还有阴阳之分，这主要是根据结穴所处的方位来决定的，其中位于左侧的属于阳穴，右侧的属于阴穴。古人定向基本上是左东右西，前南后北，这又和现在地图上所标示的方向有着截然的不同。

作为对《葬经》的一种补充，郭璞的《葬书》论穴提出，一是有关墓穴的土质，要求“土细而坚，润而不泽，裁肪切玉，备具五色”，否则“干如穴粟，湿如封肉，水泉砂砾”的，就都是“凶宅”了；二是引《经》所说的“穴有三吉”、“葬有六凶”。其中“穴有三吉”是：

神藏合朔，神迎鬼避，一吉也；

阴阳冲和，五土四备，二吉也；

目力之精，工力之具，趋全避缺，增高益下，三吉也。

“葬有六凶”是：

阴阳差错为一凶，

岁时之乖为二凶，

力大图小为三凶，

凭恃福力为四凶，

僭上逼下为五凶，

变应怪见为六凶。

为此，《葬书》接续道：“《经》曰：穴吉葬凶，与弃尸同。《经曰》势止形昂，前涧后冈。”这是引《葬经》的话而说的。又说：“龙首之藏，鼻颡吉昌，角目灭亡，耳致侯王，唇死兵伤。宛而中畜，谓之龙腹，其脐深曲，必后世福。伤其胸胁，朝穴暮哭，是以祸福不旋日。”在风水术中，择穴其实就是择居择葬，也就是择地而居、择地而葬的意思，因此郭璞所说的葬在龙鼻、龙颡、龙耳、龙腹、龙脐的吉，葬在龙角、龙目、龙唇、龙胸胁的凶，是不能撇开择穴来谈的。

由于择穴之道和山脉的来龙有着莫大的关系，所以对于来龙中的一些风水术语，也有一知的必要，否则就难以作进一步的探讨。在风水术中，假如有三条龙脉同时并赴，以中间一龙为尊；如果是两龙相遇，则以有水环抱的一龙为主。当龙脉选定以后，接下来还要辨识龙头、龙髻、龙腹、龙脚、龙尾。其中龙头有龙角、龙鬣、龙目、龙耳、龙鼻、龙颡、龙齿的不同；龙鬐有龙背、龙肩、龙须、龙颈的划分；龙腹有龙腰、龙脐、龙乳、龙胁的差异；龙脚有龙腕、龙肘、龙胯、龙爪的区别。如此等等，不一而足，花样极其繁杂。但是，透过这些光怪陆离的现象来抓要点，根据“头崇隆而尾尖削”的原则，风水家们如果先把山脉的龙头龙尾确定下来，那么其他的枝枝节节，也就大体迎刃而解了。

在后世风水著述中，对于龙穴之法，较为知名的是“四镇十坐”。所谓“镇”，就是“按其前”；所谓“坐”，就是“居其上”。“镇”是总说，“坐”是确指。其中“四镇”，一是镇龙头，二是镇龙鬐，三是镇龙腹，四是镇龙脚。因为葬避龙尾，所以“四镇”不取。“十坐”一是坐龙额，二是坐龙耳，三是坐龙鼻，四是坐龙鬐，五是坐龙肩，六是坐龙须，七是坐龙脐，八是坐龙乳，九是坐龙腕，十是坐龙胯。“十坐”分逮于“四镇”之中，因此只要把握住“按其前”的“四镇”总说，那么“居其上”的“十坐”确指也就在其中了。

①镇龙头

在山脉一端崇而隆起的整个龙头中，又有額、耳、角、齿、目、鼻、鬣的区别。辨别的大要是，“額广而平，耳停以蓄，角欹危，齿琐屑，目露而湿流（如悬壁水之类），鼻隆而污崦（坳污）。鬣，龙颔旁之小鬐，其厚者可坐，薄者不可坐”。在龙头所属的各个部位中，可以坐居其上而取作穴葬的只有三处，这在“十坐”中分别叫做“坐龙額”、“坐龙耳”和“坐龙鼻”。其他如龙角、龙齿、龙目等部，则都要远远避开，否则择之不吉。此外对于龙鬣，要看具体情况，厚的可坐而薄则不佳。

②镇龙鬐

在整个龙脉中，“龙背之矗矗”叫鬐，由于龙背、龙肩、龙项、龙颈都和龙鬐接近，所以便就包括进龙鬐一类中去了。镇龙鬐中可以坐居其上的有两处，就是“坐龙肩”和“坐龙颈”。关于个中的详情，《管氏地理指蒙·四镇十坐第六》说："镇龙鬐，避龙背；坐龙肩，堪负载；坐龙颈，当曲会；避龙颈，如伸臂。"注云："皋陶之背如植鬐，谓其丰隆而可镇也。若背则平荡无倚，否则壁立堆容，故当避。肩有肩井可停。颈后曰项，项有去者，回头为卫，故皆可坐。颈直无收，若伸臂者然也。"

③镇龙腹

龙脉的头尾之间，背鬐下面的广阔地带，就是龙腹。因为龙腰、脐、乳、肋与腹相近，所以便都并列龙腹之下一起叙述。如果加以区分，龙腹宽博而有容，龙腰孱弱而无气，龙脐坳小而圆净自然，龙乳面平而不饱，时或下垂有情，龙脉位于龙体一边正气不至的地方。"镇龙腹"中可以坐居其上而立穴的有两座，就是"坐龙脐"和"坐龙乳"。其他如龙腰、龙肋，则不可坐。为此，《管氏地理指蒙》总括："镇龙腹，避龙腰。坐龙脐，自然坳。坐龙乳，如垂髫。避龙肋，不坚牢。"

④镇龙脚

龙脉旁出远到的地方，好比龙的握拳透爪，所以风水术中把这叫做龙脚。龙脚的范围包括腕、肘、胯、爪。风水术认为："腕，掌后节中也，以其可腕屈，故曰腕。""肘，臂节也，虽曲而其势反背"，正因为"面既已反"，所以其势散而不聚。"胯，两股间也。胯恐内寒而脱气，故须外气以聚内气。""爪者，尖利而犯刑伤之象，故须避之。""镇龙脚"中，可坐居其上而点穴落葬的，有"坐龙腕"和"坐龙胯"两坐。《管氏地理指蒙》说得好："镇龙脚，坐龙腕。避龙肘，势反散。坐龙胯，聚内气。避龙爪，前尖利。"

对于这种"四镇十坐"的龙穴之法，后人又改易延伸为"四镇十二坐"。要弄通"四镇十二坐"的理论，还得从宗龙、攀龙、骑龙、承龙说起。所谓宗龙，就是来龙奔赴，宗其顋息（龙之静定而不越），所以叫"宗龙之咤"。所谓攀龙，就是来龙横卧，攀其肩井，攀有贴脊之意，所以叫"攀龙之胛"。所谓骑龙，就是来龙蟠环，骑其源护，所以叫"骑龙之洿"。所谓承龙，就是来龙磅礴，承其顾殢，所以叫“骑龙之势”。其中所说，宗、攀、骑、承，都是穴龙之法，咤、胛、洿、势，则都是穴龙之地。

宗、攀、骑、承四种龙穴之法，就“四镇”来说，宗龙则镇龙头，攀龙则镇龙项，骑龙则镇龙背，承龙则镇龙腹。

四镇确定以后，镇龙头可以坐穴其上的是頞頞、鼻崦、准的三坐；镇龙项可以坐穴其上的是肩井、耳停两坐；镇龙背可以坐穴其上的是植鬐、枕鬣两坐；镇龙腹可以坐穴其上的是乳房、脐窟、脬元、胯脞、翘踝五坐。这样加起来的总数，就是十二坐了。对于以上这些情况，《管氏地理指蒙》诠注括要说：“不能式四龙之趣向，不可以言镇，故宗龙则镇头，攀龙则镇项，骑龙则镇背，承龙则镇腹，不能定四镇所在，不可以言坐，故頞頞坐眉目之间，崦坐鼻之左右，准坐鼻之正中，皆镇头之坐，所以宗龙也。肩井当项之偏，耳停当头之偏而与项不甚相远，皆镇项之坐，所以攀龙也。植鬐、枕鬣，皆喻其背之的，以背不可镇，得鬐与鬣，而背可得坐，龙可得骑也。乳房居腹之上，脐窟居腹之中，脬元居腹之下，胯陛居腹之后，翘踝居腹之前，虽曰镇腹，其实居腹之上下前后，所以承龙之势也。”

择穴之道，不仅于此，另外还有“复向定穴”的种种要妙。《管氏地理指蒙》有《复向定穴第二十四》一篇道：“立穴之法，复向以决。复向之目，见穴始出。古人习之，必有可传之诀。顺势逆形，随形探骨。拟穴指向，复向定窟。”这里所说的“复”，就是返。古人择穴，为示慎重起见，总是往往返返得要观察好多时间，才能最后确定下来。因此所谓“复向”，就是“往其穴之所向，而始决其穴之真的边”。对于《管氏地理指蒙》的这段文字，前人曾有注曰：“盖穴之地，初不易见，惟止于向而穴无不出之形。此古人所以有‘南山有地，北山观之’诀。逆者，未至而迎之。凡顺龙之结穴必逆。顺势者，顺其势之所往而逆其形。随形者，即其行之所在而探其势。拟穴者，从其穴之所止，以端乎向。复向者，又即其向之所在以验乎窟，而穴在其中也。”

正因为穴在窟中，所以对于择穴在道的要妙，还在于对各种各样的窟，作一番理论上的探究。比如说，窟要有容有的，应水应向，才能有用。所说“有容”，就是窟要能够容身其中；“有的”，就是窟内既要隆然而起，又不可过于突兀，否则就不成其为窟了。风水学者认为，窟中如果没有隆然而起的“的”，那么这窟就没有充盈的生气。应水，就是说窟的前面要有澄水与之相应，好比丈夫妻子，相应相随。假如水不应窟，水窟相脱，也是不能定穴的弃窟。应向，就是窟要和来龙彼此相应，好比宾主接迎一样。此外，窟的其他种讲究也不一而足。

窟必有额，额不散阔。“额”和“的”不同的是，“的”是隆起的，“额”是广平的。如果窟看去广平而又散阔，那就额不像额而不可用了。

窟必有唇，唇不吐舌。窟唇好比鹅毛翘起的吉，状似吐舌的多半不吉。

窟又必定有颔，颔要丰满才好，嘴尖“则瘦削不容”，难成吉窟。

同时，窟还少不了有脐。所谓脐，就是窟中凹陷，要圆而生动的吉。

此外，还有“窟如仰掌，掌心盛物”、“窟如覆物，握口携搤”，以及“窟如献掌，献掌非犁镲之峭立”，“窟如虎蹠，虎蹠非羊蹄之奔逸”等说法。

择穴之道的讲究，还在于验看入穴之处石纹的转与不转。《葬经》说“山势原骨”，骨就是石。骨节有向有背，能够辨别骨节的向背，那么对于随着骨节向背而流转着的生气，就可以得到一定的把握。看验骨节向背的办法是，在入穴的地方仔细观察石上纹路的走向，如果穴口两边的石纹都通转向里的，那就必定生气凝结，是个吉穴无疑。要紧的是，对于“正脉包裹转里，曜气反张，石纹似去而外势通转，包住曜气”的穴地，由于有着“曜气反张，石纹似去”的干扰，因此稍一不慎，容易使人误认为是生气不聚的凶穴。这里的关键是“正脉包裹转里”，“外势通转，包住曜气”。对于那些将要转过身来的山脉，即使穴边石纹局部拐向背面，因为整体的大势都奔而向前，所以还是以大势为主。

然而，审视入穴两边的石纹转与不转，还要和穴周的环境结合一起参考。只有穴周龙脉形止势聚，情意已钟，明堂得真，砂水相称的，才能在灵丈之中细察石纹，因为如果不具备这种地中生气凝聚的大环境，而一味死盯着石纹去转，是无论如何也觅不到吉穴的。对那些地面没有石头可以验看纹势的穴地，有时开探下去也可找到石纹，其中"或窝或口，或丫或钳，或圈或人字"，都可随着石纹的形态转向，验证穴兆。

前人对于择穴之道的讲究，还曾提到正受穴、分受穴、旁受穴的不同。刘基的《堪舆漫兴》说得明白：

迢迢特至为正受，正受之穴世罕有。
万水千山结我坟，儿孙庆泽天壤久。

一枝臂上脱形来，亦有规模堪剪裁，
莫谓分龙为小结，小以成小有余财。

问君何者为旁受？正受龙身气脉洪，
或在两边龙虎上，或于官鬼护缠中。

说到穴中之土，风水先生对此也有一番斟酌。上好的穴土必定鲜润而又坚细。这种穴土放在手里可以捻成丸子，若果散开而捻不成丸子的，则称不上是吉穴的土壤。再如原先开掘下去有土可以捻聚成丸，后来渐渐凝不起来了，这在风水术中叫做"真土已尽而及金银炉底"，名为"穿穴"，说明墓穴的深度已经挖过了头，"急填起二三寸"，切切不可再深挖下去了。

在风水术家眼里，结合具体的拟穴，还少不了对穴深穴浅，作一番斟酌探究。《管氏地理指蒙》说，拟穴要"乘其势之至止，拟其穴之深浅。浅不浅于太阳，深不深于太阴；浅不浅于露，深不深于沉——惟观其至止而搜寻”。对于文中所说的太阳太阴，唐代李淳风早就有过“太阳顶也，太阴足也”的说法。说通俗点，就是“高为太阳，低为太阴”。由于太阳气浮，所以宜浅，太阴气沉，所以宜深。古人有云：“藏于涸燥者宜浅，藏于坦夷者宜深。”所谓“涸燥”，就是高而干燥的穴地，也就是“太阳”的意思。所谓“坦夷”，就是低而潮湿的葬地，也就是“太阴”的含义。还有一种说法是，地中有吉气的地方，地面就会随之隆起，这种隆起的地方就是露处，穴葬宜浅。平原之地，龙伏地中，这时伏处就是沉处，穴葬宜深。对于穴葬浅深，古代风水家们还有穴法的要妙。说到穴法的要妙，就是“乘其势至止”的“至止”两字。因为如果随着龙势奔赴而来的地中生气不至不止，那就任你穴浅穴深，也无济于事了。《堪舆漫兴》有诗概括穴的深浅道：

深浅由来不等闲，须分平地与高山。
高山止与明堂并，平地还深一尺安。

要择得生气凝聚的吉穴，择穴之道对于应该避忌的种种“穴病”，也少不了作一番探讨研究，因为这是一面可从反面作为教训的镜子。穴局圆净，当然无可非议是个全吉的吉穴，可是在客观实际上，“圆净”之外，更多的是些“出直现尖”等病穴。关于这些病穴的名称，大致有贯顶、破面、绷面、漏腮、折臂、坠足、割脚、饱肚，以及龙踞、虎蹲、朱雀腾去、玄武拒厂、前花、后假、左右诡落等。

①贯顶

穴有贯顶者，脉连脑抽，星峰不现，上既无分，下何所合也。

②破面

穴有破面者，星体虽端，面则流破，一如浪痕，皮崩肉裂，生气无附也。

③绷面

穴有绷面者，星面绷紧，脉痕横生，条数虽多，横而无直，气无所聚也。

④漏腮

穴有漏腮者，贴身蝉翼，裹不过穴，小水既漏，内龙虎折边水不会于小明堂也。

⑤折臂

穴有折臂者，龙虎夹辅，当穴凹折，外风不蔽，生气内散也。

⑥坠足

穴有坠足者，脉从足出，星峰上压，生气不聚也。

⑦割脚

穴有割脚者，形势虽生，水洗裀褥，扫割无余，生气已荡也。

⑧饱肚

穴有饱肚者，粗如覆箕，圆如榧子，匾如瓜体，上下浑沦，分止弗具，虽有尖圆，法无所施也。

⑨龙踞

龙踞者，势凌而压强且窜也。

⑩虎蹲

虎蹲者，形反而凶僭且逼也。

⑪朱雀腾去

朱雀腾去者，水倾反而朝斜背也。

⑫玄武拒尸

玄武拒尸者，星峰无降势也。

⑬前花

前花者，余气为官，二水虽交，尖露无睁，沙脚逼迫也。

⑭后假

后假者，穴背鬼托，龙虎虽端，水涯必溜，出穴一望，众不归随也。

⑮左右诡落

左右诡落者，其堂必倾，过宫回视，水即趋会于真穴也。

以上这些，都是缪希雍在《葬经翼》中提出的。总而言之，寻龙望势定穴之道，最好先要登上一方高地，从局外进行全面的审察，然后又向对面注视，左右睨视，再回看有情之处细察微茫，以辨穴的真、假、生、死。其中“山水向是为生，山水背是为假”，“风藏水逆气聚是生，风飘水荡气散是死”。如果单就择穴来说，要求穴周山水互交，从大到小，由外及内，生机显现，而其穴又枕圆向尖，地土润燥合适。入葬之后，棺木和尸骸还要力避不被风、蚁、水三害侵蚀，只有这样，才算是择得了上好的吉穴。

前人说：“凡审穴贵详贵缓，当俟草枯木落时，昔人先以火燎草而后登山，甚为有法。雨中可以审其微茫界合，晴天可以察其气色脉理，雪中可以验其所积厚薄，则知阳气所聚。”则又是有关择穴之道的“经验”了。至于其他一些有关扦法、倒杖之法的理论，因为事涉落葬放棺，另有学问，所以这里从略。

应当指出，这一节谈到的关于择穴的“要妙”，与前一节“入山寻龙和平洋龙法”一样，虽涉及地理学上的一些原理，但它被风水先生们炮制的封建迷信理论紧紧地包裹着。所谓“穴有三吉”、“葬有六凶”、“四镇十坐”、“十五穴病”等，不难在地理学上找到一些解释，但与人的“吉”、“凶”有什么必然的联系呢？对此，本书第五卷有详细的辩驳，请读者注意参阅。

4 穴周说砂

《青囊海角经》中有这样一段论砂文字：“夫砂者，水之所会也。势会则形聚，聚则形见，见则气合，合则有穴矣。无砂则龙失应，无龙则砂无主。龙主君道，砂为臣道。君必位乎上，臣必伏乎下。垂头俯伏，行行无乖戾之心；布秀呈奇，列列有呈祥之象。远则为城为郭，近则为案为几。八风以之而卫，水口以之而关。就体分支，是谓同气。其包裹也，贵乎周密，隔江渡水必同宗；其来也，贵乎逊顺，就体怕断，隔岸迫反。隔江拱揖为妙，就体不断为奇。同气贵乎朝仰，彼此皆要盘桓。在前要来，在后要堆。左顺右归，叠叠如端庄美女，贵贱从夫；前拥后随，济济若精锐卒兵，出入从将。华表凌霄，捍门插汉，若要人丁千百口，面前叠叠起高峰。若如巨浪立门前，历代产英贤。”

砂，这个风水术中的特殊术语，有着它的特殊解释。就是结穴周围，也就是城镇或陵墓周围诸山的走向和形态。这里题为“穴周说砂”，所谓“穴”，意即生者居住或死者落葬的处所，并不单指阴宅风水墓穴所在之地。由于《葬书》说，“葬者，乘生气也，气乘风则散，界水则止”，为了使居处或墓穴的生气凝聚，不致散去，因此“砂环”以挡风，“水抱”以止气，就成了寻龙以后确立住基或墓地的最为重要的内容了。

龙为君道，砂为臣道。对于这个为臣道的，风水术中自有一套理论研究。《青乌先生葬经》说：“福厚之地，雍容不迫，四合周顾，辨其主客。”注解说：“明堂宽大，气势不局促，四山皆合，如宾主揖逊，尊卑定序也。”这里文章所说的“四合周顾”，就是后进“砂环”理论的前身。《葬经》又说：“山欲其凝，水欲其澄。山来水回，逼贵丰财。山止水流，虏王囚侯。”“山顿水曲，子孙千亿。山走水直，从人寄食。”穴周山凝、山来，山形顿回，止水澄清，流水曲绕，因为留得了地中生气，所以家富财丰，子孙世代门庭兴旺；反之，穴周如果山止不环，山形反走，水流径去，直而不绕，地中生气散失无遗，故而墓主家属不是虏王囚侯，就是从人寄食，做人家的佣奴了。为此《葬经》托出：“气乘风散，脉遇水止，藏隐蜿蜒，富贵之地。”注解分析：“知其所散，故官不出，就其所止，裁穴有定。回山藏隐，如蜿蜒然，乃富贵之地。”

“东山起焰，西山起云，穴吉而温，富贵绵延，其或反是，子孙孤贫”，也是《葬经》有关砂情的一个重要论述。这一论述在“砂环”理论之外，从“阴阳配合，水火交媾”角度着眼，由于这两种气郁蒸而成结穴，所以穴吉穴温，导致了所谓子孙富贵长久的良好结果。为此，注释语气肯定地说：“不能如是，不可谓穴。”

东晋郭璞的《葬经》论山曾说：“上地之山，若伏若连，其原自天，若水之波，若马之驰，其来若奔，其止若尸。”下有注曰：“伏连自天，水波马驰，言势来若奔龙，欲其来也。形止若尸，穴欲其止也。”“其止若尸”一语，就包括了墓周的砂情。又说：“龙虎抱卫。”注解：“贴身龙虎抱卫，朝山与主山之穴情相向也。”总括龙砂宜忌，就是龙要势奔，砂要形止，龙要绵亘起伏，砂要龙虎抱卫。

《葬经翼》是明朝缪希雍的风水专著，《四兽砂水篇七》是其中一篇有关砂水的专篇。在郭璞的《葬经》中，早曾提出：“葬以左为青龙，右为白虎，前为朱雀，后为玄武。玄武垂头，朱雀翔舞，青龙蜿蜒，白虎驯頫。形势反此，法当破死。故虎蹲谓之衔尸，龙踞谓之嫉主，玄武不垂者拒尸，朱雀不舞者腾去。”所说青龙、白虎、朱雀、玄武，《葬经翼》把它们称之为“四兽”，并阐述道：“夫四兽者，言后有真龙来往，有情作穴，开面降势，方名玄武垂头，反是者为拒尸。穴内及内堂水与外水相辏，萦回留恋于穴前方，名朱雀翔舞，反是者腾去。贴身左右二砂，名之曰龙虎者，以其护卫区穴，不使风吹，环抱有情，不逼不压，不折不窜，故云青龙蜿蜒，白虎驯頫，反是者为衔尸，为嫉主。”“青龙蜿蜒，白虎驯頫”二砂之外，《葬经翼》捏合砂水的论述也很切要：“大要于穴有情，于主不欺，斯尽拱卫之道矣。至于砂之插回收水者，必须开面向里，不拘远近，俱各有情。远朝及前后左右之砂，皆以真面相向，无破碎尖射凶顽为融结证佐，惟曜气飞扬，穴中不见者不忌。大地多有此类。欲知砂之背面，当分厚薄顽秀。背厚面薄，背顽面秀，背挺面湾，面来必有情而长，背则无情而短，故砂之湾者水必湾，砂之秀者水必秀，砂之走窜者水必不收。砂水之形，实相比附者也。吉凶征应，可不言而喻矣。”

然而，无论《葬经》、《葬书》还是《葬经翼》，对于砂的论述都是概括性的。而相对来说，黄妙应在《博山篇》中的《论砂》韵文一节，则比较具体。比如单说砂名，就有侍砂、卫砂、迎砂、朝砂、益砂、照砂等，又如对砂的富局、贵局、贱局和“四砂法”等，也都有着简明的述及。现逐条分陈如下，以清眉目：

①砂关水，水关砂。抱穴之砂关元辰水，龙虎之砂关怀中水，近案之砂关中堂水，外朝之砂关外龙水。周围环抱，脚牙交插，砂之贵者，水之善者。

②两边鹄立，命曰侍砂，能遮恶风，最为有力。从龙抱拥，命曰卫砂。外御凹风，内增气势。抱穴前，命曰迎砂，平低似揖，拜参之职。面前特立，命曰朝砂，不论远近，特来为贵。四砂惟朝，关系匪轻，高低穴法，只此可凭。本身横案，亦是朝神。

③插水砂，进田笔。祸福紧，万勿失。水左来，山右转，水右来，砂左转。抱内水，插外水，所以贵。

④虎与龙，吾掌中。随身取，为至功。穴若真，必不顺。穴若假，岂肯逆。若借外砂，名曰护从，环抱低平，左右相应。其或不交，借案横拦，亦能收水，此亦可扦。上水宜长，下水宜短。下水若长，下砂要转。

⑤亦有偏龙，水自右来，左宫贵穴。亦有偏虎，水自左来，右宫贵穴。或正用，或斜裁，知正知变，顺逆安排。

⑥又有龙虎，结成顺局，须抱过腕，臂末起峰，横拦穴前，亦多成地。或得近案，逆水而上，又不可概以顺局言。

⑦主短朝长，是朝逆主。主长朝短，是主逆朝，名为变势。若道其常，主朝相若，是为正势。两山相会，水亦相交，朝山贵峰，或三或五，尖员端秀，是为上格。短缩之形，虽秀减神。时或横过，突起对峰，意非特朝，亦有可取。身脚水路，不我相向，偏斜走窜，无所取裁。

主山之水，赖朝锁纽；朝山之水，趋向主龙。何论尖圆，何拘本方，但要端正，真水到堂。

有等丈地，主山固逆，朝山亦逆，三阳之水，乃无走池，发龙虎后，抱龙虎前，此名近案。或发龙腰，亦为案取。贵下生上，勿上生下。有案无朝，内水了收；有朝无案，亦赖前砂。朝案俱无，护砂前插。法若背此，穷龙之宅。朝不嫌远，案固欲近。案秀尖圆，厥形为上。一字平过，得案正样。中高中低，几几相合。高凌低脱，云胡可论。

⑧水口之砂，最关利害，交插紧密，龙神斯聚。走窜顺飞，真龙必去。砂有三，富、贵、贱。肥圆正为富局，尖秀丽为贵局，斜臃肿为贱局。砂砂有杂汝知乎？有尖射的、破透顶的、探出头的、身反向的、顺水走的、高压穴的，皆凶相也。又有相斗的、破碎的、直强的、狭逼的、低陷的、乱斜的、粗大的、瘦弱的、短缩的、昂头的、背面的、断腰的，皆砂中祸也。

⑨夹护之砂，须要审详。左护者多，必为左穴，右护者多，必为右穴。迎托之砂，须认下落；后托之砂，有边长的，有边短的，穴在长边，此亦可据。

⑩四砂法，若推磨。龙与虎，事若何？吉吉吉，凶亦多。后玄武，要垂头，祸与福，谁之招？前朱雀，尤紧要，要翔舞，须轩辖。吉凶机，须早察。有盖砂，高大盖穴者是；有照砂，正照穴场者是；有乐山，出穴星后者是。

⑪尖尾鬼，尖属火，乃主鬼。齐尾鬼，齐属土，只主富。横龙穴，须认此。若正出，任有无。

曜气何？插两臂。龙虎外，拖衣神。

官星何？前砂外。官属阴，曜属阳。不见者见，见者不见。前后左右，气之剩余。尖圆直方，气之秀发。向外则吉，反射则凶。参以龙穴，细细研究。

⑫天有北辰，地有镇星。生居水口，角幞分明。亦有兽星，与夫螺星。方圆尖石，马象龟形。如鸾如凤，平地高冈。

论力之重，夷掌之中。印砂何取？鱼砂何论？顾我为真，背我勿问。西方为佳，妙在艮巽。巽、丙、丁，砂之秀，乾、坤、艮，亦吉曜。若罗列，可推究。

⑬木克土，土克水，水克火，火克金，金克木。木生火，火生土，土生金，金生水，水生木。生中克，克中生。看何方，何星属，何星旺，是的地。砂之形，穴之应，勿失真，认而认。

宜平堆，宜作坪。论生克，讨分明。宜开池，宜筑坝。论制化，俱有验。

化吉凶，随龙神。妙中妙，心中明。喝砂形，随时见，是何方，则何荫。

以上十三条，就是黄妙应《博山篇·论砂》所述有关内容。关于其中第十三条的砂分木、火、土、金、水五星，风水术的说法是：

木砂直而丽，逢金则折，最要水木相扶；

火砂尖而锐，遇水易灭，最要木火通明；

土星方而厚，见木不良，最要火土相济；

金砂圆而秀，遭火便伤，最要土金相助；

水砂动而和，得土失佳，最要金水相生。

其中木居东方必旺，火居南方多兴，金居西方必发，水处北方必达，只有土居四方都宜。原因是各就本位，得令而旺。反之，如果木居西方，金来克木；火居北方，水来克火；金居南方，火来克金；水居中央，土来克水，就不是被折、易灭，便是被伤、失佳了。

由于地中生气发于外，则生为草木。因此墓周诸砂，如果不生草木，便就不吉。同时，按照砂的居地和形状，又有“四怕”的说法：

一怕捶胸插腹，因为居地太逼近宅穴了；

二怕削竹拖枪，因为砂状太瘦削疲沓了；

三怕反弓外走，原因是不能环抱而留住地中的生气；

四怕随水直流，原因也是无法蕴留地中生气。

“四怕”之外，按照《青囊海角经》的说法，不吉的砂情还有：“岩岩大石，岂为良善之星？焰焰尖砂，皆是凶危之煞。若走若窜，不用劳心；如反如飞，何须著眼。半顺半逆，终为奸诈之徒；无序无伦，定出凶顽之辈。不似蜿蜒，有何好处；不生草木，有甚来由。”又有：“如角如凹，生人碌碌。如碎如破，起祸绵绵。鹤顶鹤头，淫风飘荡。牛臂马腿，必不兴家。长男外窜，青龙摆首而行；小子离家，白虎反身而去。吉则随朝有意，凶则险反无情。”

此外，刘基在《堪舆漫兴》中所咏下关砂、水口砂等诗，也堪回味：

堪舆吃紧下关砂，发旺人财总是他。
若使下砂无气力，诸山如画亦虚花。

入山口诀有水口，水口有关地可寻。
忽见禽鱼游水面，定知有穴在花心。

水口之山形不齐，龟蛇狮象总云齐。
捍门华表请还贵，更有罗星是福基。

关于阳宅风水和阴宅风水对于砂的讲究，除去其封建性糟粕，内中不乏民主性精华，诚如王玉德在《神秘的风水》中指出的那样：“风水的这些观念，提出了山与人的关系。山势如人的肥、瘦、勇、贵、高、低、离、聚、明、暗是有关系的。桂林山水中生活的人，具有南方人的秀丽之美。大别山中生活的人，具有淳朴厚实之美。海滨大山中生活的人，具有彪悍旷达之美。”接着又说：“风水的这些观念，又提出了山形与视角的关系。古诗云：‘横看成岭侧成峰，远近高低各不同’。即看山时，从左、右、高、低、正、侧审视，就会得出不同认识。地点选得好，远近、高低、恶秀、丑美、去回均可变化。这实际上是朴素的辩证法思想。”

如就阴宅陵墓来说，好砂要和龙、穴、水相配，才能成就其为风水宝地，实则深蕴美学原理。当年《大清一统志》描述清朝东陵的地势时，就无美不臻地赞为："山脉自太行逶迤而来，重冈叠阜，风翥龙蟠，一峰柱笏，状如华盖。前有金星峰，后有分水峪，诸山耸峙环抱。左有鲶鱼关，马兰峪尽西朝，俨然左辅；右有宽佃峪，黄花山皆东向，俨然右弼。千山万壑，回环朝拱，左右两水，分流夹绕，俱汇于龙虎峪。"

5 风水术中的水环境

为死者选择落葬的风水宝地，除了《葬书》所说"气乘风则散，界水则止。古人聚之使不散，行之使有止"的原则，还有"上"和"次之"的档次分别，原因根于《葬书》所说"风水之法，得水为上，藏风次之"的理论指导。

藏风得水是阴、阳宅风水术中最为关注的核心问题，而其中尤以得水为重要。

对于这种"得水为上"的理论，宋代洪迈在《夷坚志·志景卷第一》中，举了个十分生动的例子。蔡人朱忠靖公，当北宋南渡之后，卜居在鱼米之乡的湖州城里。后来朱忠靖公染病身死，子孙把他落葬在妙喜山下。这样过了几年，一次，有个风水先生路过那里，见而叹曰："这里的山势虽然看去十分吉利。可是毕竟离水太远，秀气不集，所以子孙虽然藩昌，最终还是难以科名。"风水先生的话，朱忠靖公的儿子们不久都知道了，然而却因为事情忙而没及时迁墓。宋孝宗赵昚乾道年间，朱忠靖公做侍郎的次子亡故，其子朱翌下决心放弃祖茔，别访佳地为他父亲落葬，原则是"唯以水为上"。这时，尽管有好多人提出不要离开祖茔而另觅葬地，可朱翌就是听不进去。最后，朱翌觅得一穴，前临清溪，便把父亲葬在了这里。这样葬后二十多年，朱翌的小弟弟朱翇和朱翌的儿子朱侪同时中了进士，接着，朱侪的两个弟弟也先后中了进士，一家兴旺发达，衮衮未艾。

或许，洪迈所举例子纯属巧合。天底下巧合的事，本来就多得数不过来，可是古人却不这样认为，这就是今人常说的时代局限。回到风水术中水的重要作用上来，早在《青乌先生葬经》中，就已给予了很高的重视。其中较为重要的片段，就有：

山川融结，峙流不绝。

山欲其凝，水欲其澄。山来水回，逼贵丰财。山止水流，虏王囚侯。

山顿水曲，子孙千亿。山走水直，从人寄食。水过西东，财宝无穷。

气乘风散，脉遇水止。藏隐蜿蜒，富贵之地。

水流不行，外狭内阔。大地平洋，杳茫莫测。沼沚池湖，真龙憩息。情当内求，慎勿外觅，形势弯趋，生亨用福。（旧注：凡平洋大地，无左右龙虎者，但遇池湖，便可迁穴。情当内求者，以池湖为明堂，则水行不流而生享福也。）

山随水著，迢迢来路，挹而注之，穴须回顾。（山因水激而成穴，是来路之长，回头顾朝，水而作穴也。）

天光下临，百川同归，真龙所泊，孰辨元微？（天心平生，真龙真穴，万水同归，一源交合，此其所以有元微。）

穴取安止，水取迢递。旧注：安止则穴无险巇，迢递则水有源流。

宰相之地，绣嶔伊迩。大水洋朝，无极之负。（绣嶔，言前山圆峰端正，又有大江洋朝，则贵无极也。）

文士之地，笔尖而细。诸水不随，虚驰名誉。

从上所述，不难看出风水术中水的重要地位。按照《葬经》的说法，水的上品该是回环澄清，既源远流长，而又至此不流，朝对着山脉的真龙。原因是，这样的水十有八九能够留住来龙地中的充盈生气。反之，如果水直水流，因为难留生气，因此便就“虏王囚侯”，葬之不吉了。对于水要朝对山脉，后人还由此生发，提出了“山以得水为面，故不得水者背也”的向背之说。

《青囊奥语（一作旨）》是唐朝风水国师杨筠松的传家奥旨，其中提到水要从生旺方位流来时说：“朱雀发源生旺位，一一开讲说愚蒙。”话虽说得比较简要，但大意认为，龙脉之气，乘风则散，界水则止。原来地中生气随着山脉的龙势蜿蜒而来，必定要有水横遮龙前，才能止住并留得龙气。这就是说，寻龙之法，必定要有水交会龙前，然后才能辨别龙的形止和生气凝聚的处所。再之，有朱雀之称的水的发源，还要从生旺方流来，死绝方流去，因此山则在穴中摄取它的生旺之气，水则在局前拦聚它的生旺之气，所以前人有“内乘生气，外接堂气”的论述。这样看来，可知山的生旺，只在入首，而不必过于拘泥它的发身之地；水的生旺，只在发源，而它的流出之处，虽然处在死绝之地也无关大要。

风水术中无论阳宅还是阴宅寻水，不但要求水要环、要澄，要源远流长，要从生旺方来，并且还要求水要朝对山脉的来龙和至此止息不流。为此，关于“水口”的理论也很重要。所谓“水口”，就是一方众水的总出之处，也就是聚会之处。原来山的贵贱、格局大小，都和水口有关。犹如祖龙伸展，形成罗城样的格局，而罗城余气，又各自延伸回环成穴前的福建泉州府水口。这种术名为砂的关阑，不管是缠护周密，或起捍门，相对特峙，还是或列锦旗，或出禽曜，或如狮象蹲踞，都要有止水回护前面而留得生气的，才能身价倍增。如果在群山之中，又必须以有交互水口的，生气才能有力。如果寻找帝王落葬的山陵佳地，还必定要有北辰尊星坐镇水口，高昂耸异，远远看去能够惊慑住人的，方才能够称上“上格”。又有正局和偏局的不同。正局水口砂势两面合抱收回，偏局水口砂势一面单卷，一面借揍。然而不管正局也好，偏局也好，那水口的砂势又要以“跌断成星体”的为贵。以上这些，都是就总水口而说的。正水口也叫大水口。

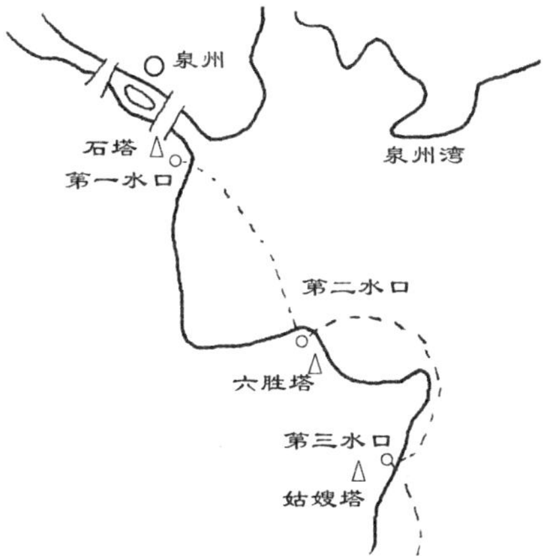

如果大格局里不止一龙，不止一穴的，那就必定每龙每穴之身，又各自有着自己的小水口。昔人有云：“大水之中寻小水。”就是指由大水口中派生出来的小水口。因为水口和砂势有着极为密切的关系，所以对于两者的巧妙结合，又有“专结”的说法。这种专结，就是说，不管小水口还是中洋、外洋，周围最好都要有一重重的砂势收结，这样水澄砂环，以水口作为扼住咽喉的门户，阴、阳宅地的风水自然就趋吉了。这用一句古话来说，就是：“关门若有千重锁，必有王侯居此间。”

然而，以上这些风水术中的问水之法，都是就总体要求而说的。其实在自然界中，水的形态千差万别、千姿百态，因此，有关干水、支水、顺水、曲水、缠水、界水、湖荡水等自然水法，以及所谓的“五星”分类和异形之法等，也就引起风水家们的重视，并从而引申演变出种种精华和糟粕夹杂在一起的说法。

【自然水法】

自然水法的范围包罗很广，这里仅就干水、支水、顺水、曲水等，作一扼要的探讨。

①干水

所谓“干水”，就是大江大河的主干之水，就好比树木一样，粗大的树身是干，分散的树枝是支。自然界的干水，就风水的看法来说，大致有两种情况，一种是干水成垣，另一种是干水散气。前者可用而后者不可用。

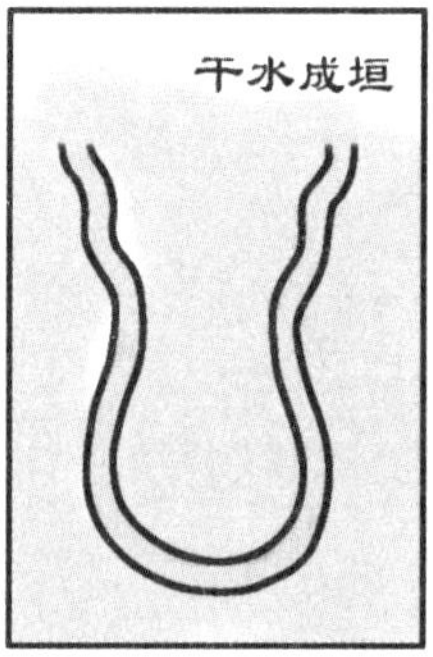

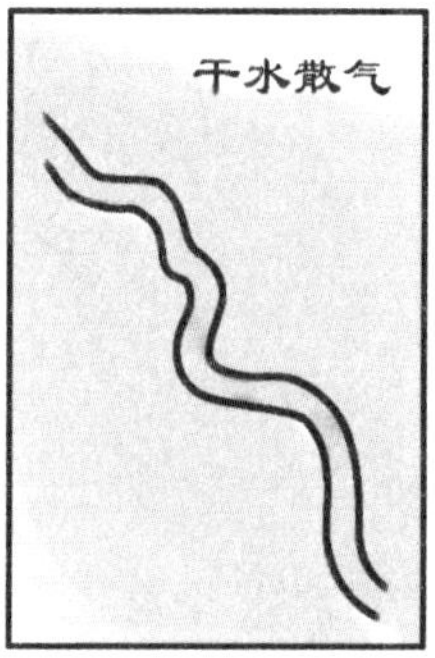

干水成垣。垣就是墙，风水术家认为，迢递而来的江河之水，也只有形成了环形的“墙”，才能围住地中生气而为有心人所用。在平原中看取穴地，水也是龙。如果水流一泻而去，不见回头环绕之处，那么流过之处即使偶然有着一些屈曲的处所，也绝不可能结成生地凝聚的吉穴。原来地中生气，直至环绕回顾之处，才是龙脉止聚的地方，这就是古葬书中所说的“气乘风则散，界水则止”、“界水所以止来龙”了。如果水流迢递而来，十里二十里处还不见水流回环成墙，那就说明以往的屈曲之处，就是行龙之处，古诗有云：

龙落平洋如展席，
一片茫茫难捉摸。

平洋只以水为龙，

水缠便是龙身泊。

因此，在地势平坦之处寻找龙穴，必定要在水城大缠大回之处去作仔细的探求，些许小的屈折回头，只是真龙束气结咽的地方，是形不成生气凝聚的结穴的。

干水散气。干水汪洋恣肆，斜行而来，中间看去虽有屈曲，然而却又形不成环抱之势，这时其间如果没有支水回环以作内气，那就结不成生气凝聚之穴了。由于这种干水未能回环成垣，聚得生气，所以人们便管它叫“干水散气”。

②支水

支水是干水的分支，就好比树的有枝一样。支水有种种情况，如果直流而去，不能交界回抱的，就结不成穴。交界的支水，有各种各样的状态。

如图几种交界的支水，不是前后重重交锁，就是左右重重交锁，几分几合，说明束气结咽，龙脉到头，加之看去圆净端严，形势秀逸，这时如果再见局内龙虎前后左右，护卫周密，就可在此立穴了。

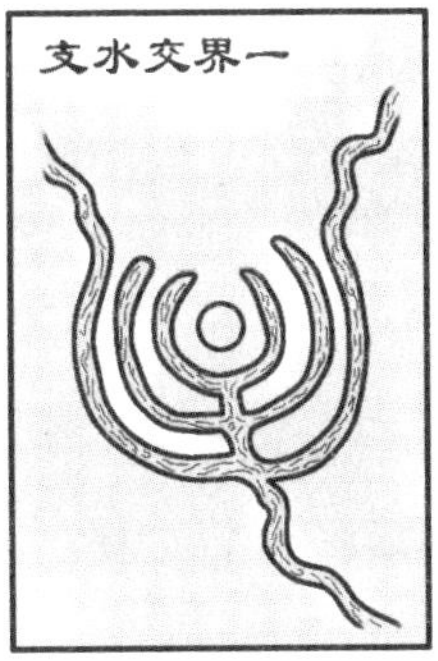

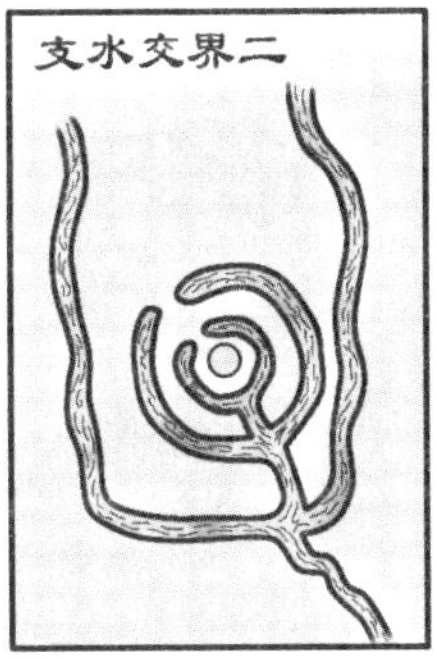

③曲水

水流曲曲回环，形成墙垣的，往往有所结穴。其中又有两种情况，一是“曲水单缠”。这种单缠，就是曲水一支，回环缠绕，形成种种不同形式的墙垣。如图的形式，就是曲水单缠中较为有名的。据说选得这种吉地吉穴，家属爵尊福厚，富贵悠悠，美不可言。

另一种是“曲水朝堂”。曲水不止一枝，或三曲五曲，回拖周匝，各各包裹朝护着墓前生气凝聚的明堂。曲水朝堂有多种形式，除了“风摆柳条”稍逊一筹，绝大多数都是钟秀聚神的。

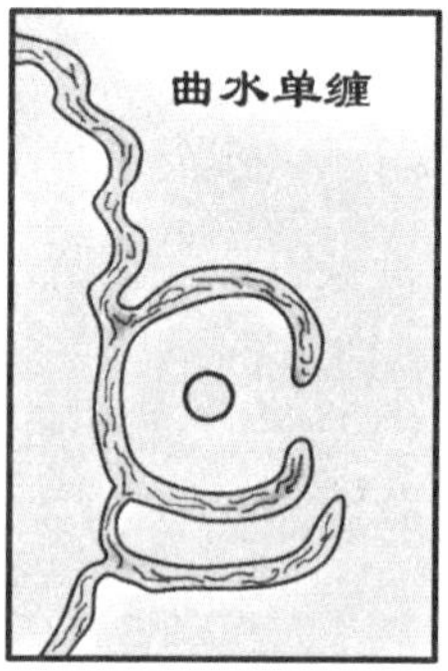

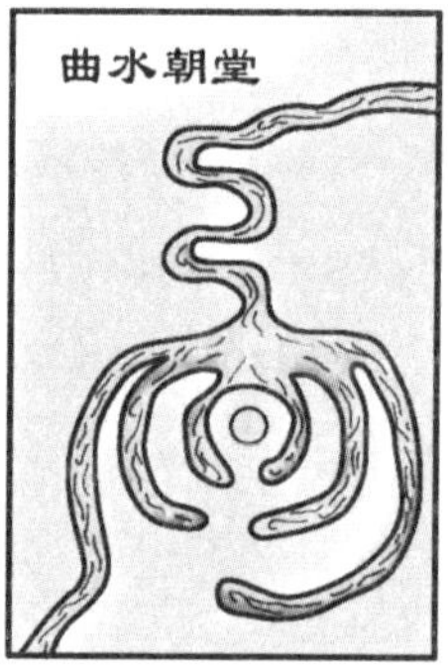

④顺水

水流顺势而来，只要不径直流去，到止息处有所环抱的，也能结穴而聚生气。刘基的《堪舆漫兴》说：

> 顺水之龙穴要低，有砂交锁始堪为。
> 面前若见滔滔去，纵是龙真罹祸危。

如图，能够结穴的顺水有曲勾和界抱两种形式。

顺水曲勾。水流或顺或曲，流到尽头处回环过来，形成“仰勾作钩”或“抱头勾势”，只要不疏密，不牵拽，摺摺整肃的，都可立穴。其穴“或迎曲水来处立向，或张曲水作朝，或垂钩尽处立穴”，据说都可使得家属文名鼎盛，奕世显赫。

顺水界抱。如图一大片砂势中，砂的四周被水团聚界抱围绕，并且水势蓄成河荡的，这时如果立穴荡前，据说也能因为生气结聚而获得福分。

又如虽然不能蓄水成荡，涵于穴前，可是却有支水会聚宅穴明堂前面，按风水术家的话说，如此子孙也能发迹致富。

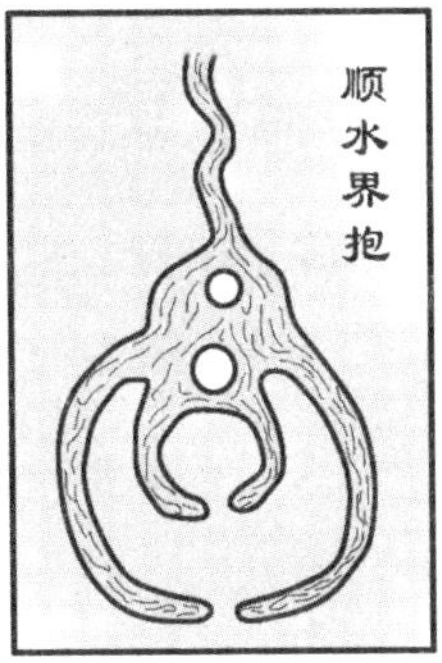

在自然水法中，风水家们都把通流大水作为行龙的干，沟渠小水作为界割的支。在安穴时，一般可以取支，就取支而不取干，这就好比高山起祖，在重岩叠嶂处难以取得真龙的结穴，在老龙发出的嫩枝处，却往往始有作结一样。原来大江大河，虽有弯抱，由于气势旷渺，其气和墓宅难以亲近贴附，而从旁分出的支水，则可因抱绕而获元气之真，结而成胎。更何况，由于支水从干水分流而来，非但有化气而内生之妙，并且还可因收揽大水的气脉而益发使得地气充盈会聚。

从上所述，再结合其他种种说法，古人有《自然水法》七古一首总括阴、阳宅间水机契道：

水法卦例难尽述，彼吉此凶行不得。
自然水法君切记，无非屈曲有情意。
来不欲冲去不直，横不欲斜反不息。
来则之元去屈曲，澄清停蓄甚为佳。
倾泻急流有何益，八字分开男女淫。
川流三脉业已倾，急泻急流财不聚。

直来直水损人丁，左射长男必遭殃，
右射幼子受灾迍，若还水从心中射，
中房之子命难长。
扫脚荡城子息少，冲心射胁孤寡夭。
反跳人离及退败，卷帘填房及入赘。
澄清出人多俊秀，汗浊生子蠢愚钝。
大江洋朝田万顷，暗拱爵禄食五鼎。
池湖凝聚卿相职，大江洋朝贵无敌。
飘飘斜出是桃花，男女贪淫总破家。
又主出入好游荡，终朝吹唱呈奢华。
屈曲流来秀水朝，定然金榜有名标。
此言去流无妨碍，财丰亦主官豪迈。
水法不拘去与来，但要屈曲去复回。
三回五度转顾穴，悠悠眷恋不忍别，
何用九星并八卦，生旺死绝皆虚说，
述此一篇真口诀。

【五星】

除干水、支水、曲水、顺水等自然水法外，风水家们还有所谓木、火、土、金、水五星划分。

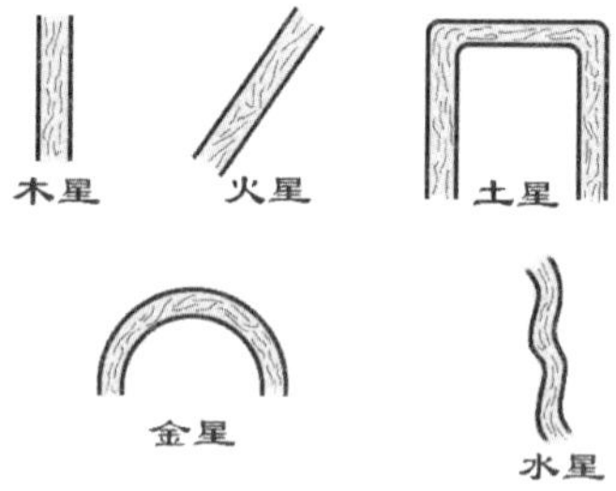

如图木星直来直去，火星斜来斜去，土星方整抱转，金星弯环如盖，水星屈曲流转。这就是古书所说“金圆、水曲、土方、木直、火尖”的含义了。

在风水术有关水龙的论述中，五星学说也占着较大的比重。在总体上，金星、水星、土星因为柔荏转抱，多属吉利，而木星、火星则多因刚强冲激而为人们所忌。现在且看风水术中有关五星之水的吉凶是怎样交代的：

①正金体

一水圆转，或二水三水圆转重叠，覆盖穴前，风水家们认为，这自然是很吉利的。俗话说：“金星如玉带，此地真无价。”刘基的《堪舆漫兴》也有诗说：

金域湾曲抱吾身，如月如弓产凤麟。

若是反弓不捐冢，石崇豪富亦须贫。

②金星如果在结穴左侧或右侧的，也多吉利。然而有所不同的是：“左金长房发”，“右金小房兴”。

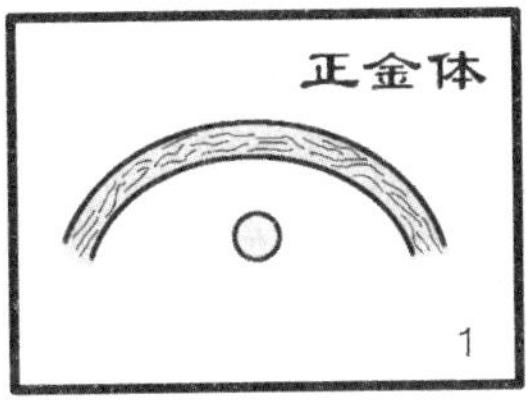

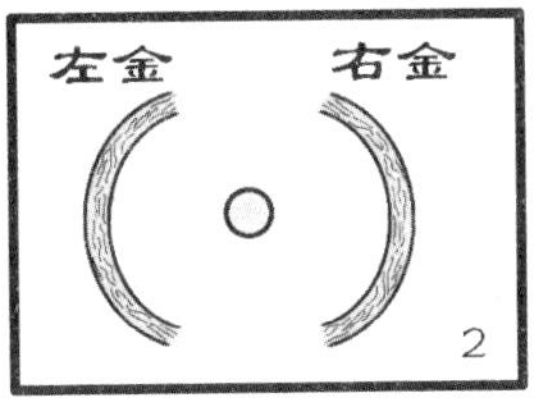

③金星水左右反去，气散不吉。断语有云：“左右水反去，儿抛父母离乡住。”“两边水去不回头，财物鬼来偷。”当然，这种不吉也要根据具体情况，不可一概而论。

④如图穴前金星一弯之外，又有横亘的水星流过宫前。由于两星都属吉利，所以富贵不歇。

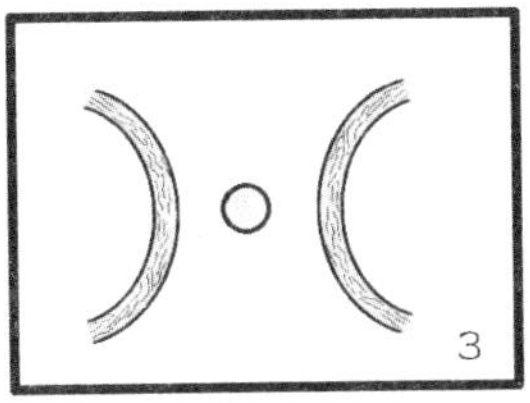

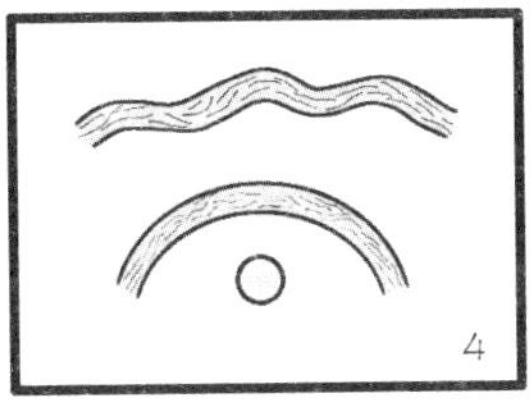

⑤金星反转，穴前气不团聚，对于这种情况，就是例外的不吉了。

⑥金星倾斜，看去带有火星的味道，因为在五行中火能克金，所以不吉。“斜金似火照穴前，半贫半富卖田关”，就是前人对这种不吉的断语。

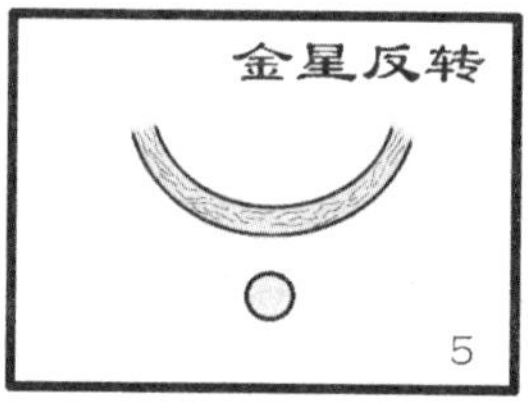

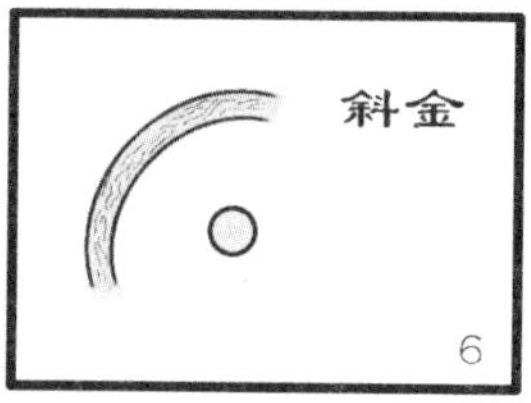

⑦金星太细，因为火星尖细，成了火克金城之象，所以古人认为有“盗贼病缠”的不吉，其实也未可一概而论。

⑧如图二穴同样在金星覆盖之下，可却左穴吉而右穴不吉。原因是左穴取金水相生，所谓“金水得地，子孙富贵”，右穴则木来撞金，没有相生的情义，所以不吉，所谓“木撞金城，子孙伶仃”，又云“金星木来撞，子孙家倾荡”。其实，这是一种形而上学的说法，未可凭信。

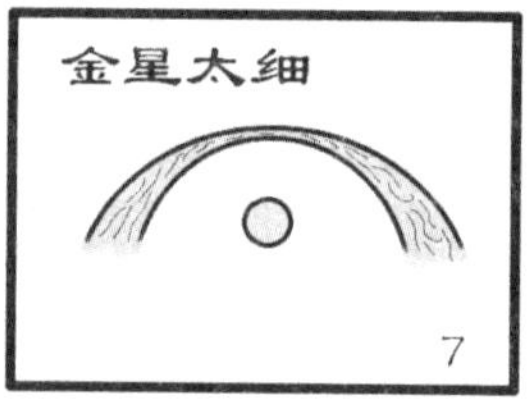

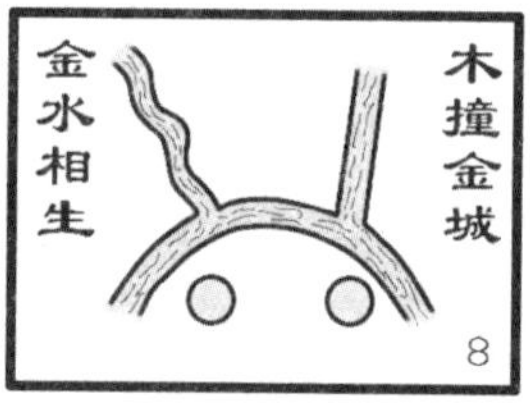

⑨金星外接木星或火星，因为木、火对金来说，在五行中不是我克就是克我，所以不吉。“木火入金城，代代绝儿孙”，就是指此而说，实为无稽之谈。

⑩如图安穴虽在金星的兜里，可是由于金星左侧一火斜飞，有火来刑金之象，所以古人认为欠吉。

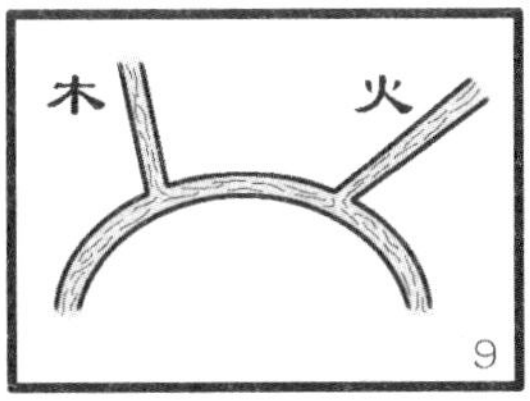

9

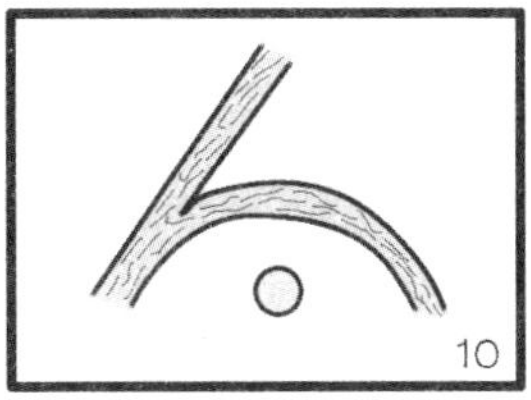
10

⑪金星左旁多了一条倾斜的火星之水，也属不吉。原因是火来刑金，造成被克之象。

⑫水星屈曲环转，安坟其中，家属获吉。所谓“水星得地，金屋富贵”。《堪舆漫兴》咏道：

之元屈曲似生蛇，当面朝来官者麻。

去水之元皆可取，但须水口不容槎。

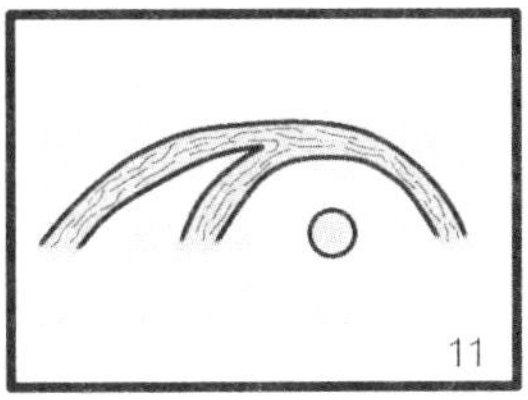
11

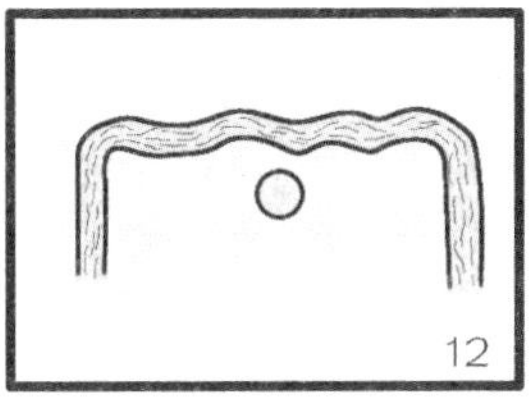
12

⑬水星兜曲抱转，护卫结穴的，可卜吉利。谚云：“青龙水转抱其身，此地出官人。”

⑭飞龙之水，如能安穴在曲兜里的，风水家们认为十分吉利，所谓“飞龙之中最难逢，必定出三公”，就是指这而说。

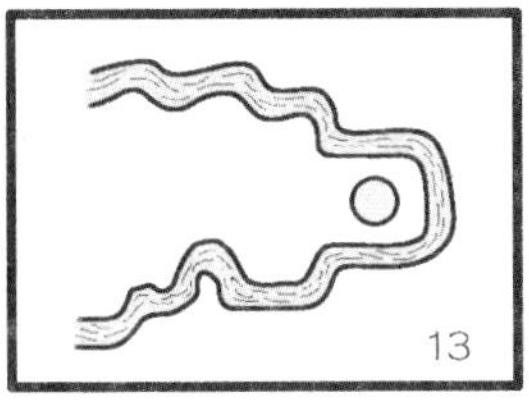
13

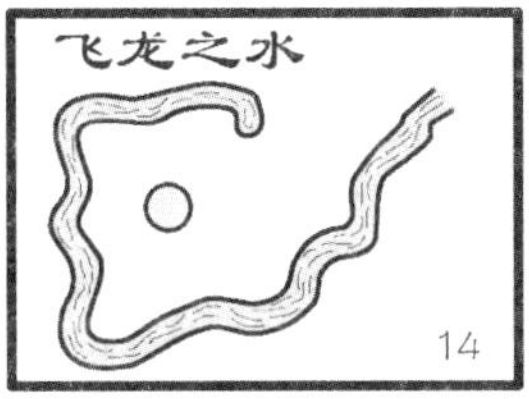

14

⑮这种盘曲如龙的水星，如在腹中作穴，一看便吉。诀云："屈曲如龙，首尾朝迎，腹中作穴，封拜功名。"

⑯青龙之中，屈抱穴兜的，也属富贵获吉的风水宝地。

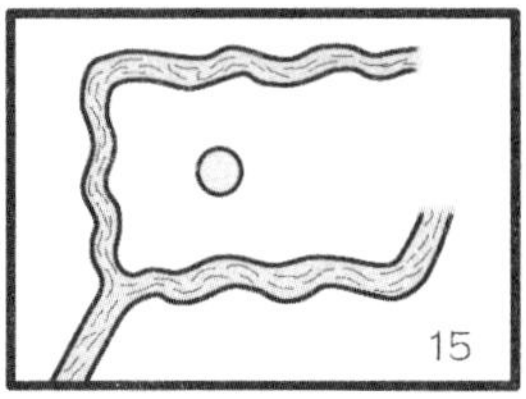

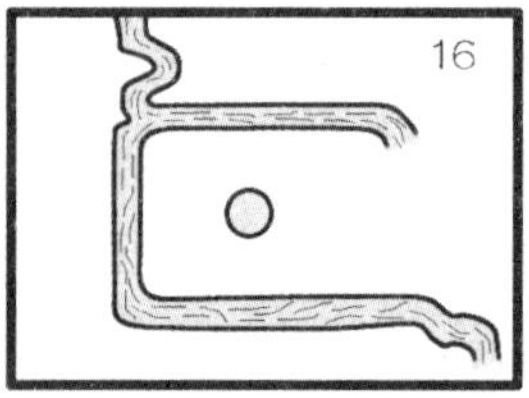

⑰三反水，由于水势反流而去，不能抱卫其穴，所以前人有"朱雀之前三反水，男盗女淫无衣饭"的说法。当然，这种说法也属荒唐之言，关键还是在于勤俭致富。

⑱土星之水方而抱转，筑穴在抱转里的，家属可以获"富贵不歇"的大吉。《堪舆漫兴》有云：

棋盘局面土成水，过穴朝来在一边。

若见下砂有接应，大淳小疵亦堪扦。

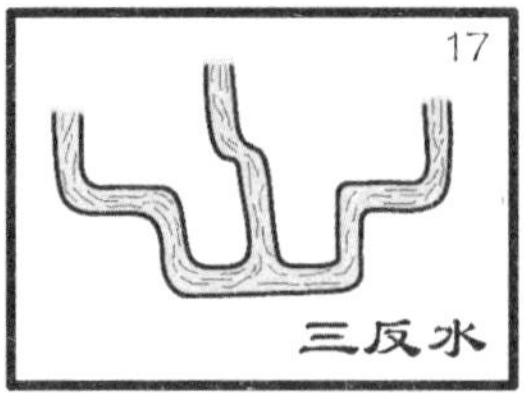

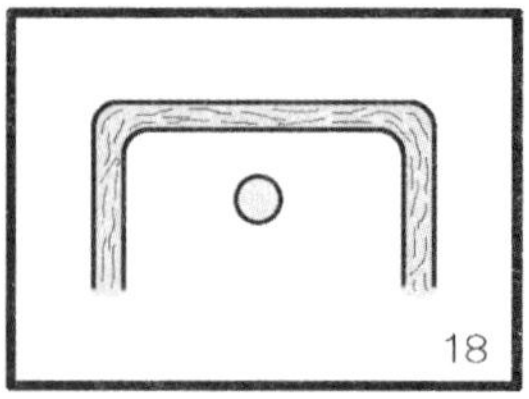

⑲土星如果不是从左右两侧抱转，而是单从右转或左转的，也属吉利，这就是俗话所说的"土星右转来，家富足钱财"了。

⑳土星和穴地的关系，如果呈反方向抱转的，则大不吉利。四言古歌说："土城反去，绝败身家。贫穷淫乱，身配天涯。"当然，这也是一种莫名其妙的说法，未可凭信。

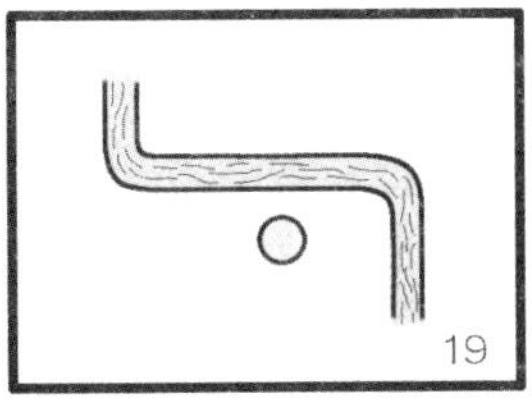

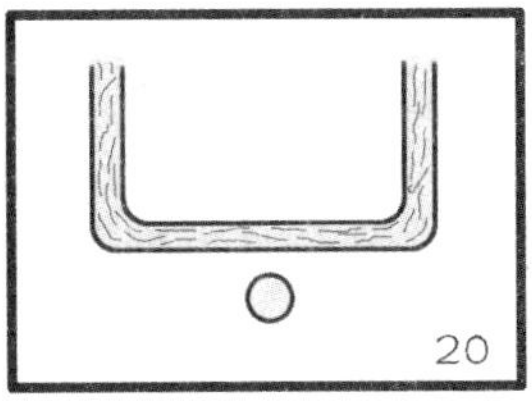

㉑土星直流而去，左右两侧不抱转的，古人认为不吉，这是因为地中生气无法积聚的缘故。

㉒土星上接水星，吉凶参半，先吉后凶。对此，前人有“水星入土曲来冲，先主克财富后生”的无稽说法。

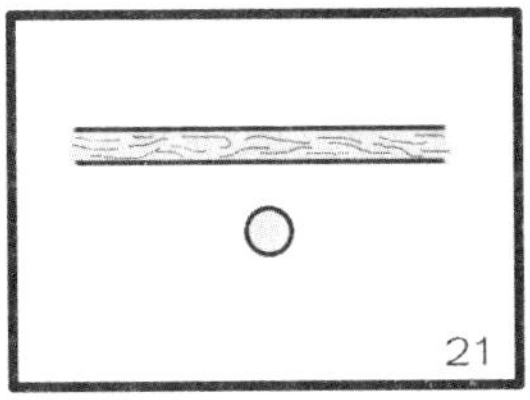

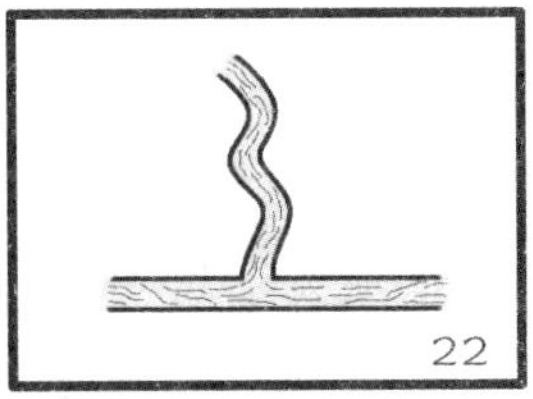

㉓如图 23 这种水形，风水术中称之为土城带火，所谓“右火斜飞水，坟宅不为良”，可见无论对于筑墓还是建屋，都不吉利。

㉔穴后土星连木，土木相克，风水家们认为，这是一种不吉的水象。

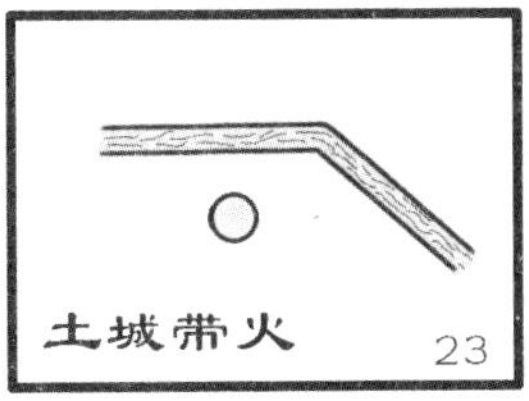

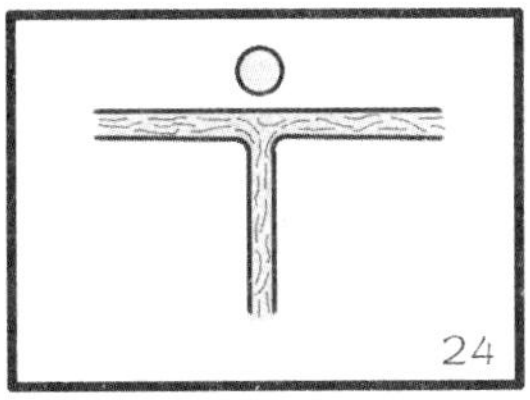

㉕直木水来，好比长枪一样对着龙穴，公事多殃，家属不吉。古云：“木城直冲穴，中房必败绝。”又说：“前木后木冲，军贼犯刑冲。”真可谓是集形而上学之大成。此外，关于木星以及木星的其他一些情况，《堪舆漫兴》咏道：

江流长直形如木，

射穴冲心人不安。

横过尤嫌情绪懒，

斜飞焉可穴前看。

㉖木星如果不直冲龙穴，而在龙穴东侧或西畔的，也多不吉。

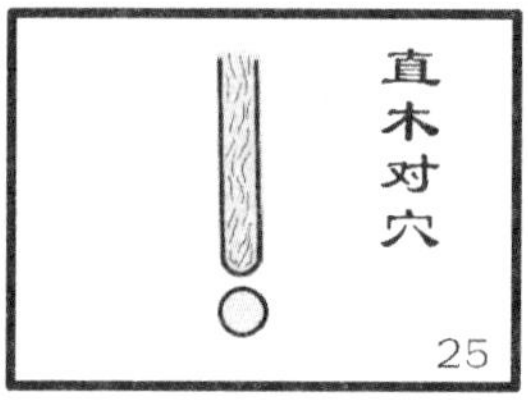

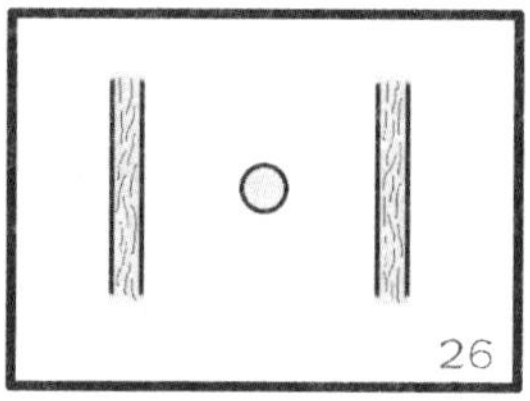

㉗火星之水斜飞而行，如在这里起墓起宅，多不吉利。有首七绝诗说：

斜水来时似火飞，其中扦穴岂相宜。

劫盗瘟灾常自有，人离财散各东西。

刘基的《堪舆漫兴》也说：

火城之水是何形？斗角尖斜火焰生。

交剑捋须无二样，军徒瘟火事无停。

以上这种说法，并无科学根据，我们今天应该带着批判的眼光进行分析。

㉘正火。在风水术中，正火又叫“犁尖”，是种不吉的水象，所以古人有“火城合掌流，退尽好田牛”的说法，其实也没有什么科学根据。

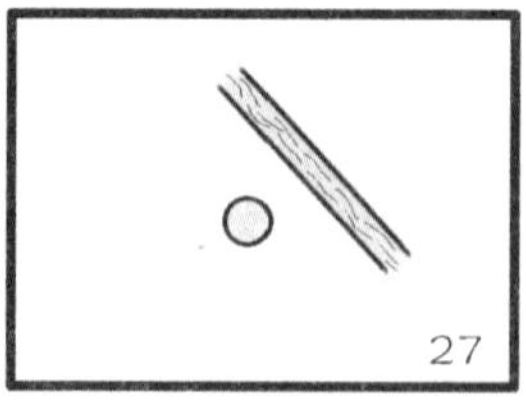

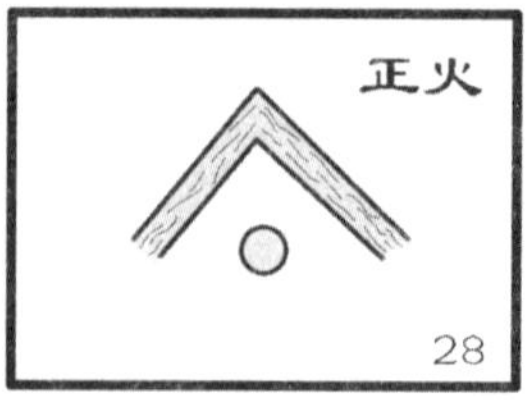

㉙倒火。正火既不吉利，倒火也就同样地属于不吉水象。然而因为没有科学根据，所以人们并不相信。

㉚择穴在火城外的，也是同样的不吉利。有首四言古歌说："火城反去，淫乱不良。家贫徒配，绝嗣逃乡。"对此，在科学昌明的今天，这种说法也大有加以重新认识的必要。

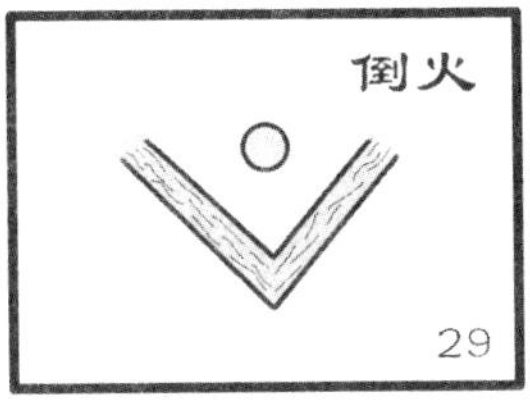

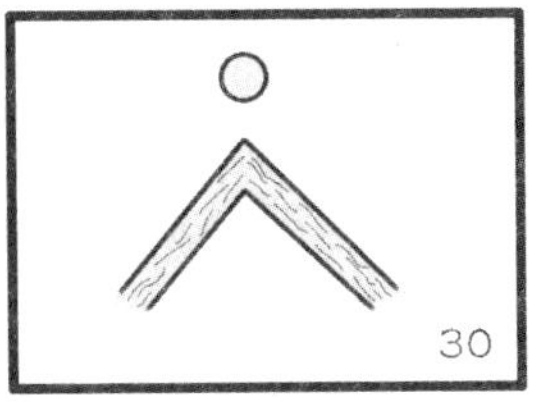

㉛火星不论向右反飞，还是向左斜飞，地师们认为都不适宜作宅安葬，否则不妙。

㉜火星交流成 y 或反 y 形的，风水家们危言耸听地说，如果葬之会使家遭孤贫疾厄的不幸。

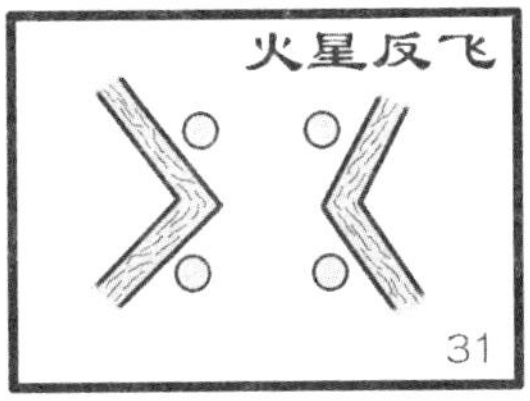

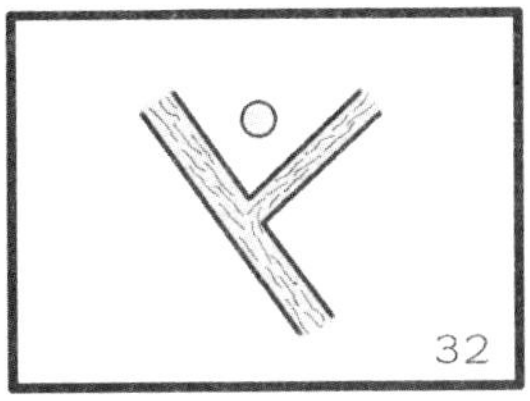

【异形和杂论】

除了自然水法和五星的看法，风水家们对各种异形的水象，以及其他一些有关情形，也不轻易放过。

①住宅或坟地四周有水环绕并与世隔绝，由于孤居中央，好似孤家寡人一般，所以即使处地清静，也有骨肉分离、后嗣断绝之忧。其实，除去其中迷信说法，给生活带来种种不便，倒是真的。

②宅居或墓周水流方环周匝，而乾、坤、艮、巽四个方位又有枪支样

的尖水针对其地，朝向对角的，术师们认为家属有充军发配的厄运。书中还具体指出发配地点是：

乾枪向巽，配在云南交趾；

坤枪向艮，配在辽东；

巽枪在乾，配在陕西；

艮枪向坤，配在广西。

真是到形而上学、荒诞无稽的顶峰了。

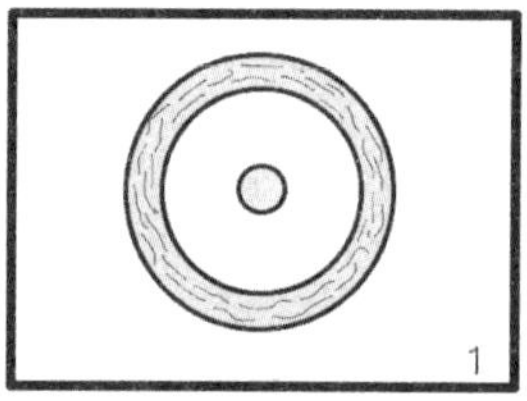

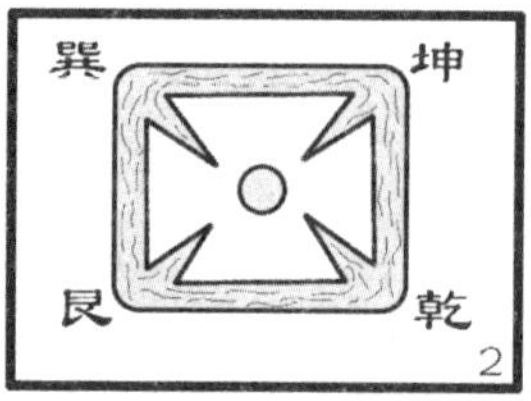

③宅墓周围有井字水环绕的，也不吉利。所谓："周围之水绕坟林，破败损金银；又兼淫乱无家室，疾病少精神。"就是针对穴周的这一异形水象而说的。

④图 4 这种水象，风水术中称为"抄估龙体"。有云："抄估龙体，纵然富贵，亦主充军。"可见吉中有凶，先吉后凶。

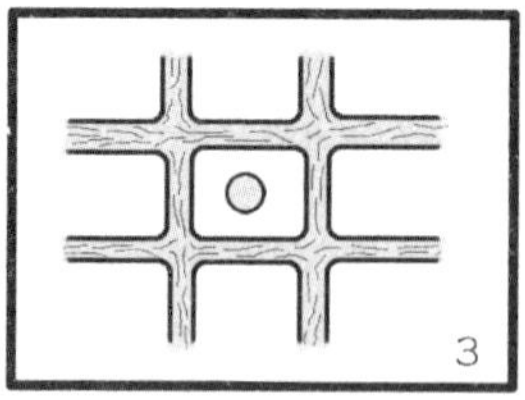

⑤裹头水。这种异形的水象，看去墓穴好像安在兜里，其实因没能环回护气而终至不吉。诗说：

裹头之水气无余，向前安冢实非宜，

纵使暂时能一发，为人量窄又无儿。

⑥图 6 这种水象回环如龙，而置穴其中，好比放进龙腹一样，所以有“金城吉拱如龙绕，富贵不分家”的说法。

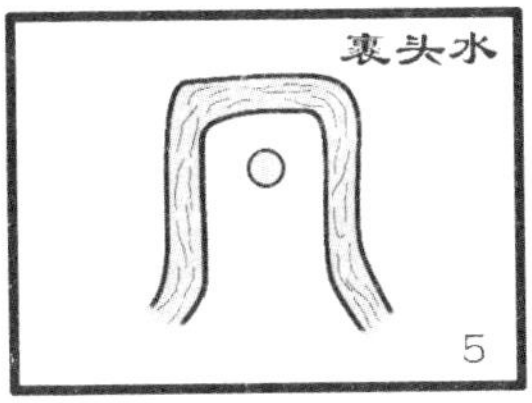

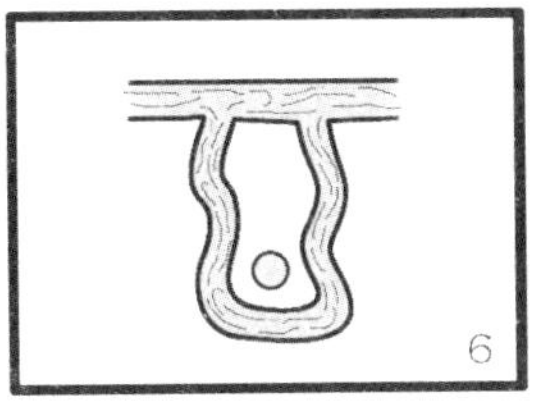

⑦图 7 这种水象环回好比挂在树上的枯蛇，所以虽然看上去和上列的龙绕只有些微的差别，可后果却不一样。有话说：“金城凶拱如蛇绕，逆子结冤家”，可知并不吉利。

⑧宅坟右有两水直流而过，后世多出不孝子孙，并且家属还常疾病缠身。其实子孙孝与不孝，问题在于道德教育，与宅墓水象无关。

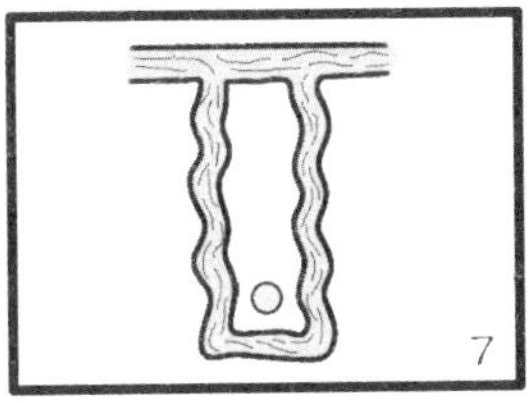

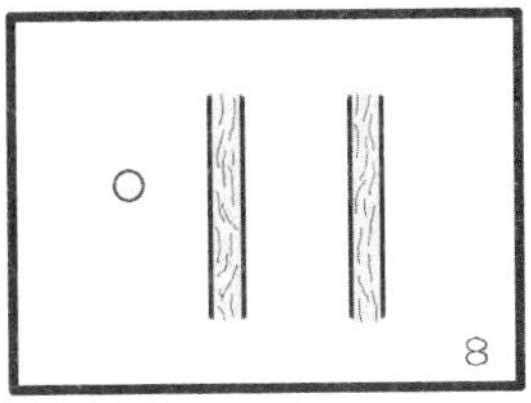

⑨穴右池水呈半月形环抱的，家属可以致富而得田庄。

⑩穴的正前方有池水澄澈清绿，可卜家宅迪吉，富贵奕世。

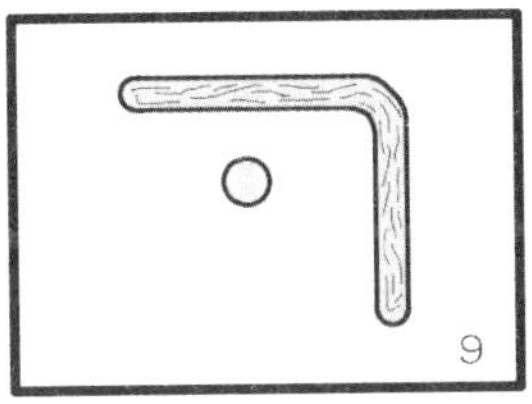

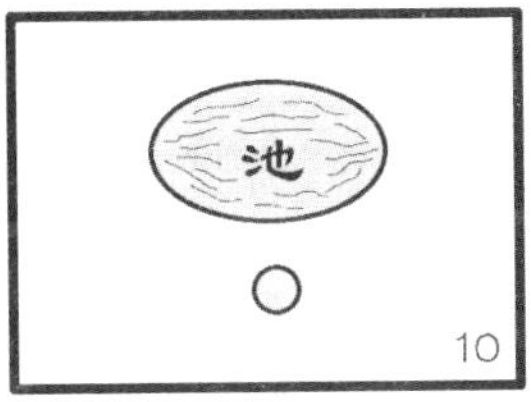

⑪安穴在环水中间，而穴前稍远之处又有一丘隆起，风水家们认为定卜吉利。诗说：

朱雀一丘地，此穴乐安然。
更有后河兜，富贵岂等闲。

⑫坟前流水交抱中有一片蛾眉之地，风水家们认为是不吉之葬。原因在于取类比象，当然站不住脚。诗说：

坟前水内一蛾眉，水来水去绕蛾眉。
家中女子随人走，更同僧道有情私。

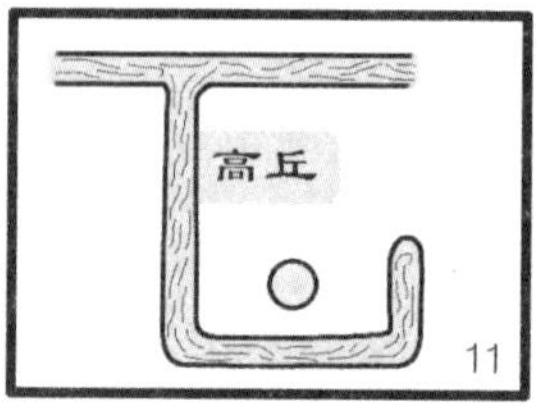

11

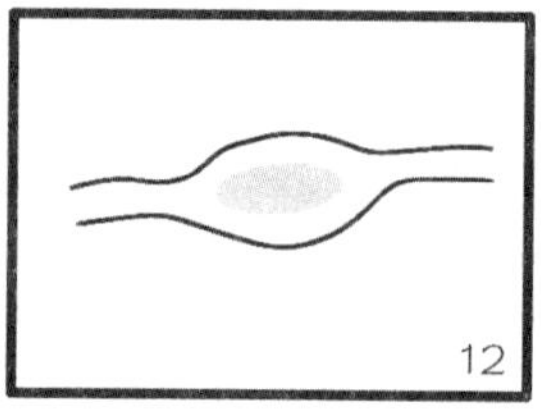
12

⑬坟宅后有井的，也属不吉，家中可能有心痛眼疾之患，并且对儿孙不利。其实，只要管好孩子，不让孩子单独去井边玩耍，也未必不吉。

⑭“前有横沟，足疾难瘳”，可见这也是一种为古人所忌的不吉水象。

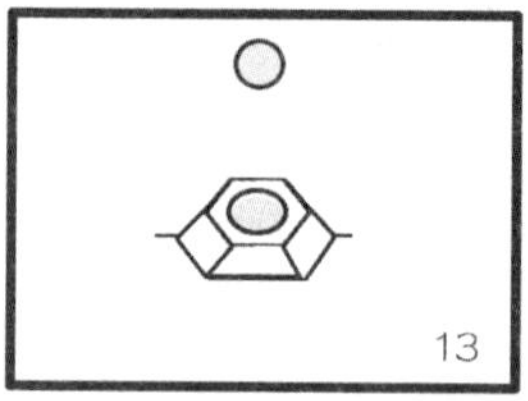
13

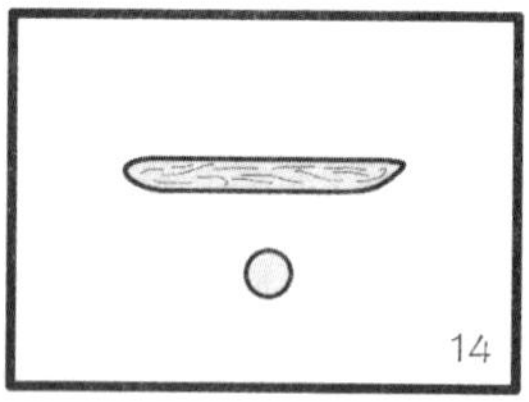
14

末了，且以刘基《堪舆漫兴》所咏的论山山要适均、水势、潮水、横水、聚水、无水、近穴泉水之美、近穴泉水之恶、论水形势之善、以水为城等十首诗作为此章的补充：

寻龙山不要兼该，山旺人丁水旺财。
只见山峰不见水，名为孤寡不成胎。

点穴先须看水源，水缠原即是山缠。
左边湾抱穴居左，右若有情在右边。

翻身作穴有洋潮，水若潮兮穴要高。
直射无遮生祸患，之元屈曲产英豪。

横水无劳分左右，但须下臂有关拦。
上砂短缩不随水，福泽房房稳似山。

穴临池沼最为宜，此穴须知世上稀。
苟得真龙并穴正，黄金满室有何宜。

干窝结穴水全无，天作明堂驷马车。
四兽平和生温饱，三阳逼窄主囹圄。

清涟甘美味非常，此谓嘉泉龙脉长。
春不盈兮秋不涸，于兹最好觅佳藏。

冷浆之气味惟腥，有如汤热又沸腾。
混浊赤红皆不吉，时师空自下罗经。

卫身绕背福悠长，腰带鸣珂皆吉祥。
更有入怀并苍板，田连阡陌富家郎。

或问行龙何以止，惟看水界穴斯成，
千形万态将为断，曲直尖圆配五行。

以上风水术中述及的水环境，既适宜于阴宅风水，同时也涉及阳宅风水。只是古人重视丧葬，不比我们今天移风易俗，丧事从简，所以对于阴宅风水的重视，自属不难理解。不过，到了科学发达的今天，人们建立公墓除了合理的环境选择，借以使家属获得一定的心理安慰外，我们大可把它作为一种历史上曾经出现过的文化或民俗现象来看。如果有人仍然执迷不悟，斤斤计较于水环境有关丧葬吉凶的种种无稽说法，便就一无可取了。

至于阳宅风水和水环境，因为水为资源，其重要性自属不言而喻。然而，有关千姿百态种种水形能给人带来什么，那就要具体情况具体分析了。不过有一点可以肯定，就是人的吉凶祸福，在很大程度上取决于人们的行为善恶，勤与不勤，而与水形的千变万化，并无必然的联系。我们今天不是提倡勤俭致富吗？有了好的水环境，如果整天睡在家里，不想付出努力，那么再好的水环境也会被搁置起来，白白浪费。反之，虽说水环境欠佳，看似不吉，但通过人们的种种努力和改造，同样能够趋吉避凶，发家致富，我们不是说人定胜天吗？人的因素毕竟是第一位的。

6　风水中的一些其他问题

风水是一个内容极其复杂庞大的总体，本书对此作了一些论述。这里再对一些其他有关问题做点补充。希望读者带着分析的眼光，弃粗取精，不可执迷。

【朝山】

在风水术家眼里，除了对结穴背后的来龙有特别讲究，对于穴前远方的朝山，也少不了作一番探讨。顾名思义，所谓“朝”，就是向着或对着的意思，所以《地理正宗》说道：“对面之山，向我为朝。”又说：“远而高者为朝。”

由于朝山的情况千变万化，各各不同，这里只能依次择要，为君道来。

①正朝

正朝的山脉千里迢迢，由远而近，临近穴前则又从高而下，妙有起伏，而两侧边上的小山，也彼此相揖，顾盼有情。且看赵九峰《地理五诀》的一段话说：“正朝者，迢迢而来，特为此穴。至穴自高而下，一起一呼，两边小峰，恰如人相揖之状，又名‘至宝山’。”为什么叫“至宝”呢？原来这种朝山，风水家们认为，能为住户人家里添财进宝，所以便就得了这个名称。

②横朝

所谓横朝，就是朝拱穴前的远山，呈一字形横向排开之势。这种横朝，如果其排列生动得犹如“排衙”、“唱喏”，可卜吉利。刘基在《堪舆漫兴·横朝山》中说：

其次还求横朝山，横开帐幔于其间。
或作排衙或唱喏，亦须情意两相关。

③特朝

特朝这种山龙，来时由远而近，千里迢迢，并且左右两旁，还夹着两条清净的流水。由于这是一种朝山中的特别格局，所以刘基在《堪舆漫兴·特朝山》中咏曰：

两水夹来为特朝，朝山此格最清高。
尖秀方圆当面起，子孙将相玉横腰。

④斜朝

对于这种朝山，《地理五诀》说得较为简明，“斜朝者，斜过到穴前，稍停一停而去。亦有即止者。”斜朝也叫“伪朝”。刘基的《堪舆漫兴·伪朝山》诗说：

伪朝之山形不一，过我门兮不入室。
翻身侧面向他人，空使有凶而无吉。

⑤朝山重叠

穴前朝拱的山峦，如果一重高过一重，风水家认为这是大富大贵之象，名曰“朝山重叠”。《堪舆漫兴》说：

一重高了一重高，奕世为官挂紫袍。
若见乱箩倒谷状，家资巨万比朱陶。

⑥朝山孤独

朝山孤独是指穴前朝拱的朝山，只孤单一座而已。就吉凶而言，其形状高耸尖圆的吉，侧面低头的贫，斜飞破碎的败。《堪舆漫兴·朝山孤独》诗说：

前山孤独不须忧，高耸尖圆万户侯。
侧面低头贫如洗，斜飞破碎败如流。

⑦朝山拱案

穴前之山，远而大的称为“朝山”，近而小的称之为“案”。因此就朝山拱案来说，是在案山的远后方，隐伏着穴前所看不到但却实实在在朝拱着穴前的一种朝山名称。《堪舆漫兴·朝山拱案》诗说：

莫将暗拱作寻常，明暗之山一样详。
尖秀若居堂局外，离乡有子辅明王。

【案山】

与朝山比较起来，宅墓前近而小，看去好像与眉头差不多高，并且似乎伸手摸得着的几案似的山，叫做案山。

关于案山的形状和吉凶，《堪舆漫兴》有诗五首概括道：

面前有案值千金，远喜齐眉近应心。
案若不来为旷荡，中房破败祸相侵。

案山最喜是三台，玉几横琴亦壮哉！
笔架眠弓并席帽，凤凰池上锦衣回。

案山虽有亦嫌粗，臃肿斜飞不若无。
压穴巉岩并丑恶，出人凶狠更愚顽。

案山顺水本非良，过穴湾环大吉昌。
若有外砂来接应，举人榜上姓名香。

外山作案亦堪求，关抱元辰气不流。
纵有穴情无近案，中房颠沛走他州。

这里补充一句，朝山案山虽则重要，但并不像龙脉那样必须要有着落，如果穴前朝、案都没有的，也不一定不吉，这就又要看明堂聚水的情况了。《雪心赋》说："龙来结穴，贵有朝案，此常论也。然亦有有朝无案者，又有朝案俱无者，将何所取用哉？惟欲诸水聚于明堂之中耳。"

然而，明代风水学家刘基也自有他的看法，他认为平原广漠，只要高起一寸，就可称之为山了。因此他的《堪舆漫兴·论平原无朝案》诗说：

平原看局取回环，高一寸兮即是山。
但得水缠看下手，窝钳乳穴是无关。

【明堂】

前面《雪心赋》曾说过，对于有朝无案，或者朝案都没有的结穴，如有“诸水聚于明堂之中”的，那就没有什么不吉利的。那么，什么叫做明堂呢?

在风水术中，明堂的意思就是宅墓前众水汇聚，或者生气积聚的空地。《雪心赋》说：“入山寻水口，证穴看明堂。”可见明堂对于阴、阳宅风水的重要。

说确切些，明堂又称堂局，《山水发微》这样为它规定范围道：明堂“亦为后山主星之玄武，前案之朱雀，左之青龙，右之白虎所夹之四水归聚处，故又谓之‘堂局’”。堂局要求洁净自然，切忌人工妄自安排，比如有些人为了把堂局的环境搞得优雅点，就在其上栽花砌路，以供观瞻，不知这样一来，反而坏了风水。此外，明堂如果杂草丛生，断了吉水来路，也属不吉。

在分类上，按照明堂所处的位置和形状大小，前人又有小明堂、中明堂、大明堂的说法。其中小明堂是穴前微茫界合，可容一人大小的处所；中明堂是穴前山砂，左龙右虎之内的水流汇合处；大明堂是穴前山砂，左龙右虎之外的水流汇合处。

而风水术中实际谈得较多的，则是绕抱、融聚、周密、广聚、大会、宽畅，以及倾倒、逼窄、旷野、陡泻、劫杀、反背等明堂，原因是这些明堂在风水地师眼里，都直接关系到风水选择的成败。

①绕抱明堂

宅穴周围砂水，绕抱弯曲，环护堂气，这在风水术中是一种很吉利的堂局。《地理人子须知》说：“绕抱者，乃堂气绕抱，使水城合身弯曲，诚有可取。故曰：内堂绕，发达极速，外堂绕，富贵悠长。”此外并有古诗一首说：

明堂弯曲如绳样，绕向穴前弯内向。

内向之水绕身曲，对面抱来弓带象。

②融聚明堂

明堂凹陷犹如掌心，众水悉皆融潴囊聚于此，人称“融聚明堂”。《地理人子须知》有云：“融聚者，明堂之水，融潴囊聚也。至贵。十氏云：‘水聚天心，孰不知其富贵。’杨公云：‘明堂如掌心，家富斗量金。’又云：‘明堂如锅底，富贵人难比。’大抵皆融聚之水也。”

③周密明堂

宅穴左右龙砂护卫，前有朝案拱揖，致使堂局四周固密，生气聚而不泄的，叫做“周密明堂”。《地理人子须知》说：“周密者，乃四周巩固而无泄也。盖堂气周密，则生气自聚。”“故明堂以周密为贵，若有凹缺，则非周密也。‘罗城周密’亦吉。”前人诗说：

明堂惜水如惜血，堂里避风如避贼。

莫令空缺被风吹，莫使溜牙遭水劫。

④广聚明堂

穴周自然环境，山山水水地广为会聚，从而成为明堂中至贵的一格。《地理人子须知》说道：“广聚者，众山众水团聚也。《葬书》云：‘若怀万宝而宴息，若具万膳而洁斋。’又云：‘若览而有，皆明堂内百物具备之意，此明堂之至贵也。’要山明水秀，如朝海拱辰为合格。”

⑤大会明堂

这是穴前诸龙大尽，众水归堂听形成的，是明堂中至贵的一种格局。《地理人子须知》振振其词道：“大会者，诸龙大尽，众水归堂，如万邦之纳贡，如百辟之来朝，故曰‘大会’也。主贵至王侯，富至敌国。杨公云：‘四龙大会，有地必大。’亦须诸山自百余里来，至此皆大尽方是。此与‘广聚’不同，‘广聚’者，惟山水团聚，重叠而已，非有众龙大聚也。”

⑥宽畅明堂

所谓“宽畅”，就是宅墓前的空地宽畅。这里的一个要素是，不要忘了宅墓周围要求山砂环绕，否则便会因外风长驱直入而吹散生气。《地理人子须知》交代得很是详尽：“宽畅者，明堂中开旷明畅，不窄狭，不逼塞也。此堂至贵。切不可以旷野空阔不周围者为宽畅，要有低砂交结或低平近案，关聚内气，或水融聚为真。”

⑦倾倒明堂

这是一种不吉的明堂，就是宅墓前的流水向外倾泄而不回抱，而附近的山砂也外向无环顾的迹象。对于这种明堂，《地理人子须知》是这样描述的：“倾倒者，明堂水倾，龙虎顺随而去也。此堂最有亏损。《断诀》云：‘明堂倾倒，休夸穴好。’廖氏云：‘若是堂倾无落聚，有穴终须弃。故倾倒明堂，纵有龙穴亦须弃置。’”前人并有诗云：

明堂第一嫌倾倒，倾倒有砂随水走。
卖尽田园走外乡，更主儿孙多寿夭。

⑧逼窄明堂

宅墓前案山贴得太近，使人站在穴前，有透不过气来的感觉。由于明堂的地盘太逼窄了，所以也为风水术家所不取。《地理人子须知》对此曾说：“逼窄者，乃案逼穴前，堂局促狭也。若龙穴真，仅可小康，亦主出人顽浊，凶狠无足取也。杨公云：‘明堂逼窄人凶顽。’廖氏云：‘逼窄生人必蠢顽，狠猥更贪悭。”

⑨旷野明堂

和逼窄明堂反其道而行之，旷野明堂则墓前过于宽阔，一望无际，而周围又毫无砂水关拦。《地理人子须知》说："旷野者，穴前一望无涯，荡然宽广无复关阑之谓也。此堂极凶，却能炫人以其宽阔，多见远秀罗列清奇，而古人又有明堂容万马之说，是以昧者惑焉！不知明堂旷野，则风飘气散，安有融结？吴公诀云：'明堂容万马，亦忌旷而野。'"

⑩陡泻明堂

"陡泻"的含义，就是穴前的地貌水流，峻急而又倾泻。《地理人子须知》说得清楚："陡泻者，穴前峻急而水倾泻也。此堂极凶，主损人恶死及飞祸，不但退败产业而已。纵是真龙好穴，亦退败后始发。"堪舆家邹仲容诗说：

倾泻明堂不可要，穴前陡峻不弯环。
纵有真能发福者，卖尽田庐始出官。

⑪劫杀明堂

穴前明堂有尖嘴样山砂顺着水势的，或者是尖砂倒射入穴的，都属于劫杀明堂一类。《地理人子须知》告知："劫杀者，乃明堂中有砂尖嘴顺水，或射入穴中也。凡有此皆不可用。盖明堂乃诸水聚处，欲其平正；若有尖砂顺水，则主退财、离乡、军死；尖而射穴，则主刑杀、逃亡、恶死至凶。"古诗有云：

劫杀照破全无地，顺水斜飞无射避。
若然尖射入穴来，忤逆刑戮须切忌。

⑫反背明堂

穴前空地的地势与其穴背道而驰，全无照应之情，叫做反背明堂。由于这种明堂也属不吉，所以《地理人子须知》解道："反背明堂，悖逆之象也。当穴宜弓抱拱身，而反突拗反背，何凶如之！主逆妻拗子，悖戾之奴，百无一成，岂但门衰户薄已哉！”

至于“堂杀”，这也是一种明堂的凶象。前面述及，风水地师们认为不吉利的明堂，主要有倾倒、逼窄、旷野、徒泻、劫杀、反背等，作为一种补充，前人又有射、冲、崩、缺、陷、分、倾、泻、侧、斜、逼、狭“十二堂杀”的说法。“十二堂杀”如下：

山脚入堂曰“射”，
横山过堂曰“冲”，
山倾岸颓曰“崩”，
四维不足曰“缺”，
堂中多坑曰“陷”，
水趋左右曰“分”，
堂水反流曰“倾”，
逐级低流曰“泻”，
明堂偏斜曰“侧”，
欹从穴过曰“斜”，
前后紧靠曰“逼”，
左右紧挨曰“狭”。

说到明堂，还不得不涉及“天心水”这个问题。所谓“天心水”，就是穴前明堂正中的溪流、湖泊、池沼等水。天心水最忌穿、插、射、冲或反背无情，称为“水破天心”。风水地师认为，宅前明堂要是有这样的水是要绝嗣的，这当然没有什么科学依据。反之，如果明堂溪流抱护有情，或储积池湖，则又称为“水聚天心”，可以料定主人家里必然大发。发财与否，不仅取决于环境好坏，而且还有人的因素，比如勤劳还是懒惰。因此说“必然大发”，其实未必。

【文峰】

文峰或称文笔塔，也可以文昌阁、魁星楼等高大建筑作为替代。筑塔的作用，在于弥补当地文峰低下的不足，从而在精神上造成一种筑塔以后，当可多出文人才子的满足。

何谓“文峰”？“文峰”就是村落城镇附近山峦，一峰秀特，高出云表，状如文笔之谓。风水家们认为，文峰的方位最好落在甲、巽、丙、丁等角度上，这用罗经测量，大致在人盘东方 61 度到 75 度，或东南方 121 度到 135 度，或南方 151 度到 165 度，或南方 181 度到 195 度之间。假如其地没有文峰，那么对于一方文人，据说颇为不利。若要改变这种状况，可在以上所说这些方位，自建风水塔，即文笔塔，借以弥补或扭转这种对于一方文人不利的缺陷或颓势。正如《阳宅三要》所说：“凡都省府厅州县，文人不利，不发科甲者，宜于甲、巽、丙、丁四字上，立一文笔塔。只要高过别山，即发科甲。或山上立文笔，或平地修高塔，皆为文峰。”

为补充文峰不足的文笔塔，也可以文昌阁、魁星楼等高大建筑物作为替代。

结合具体风水实践，江西《芳溪熊氏青云塔志》的一番说话很有意思：“水口之间宜有高峰耸峙，所以贮财源而兴文运者也……芳溪四面皆山，东有桐冈、相台，西有狮岭、凤坡，北有牛洞、太山，南有炉峰、笔架，其缜密之势，立如屏墙，惟东南隅山势平远……自雍正乙卯岁依形家之理于洪源、长塍二水交汇之际，特起文阁以镇之，又得万年桥笼其秀，万述桥砥其流，于是财源之茂、人文之举，连绵科甲。”则又在文运昌隆之外，加上财源茂美，可谓一举两得。

【阳宅三门和门气】

所谓“阳宅三门”，就是住宅大门、旁门和后门的总称。蒋大鸿的《天元五歌》有云：

宝龙动地水就裁，尤重三门八卦排。

只取三元生旺气，引他入室是胞胎。

一门乘旺二门囚，少有嘉祥不可留。

两门交庆一门体，大事欢欣小事愁。

须用门门都合吉，一家福禄永无忧。

从诗中得知，三门的开向和位置，与命局三元、八卦方位有着极为紧密的联系。而三门中的关键一着，则在于大门的吉凶。

不仅如此，阳宅中门的要妙还在于接纳地气之外，撷取清虚横行的天气，也就是所谓的“门气”。《崇厚录·阳基章》告知我们：“阳宅作在地上，不专以地气为用，兼取门气。盖清虚之上，气本横行，门户一启，气即从门而入。”医学科学早已证明，一个人活在世上，除饮食、阳光之外，清新的空气也是必不可少的。如果说风水术是一门科学与迷信相互纠结得很紧的学科，那么在“门气”这点上，应该说是具有一定的科学思想。

【血盆照镜】

《阳宅十书》说“凡宅门前不许开新塘，主绝无子，谓之‘血盆照镜’。门稍远可开半月塘”。

分析起来，宅门前开新池塘不吉的原因，大概由于池塘如离屋前太近，阳光会在水的作用下反射出较强的光线，这样日久下来，难免伤及眼目。同时，大概也是由于屋前开塘，容易使孩子在嬉戏时造成不必要的意外，所以才有“主绝无子”的说法。

至于离门稍远开半月塘，因为在很大程度上消除了这两个不利因素，故而可以无妨。

【阴极】

山居人家，假如四周山头高压，而宅居又坐落在深山坳里，这就自然阳光不照，阴气逼人，室内幽暗而成为“阴宅”了。由于自然环境的影响，居住在“阴极”里的人，好比关在“天牢”（自然界的牢笼）里一样，所以不仅家业萧条，并且还常疾病缠身。

同样道理，当今生活在大都市里的住家，假如四周被高楼大厦包围逼迫，从而使得家里阴暗而终日不见阳光，也会招致不吉。原因不仅在于暗无阳光对人体健康所带来的诸多不利，同时还会在一定程度上造成心理上的压抑。

【五实五虚】

这也是阳宅风水中的一种说法。其中五实是：“宅小人多”为一实，“宅大门小”为二实，“墙院完全”为三实，“宅小六畜多”为四实，“宅水沟东南流”为五实。

反之，五虚是：“宅大人少”为一虚，“宅门大内小”为二虚，“墙院不完”为三虚，“井灶不处”（不得好风水）为四虚，“宅地多，屋少，庭院广”为五虚。

对于五实、五虚的吉凶，《黄帝宅经》评判道：“宅有五虚，令人贫耗，五实，令人富贵。”此外，《黄帝宅经》还补充说：“宅乃渐昌，勿弃宫堂。不衰莫移，故为受殃。舍居就广，未必有欢。计口半造，必得寿考。”又说：“其田虽良，薅锄乃芳。其宅虽善，修移乃昌。”

【太阳不着星】

这也是个风水术中的有趣问题。

原来风水家们认为，人们睡卧的床铺，在安放时一定要有一面的床边贴着墙壁，不可悬空放在房屋中间。如果悬空而不着边际地把床放在卧室中间的，这就叫做“太阳不着星”。犯着“太阳不着星”的，屋主人便只能多生女儿少生儿子了。《阳宅集成》有言：“卧床须着壁，不可悬空——名曰‘太阳不着星’，多女，少男丁。”

【合灶】

阳宅风水认为，住宅在搬移时，旧宅的来路方位如果不利于新居的，那么住在新房里就会招致不吉。为了避掉这种搬移时所带来的不吉，于是便就产生了“合灶”的说法。

所谓“合灶”，就是和人家合用一灶，一起生活的意思。风水家们认为，搬迁者如果搬迁方向不利新居，那么搬迁时可先商借有利于搬迁来路方位的亲友家里暂住，以作为中间的过渡。暂住的合灶或寄食别人家里，一般都要住满七七四十九天，然后再行搬迁，便可改变来路而趋吉避凶了。

这种说法，其实纯属无稽之谈，不必听信。

【石敢当】

石敢当是阳宅风水中民间习用的一种长方形小石碑，因为碑上刻有“石敢当”三字，所以便有了这种名称。所谓“敢当”，就是“所当无敌”的意思。《通俗编·居处》曾引《继古丛编》说：“吴民庐舍，遇街衢直冲，必设石人或植石书，镌‘石敢当’以镇之，本《急就篇》也。”

此外，与石敢当形状和性质类似的，还有山镇海，只不过在山镇海上，所刻文字不用“石敢当”而改刻“山镇海”而已。

石敢当的设置大概起始于唐朝。风水地师认为，石敢当和山镇海不仅可以抵御街衢的直冲，并且对桥梁、巷口的冲面而来，也可抵御。其设立的位置，一般多选择在村落入口、河塘岸边，或门前巷口、三岔路口直冲处，以及凶宅附近正对吉方的门口边上。至于镌刻和树立石敢当的日期和方法，《鲁班经》有着这样的记载：“凡凿‘石敢当’，须择冬至日后甲辰、丙辰、戊辰、庚辰、壬辰、甲寅、丙寅、戊寅、庚寅、壬寅。此十日，乃龙、虎日，用之吉。至除夕夜用生肉三片祭之，新正寅时立于门首，莫与外人见。凡有巷道来冲者，用此‘石敢当’。”

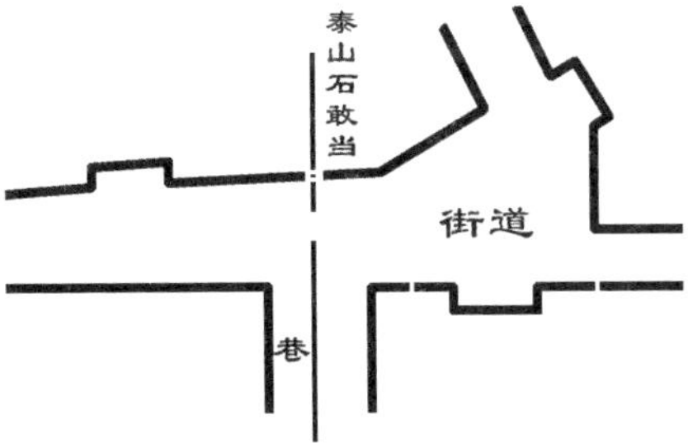

歙县北岸某宅（见《风水探源》）

对于刻立石敢当的意义，除去其迷信成分，何晓昕在《风水探源》中归结为点景、变景和识景三个方面。就“点景”说，石敢当可以“激发出观者的敬畏情感，使前方空间具有一种引人入胜的魅力而牵人前往，空间神圣化”。就“变景”说，石敢当的作用在于“一种空间改变，表示空间性质、方向的转换”。就“识景”说，石敢当属于一种“风敢”的标志，透过石敢当可以看出地方特色，不同地区的石敢当具有明显的差异。

【符镇】

和石敢当一样，符镇也是对于风水不吉的一种补救方法。因为对于大多数人来说，面对风水不吉的宅屋是无能无力的，否则翻造改建，耗资也实在太大了。于是作为一种权宜之计，符镇便就应时应运而生了。《阳宅》十书曾这样告诉我们：“修宅造门非甚有力之家，难以卒办；纵有力者，非迟延岁月，亦难遽成。若宅兆既凶，又岁月难待，惟‘符镇’一法，可保平安。”对于这种符镇，也有称之为“天师符”的。

符镇图形
引自《古今图书集成》艺术典第678卷

【罗盘】

清朝叶泰撰《罗经解》，内中述及罗盘的作用时说：“凡天星、卦象、五行、之甲也，所称渊微浩大之理，莫不毕具其中也。”风水地师使用罗盘，既能“乘气、立向、消砂、纳水”，又能“测山川生成之成爻，以辨其地之贵贱大小”，所以被称之为必用之物。

罗盘又称罗经，一般由天盘和地盘组成，天盘圆而地盘方。平时，由于风水派别不同，致使罗盘的类型和使用，各有出入，情况复杂。为了明白起见，王玉德在《神秘的风水》中把它概述为：“罗盘上有正针、缝针、中针之分；有金盘、银盘之分；有内盘、外盘之分；有天、地、人三盘之分。有的风水先生用正针度天，有的用正针格龙；有的用缝针测地，有的用缝针定坐向。没有统一规定，风水先生各行其是，都自称正宗，都说秘受先师正传。”又说：“地盘是正方形，或称托盘，上有十字形两条线，中间凿有一个凹圆。天盘是圆形，盘底略凹，置于地盘的凹圆上可以旋转。天盘中间装有一根指南金针，大致指向南方。”

指南针又称正针。关于正针、中针、缝针三针，正针所指为磁板子午，用以测定山的具体方位，称为“格正来龙”；缝针所指为悬影子午，在二十四山方位上向左错开半路，和正针之间形成磁偏角；中针所指为北极子午，在二十四山方位向右错开半路，也和正针之间形成磁偏角。

在罗盘的使用过程中，可因天池内磁针晃动的不同情况而分为搪、兑、欺、探、沉、遂、侧、正，世称“罗盘八奇”。八奇的情况为：一搪，惧也，浮而不定，不归中线，说明地下有古板古器；二兑，突也，针横水面，不归子午；说明地下有金属矿或铁器；三欺，诈也，以磁石引之，针转而不稳；四探，投击也，落针而半沉半浮，上不浮面，下不沉底，或一头沉一头浮；五沉，没也，说明地下有铜器；六遂，不顺也，针浮而乱动；七侧，不正也，偏东偏西，不归中线；八正，收藏中线，其地为吉。风水术家认为，以上“罗盘八奇”，除正为吉壤之外，其他大多不吉。

此外，对于罗盘上少则三个圈层，多则四十多个圈层，每层都有文字符号的使用情况，王玉德的《神秘的风水》曾据安徽休宁万安桥罗经店所制三十六层罗盘盘面，作过简要介绍，读者如有兴趣，不妨找来一看。

对于罗盘及其使用，何晓昕在《风水探源》中认为其意义不仅仅止于它的一些带有哲理的经验总结，还在于其建立模式系统的逻辑思想，罗盘具备模式的基本功能：一是时空合一，是宇宙图案的移写，并把宇宙分成天、地、人三大关系，在这三大系统之间通过气、理、数、形等建立类比关系，并以此判断三者是否协调，为各式各样的状况提供了共同的准则要素；二是一圈一圈的表达方式，较简洁地提供了数理的内在含义和哲学的辩证思想，在新的情况下，又出现新的内外相连的统一整体性；三是使人们能对营建的过程或结果进行预测，为推算各种不同结局的概率提供依据，与现代的模糊数学方法相类似。

【土圭】

工欲善其事，必先利其器。罗盘之外，在风水先生的手里，土圭和玉尺也是必不可少的测量工具。

土圭为我国古代借助于日影以测方位、正四时的一种工具，《周礼·冬官·玉人》曾经记载它的作用说："土圭尺有五寸，以致日，以土度地。""测土深，正日影，以求地中。"当时，土圭由典瑞氏掌管，《周礼·春官·典瑞》说："典瑞掌玉瑞玉器之藏，辨其名物，与其用事……土圭以致四时日月，封国则以土地。"对于土圭的使用，则主要为土方氏，《周礼·夏官·土方氏》指出："土方氏掌土圭之法，以致日景，以土地相宅，而建邦国都鄙。"对于土圭的具体使用方法，在夏至那天中午置土圭，借以确定南北子午方位，并且另立八尺，如表北日影投射一尺五寸，和土圭的尺寸相等，则为地中，可以建都。此外土圭也可用来测日至，如夏至日中，表影一尺五寸；冬至日中，表影一丈三尺。后来，把土圭引进风水术中，就是《葬书》所说的"土圭测其方法"了。

【玉尺】

郭璞的《葬书》说："土圭测其方位，玉尺度其遐迩。"书中所说"玉尺"，发展到后来，就成了探穴所用的尺子。对于这种探穴尺子，由于风水先生各做各的，并且都不肯轻易摊牌给别人，所以看上去很有点诡秘的味道。近代台湾学者罗修撰《住宅风水勘吉凶》一书，书中载述台湾风水前辈韩先生所用前无古人的探穴尺道："笔者有一次跟着一位前辈——韩前辈上观音山看风水，韩先生带了一把自制的探穴尺。第一次看到前无古人发明的探穴尺，当然得多看几眼。它是一把金属打造约八寸来长像剪刀把柄样器具，它收起来像剪刀的把柄，使用的时候，两根柄子翻转成直角状态。韩先生叫我用探穴尺试探穴的直正所在。我经他指导，右手轻托尺柄，左手握拳扶，使尺不能倒切，可以转动另一尺柄指向别的方向。走了约十步光景，竟是有一股力量，将凌空的尺柄拉成指向五个小坟的方向，我们在四周几个地方都屡试不爽。最后，我走到五个小坟的矮墙，在墙角上走了两步，尺柄上像被人用手强有力地摆弄一个九十度角，正指五坟正中间方向……很容易使人以为五坟中堆有强烈的磁铁，但事实又不可能，因为若是如此则罗盘在此就失灵了。持有罗盘者，轻易即可发现磁针指北或指南。这把探穴尺粗约小指，只是粗糙的制品，除非这股无形的力很强大，否则它就绝无法摆动，而且百分之百射向正确方向。我问韩先生这探穴尺用何种金属打造，可惜他秘而不宣。"

对于韩先生秘制探穴尺，罗修认为在风水探测中有着一定的意义，所以接着他说："这件事的意义在于韩先生将堪舆的境界，从主观的科学境界带进科学仪器的试验境界，同时证实从某些古人所述的山川结构造成的结穴地，确实具有某种最起码的影响物质的力量。"

【何知经】

这是一首概括阳宅吉凶的古歌，歌曰：

何知人家贫了贫，山走山斜水返身。

何知人家富了富，员峰磊落皆朝护。

何知人家贵了贵，文笔秀峰当案起。

何知人家出富豪，一山高了一山高。

何知人家破财时，一山低了一山低。

何知人家出孤寡，琵琶侧扇孤峰邪。

何知人家少年亡，前也塘兮后也塘。

何知人家吊颈死，龙虎颈上有条路。

何知人家少子孙，前后两边高过坟。

何知人家二姓居，一边山有一边无。

何知人家主离乡，一山主窜过明堂。

何知人家出做军，枪山坐在面前伸。

何知人家被贼偷，一山走出一山钩。

何知人家忤逆有，龙虎山斗或开口。

何知人家被火烧，四边山脚似芭蕉。

何知人家女淫乱，门对坑窜水有返。

何知人家常发哭，面前有个鬼神屋。

何知人家不旺财，只少源头活水来。

何知人家不久年，有一边兮无一边。

何知人家受孤栖，水走明堂似簸箕。

何知人家修善果，面前有个香炉山。

何知人家会做师，排符山头有香炉。

何知人家出跏跛，前后金星齐带火。

何知人家致死来，停尸山在面前排。

何知人家有残疾，只因水带黄泉入。

何知人家宅少人，后头有龙无气脉。
仔细相山并相水，断山祸福灵如见。
千形万象在其中，不过此经而已矣。

歌的内容可谓精华与芜秽杂陈，它告诉人们盖房须盖在有利于农耕、有利于生活、有利于人身安全等有良好环境的地方，而不能相反。如“员峰磊落皆朝护”、“文笔秀峰当案起”有利于生产、生活，而“山走山斜水返身”、“只少源头活水来”则不利于生产、生活。再如“前也塘兮后也塘”，儿童易于溺水，“四边山脚似芭蕉”，则容易引起火灾。这是有一定道理的。但要说跟人的生死、财富的多寡有必然的联系，就滑向了唯心论和封建迷信的泥坑。

卷四

阳宅风水

『人之居处，宜以大地山河为主。其来脉气势最大，关系人祸福最为切要。若大形不善，总内形得法，终不全吉……』又『凡到平洋莫问踪，只看水绕是真龙』。此乃《阳宅十书》中对于理想阳宅择处的记述。

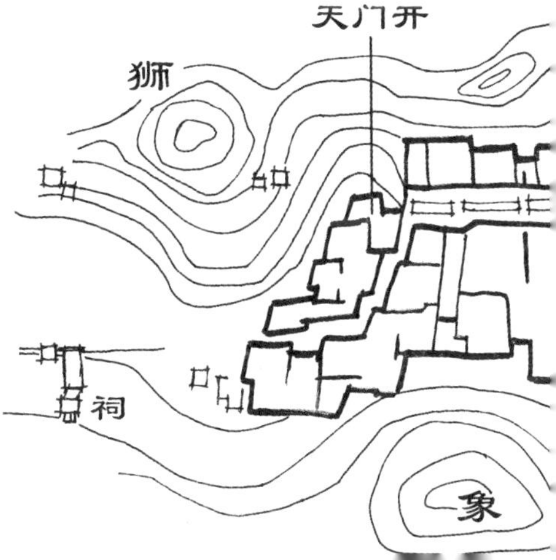

1 阳宅择基概要

《诗经·大雅》有《公刘》诗一篇，毛亨注说："公刘居于邰，而遭夏人乱，追逐公刘，公刘乃辟中国之难，遂平西戎，而迁其民邑于豳焉。"诗的第二章叙述公刘迁邠时察看地形道；"陟则在巘，复降在原。"笺云："公刘之相此原地也，由原而升巘，复下而在原，言反覆之，重居民也。"为了使居民在迁徙后的民邑住得安适，公刘不辞劳苦爬上山冈，走下平地，上上下下地反复察看地形。接着诗的第二章又说公刘"逝彼百泉，瞻彼溥原。乃陟南冈，乃觏于京"，大意就是去察看那百条流泉，观瞻那广阔平原，登上了南边的山冈，看见了那个京的地方。笺曰："往之彼百泉之间，视其广原可居之处，乃升其南山之脊，乃见其可居者于京，谓可营立都邑之处。"土地既已相好，还有一段事要做，这就是诗中第五章说的："既溥且长，既景（影）乃冈。相其阴阳，观其流泉。""度其夕阳，豳居允荒。"对此笺曰："既广其地之东西，又长其南北，既以日景（影）定其经界以山之脊，观相其阴阳寒暖所宜，流泉浸润所及，皆为利民富国。"

这么悠远的古代，人们的心里虽然还没产生风水的概念，可是公刘这种相地时的所作所为，无疑与后世风水术的兴起，有着一脉相通的地方。

古人建屋，唐尧茅茨土阶，夏禹的宫室也很简陋，只要能够避风避湿避雾露的侵扰就可以了，这当然是一种崇尚朴素的美德，所以《淮南子·本经训》说："古者明崇堂制，下之润湿弗能及，上之雾露勿能入，四方之风勿能袭，土事不文，木工不所，堂大足以周旋理文，静洁足以享上帝，礼鬼神，以示民知俭节。"所谓"风水之始，避风及水而已"原本没有什么吉凶不吉凶，祸福不祸福。然而，到了后世，风水术大为兴起，大谈什么“地善即苗茂，宅吉即人荣”，“人之福者，喻如美貌之人。宅之吉者，如丑陋之子得好衣裳，神采尤添一半。若命薄宅恶，即如丑人更人衣敝，如何堪也，故人之居宅，大须慎择”等，这就给住宅建造披上了一件扑朔迷离的神秘外衣。

结合营建实际，不论大至国都、城镇，小到村落、住宅，首先遇到的一个问题，就是如何选择地基的问题。《管子·乘马》指出：“凡立国都，非于大山之下，必于广川之上，高毋近旱而水用足，下毋近水而沟防省。”同书《度地》又说：“圣人之处国者，必于不倾之地，而择地形之肥饶者。”吴鼎《阳宅撮要》卷一“总论”说：“凡京都府县，其基阔大。其基既阔，宜以河水辨之。河水之弯曲，乃龙气之聚会也，若隐隐与河水之明堂、朝水、秀峰相对者，大吉之宅也。”这是就大的方面而说。《宅经》则从另一角度挑出：“宅以形势为身体，以泉水为血脉，以土坡为皮肉，以草木为毛发，以屋舍为衣服，以门户为冠带。若得是事俨雅，乃为上吉。”这是就小的方面而言。

有关气大气小，有的书中还把两者捏在一起，作对比性叙述，使人看去一目了然。《阳宅集成》卷一“论阳基之龙”说：“乾龙尽为州府，支龙尽作市村，气大亦大，气小亦小。龙气大则结都会省郡，气小则结县邑市村。”清江子《宅谱问答指要》一卷也说：“至于督藩大府，京都畿甸，皆平野旷阔，水为缠绕，不见山峰，盖不如此则气象不宽，堂局不展。如头面窄，规模狭，止可作小小县镇，亦不可作大县也。盖龙到大尽处，必是被大江大河拦截无处，方得他住。及到此田地，必皆是平田旷野非常人之所能收拾。望之无限，不见所际，据之无凭，不见所倚，然百十里间，皆是环卫。无一山不顾盼，无一水不萦回，虽别处数百里外山水，莫不来此交会。”

对于大处落墨的邦国都鄙、城市形胜，无不对龙、穴、砂、水，尤其是龙脉的结集，表示出极大的关注。明人缪希雍在《葬经翼》中指出："关中者，天下之脊，中原之首龙也。冀州者，太行之正，中条之干也。洛阳者，天地之中，中原之粹也。燕都者，北陇之尽，鸭绿界其后，黄河挽其前，朝迎万派，拥护重复，北方一大会也。之数者，自三代以来，靡不为帝王之宅，然兴衰迭异者，以其气有去来之不齐也。"书中对西安、洛阳、北京等历代名都的龙脉地形，给予了高度的评价。因为缪希雍为明朝人，所以对于都城北京的山川形势尤为推崇。

北京原为燕王朱棣的封地，后来朱棣称帝，是为成祖，便把明王朝的国都从南京迁到北京。其时手下群臣对于朱棣迁都之举，纷纷上奏拥护道："伏惟北京，圣上龙兴之地，北枕居庸，西峙太行，东连山海，俯视中原，沃野千里，山川形势，足以控制四夷，制天下，成帝王万世之都也。"后来，修撰于明神宗万历年间的《顺天府志》，还由衷地赞美其地形势为："燕环沧海以为池，拥太行以为险，枕居庸而居中以制外，襟河济而举重以驭轻，东西贡道来万国之朝宗，西北诸关壮九边之雉堞。万年强御，百世治安。"

不过，北京之外，对于六朝故都南京的山川形势，风水术家们也对之推许备至，否则朱元璋打定天下后，就不会把它定为国都。其时，明人杨文敏曾说："天下山川形势，雄伟壮丽，可以作为京都的，再也没有超过金陵的了。至于地势宽厚，关塞险固，总扼中原的平旷，又以燕蓟为独占鳌头。比较下来，虽说长安有崤函之固，洛邑为天下之中，可是作为帝王之都的重要性来说，为了立下亿万年太平悠久之基，那就非金陵、燕蓟莫属了。"结果考虑下来，朱元璋还是选择南京作为都城。

对于南京的龙脉起止，李思聪在《堪舆杂著》中经过实地考察后描述为："若南京牛首之龙，自瓦屋山起，东庐山至漂水蒲里，生横山、云台山、吉山、祖堂山而起牛首双峰，特峙成天财土星。左分一枝，生吴山至西善桥止，复于肘后逆上，生大山、小山。右分一枝，生翠屏山，从烂石冈落，变作冈龙，至麻田止。中抽将军山，过黄泥冈，起祝禧寺，至安德门，生雨花台，前至架冈门上方门而止。”

再说地处关中平原的故都西安，当时张良曾赞叹其形势为：“夫关中左崤、崡，右陇、蜀，沃野千里，南有巴蜀之饶，北有胡苑之利，阻三面而守，独以一面东制诸侯。诸侯安定，河、渭漕挽天下，西给京师，诸侯有变，顺流而下，足以委输，此所谓千城千里，天府之国也。”

又如故都洛阳，《尚书·召诰》记载：“惟太保先周公相宅，越若来三月，惟丙午朏。越三日戊申，太保朝至于洛，卜宅。厥既得卜，则经营。越三日庚戌，太保乃以庶毁攻位于洛汭。越五日甲寅，位成。”这是说，太保召公在周公之前，到洛地勘察宫室宗庙基地，到了三月初三，新月透出光辉。又过了三日到戊申这天，太保在早上来到洛地，占卜宅基吉凶。结果占得吉兆，便就决定在此营建。再过三日到庚戌这天，太保率领好多殷民在洛水汇进黄河处开始正式动工。此后又过五日到甲寅这天，基地建成。

周公经营雒邑以后，东汉、曹魏、西晋、北魏、隋、武周、南唐等朝，都曾先后建都于此。后来，李思聪的《堪舆杂著》评说洛阳龙势有云：“洛阳，即今之河南府也。从嵩山而来，过峡石而北，变作冈，龙入首后，分一枝结北邙山托于后。山虽不高，蜿蜒而长顿。起首阳山，远映下首，至巩县而至于黄河之中。嵩山起抽中干，起皇陵山，分出一枝至黑石关为水口，中扩为堂局，而四山紧拱，前峰秀峙，伊洛瀍涧，汇于前龙之右界水也。稠桑弘农，好阳诸涧，乃左界水，流入黄河，绕于北邙之后。洛河悠扬，至巩县而与黄河合，一大聚会也。”

我们再看五代吴越、南宋都城杭州的龙脉和界水。李思聪的《堪舆杂著》述为："杭州干龙自天目起，远祖不能述。从黄山大岭过峡后，一枝起南高峰，从石屋过钱粮司岭，起九曜山、越王山，过慈云岭。起御教场、胜果山、凤凰山，过万松岭，起吴山入城。一枝起北高峰，从桃园岭青芝坞跌断，起岳坟后乌石山，从胜果山保俶塔入城，来龙沿江而下，皆自剥星峦遮护，隔江诸峰，远映护龙，直从萧山至海门。生天弧天角星，从别子门石骨渡江，起皋亭诸山，作下砂兜转。右界水自严州桐庐流入钱塘江；左界水自余杭西溪流入官河，惜两界分流未合，城中诸河阻塞秽浊，脉络不清。"可见龙脉虽佳，界水污染阻滞，不免打了折扣。

从小范围看，对于阳宅风水择基，佛道寺观可谓得天独厚，尤其佛寺更是如此。古诗说："天下名山僧占尽。"光绪甲午年（1894 年）佛陇真觉寺所刻《天台山方外志》第一卷"山源考第二"说："山有来脉，水有来源，犹人身之有经络，树木之有根本也。水以地载，山以水分，考山犹当考水。知水之所由，后能知山之发脉也。故堪舆家之言风水云：乘风则散，界水则止。山岂有风水之止散？盖山之为风，风则散，水则止耳。"可见佛门对于风水，原是很讲究、很精通的。又如《慈溪保国寺志》第一卷述及古灵山形势时指出："推其发脉之祖，乃从四明大兰而下，至陆家埠过江百余里凸而为石柱山，为慈邑之祖山，转南折东崖嵬而特立者，贸之山顶也，顶之下复起三台，若隐若伏，越数百丈为寺基……又名八面山，堪舆家谓是山乃西来之结脉处。"（见图）

融进后世龙、穴、砂、水、穴理论，阳宅风水的择基大致以山势地脉的起伏行止为龙，以主龙周围的小山为砂，以龙砂近周的溪流湖泊为水，以村落宅住所在处的地基为穴。龙要觅，砂要察，水要观，穴要点，故而术家称为："觅龙、察砂、观水、点穴。"可见，风水术中对于地基的选择，十分重视对于周围自然环境和生态环境的考察，使人察觉到其中蕴蓄着的科学成分。

保国寺形势

——摹自《慈溪保国寺志》

关于觅龙、察砂、观水、点穴，我们将在阴宅风水篇中详细谈到。这里我们且看何晓昕在《风水探源》中的简要归纳：

阳基的理想模式为：

枕山、环水、面屏
背水、面街、人家

这种卜筑方式遍行于东南地区，从而使该地区村落的外部空间，呈现出同构的模式。接着，何晓昕举福建晋江县《蓬岛郭氏宗谱》序“蓬岛形胜记”说：“蓬岛者，武荣以北之极陬也……四面皆岭，引基其上……大抵蓬岛据万山之上而福坪居其正中，势若太极之圈，形如莲花之心。双髻后插，钟昆前峙……且码山为墓苍特朝，而钟昆山则祠宇为诸茔域俱向焉。”又举徽州《尚书方氏族谱》第三卷“荷村派基图小引”说：“慕

山水之胜而卜居焉……阡陌纵横，山川灵秀，前有山峰耸然而特立，后有幽谷窈然而深藏，左右河水回环，绿林阴翳。”再如徽州《弯里裴氏宗谱》第二卷“鹤山图记”所说：“鹤山之阳，黟北之胜地也，面亭子而朝印山，美景胜致，目不给赏。前有溪，清波环其室；后有树，葱茏荫其居。悠然而虚，渊然而静……惟裴氏相其宜，度其原，卜筑于是，以为发祥之基。”

《阳宅十书》是一部专门探讨阳宅风水的专著。结合明代有关营造著作，对于宅地的选择曾有这样的记述：

“人之居处，宜以大地山河为主。其来脉气势最大，关系人祸福最为切要。若大形不善，总内形得法，终不全吉……”大形之外，又有水形等，由于平原地势开阔，看上去虽然没有龙脉，但却可以高土田埂，结合水源来看，所谓：“凡到平洋莫问踪，只看水绕是真龙。”这里且概要叙来。

【居处地势和建造宜忌】

“凡地东高西低，生气降基；东低西高，不富且豪。前高后低，必主寡妇孤儿，门户必败。后高前低，主多牛马”；“凡住地，平坦名曰梁土，后高前低名曰晋土，居之并吉；东高西低，名曰楚土，居之凶；四面高中央低，名曰卫土，居之先富后贫。凡住宅地形，卯酉（东西）不足居之自如，子午（南北）不足，居之大凶，南北长东西狭主吉，东西长南北狭，先凶后吉，子午线为南北线宜长，卯酉线为东西线宜短”，这是有关住宅四周地基高低广狭的选择宜忌。

住宅周围水流道路的吉凶宜忌，也有讲究。比如：“凡住左有流水谓之青龙，右有长道谓之白虎，前有洿池谓之朱雀，后有丘陵谓之玄武，为最贵地。”青龙、白虎、朱雀、玄武四神各就其位，所以自然成了最为吉祥的风水宝地。又因为宅东有流水，可以直通江海，所谓“财源茂盛达三江”，古代陶朱公发家致富，就和江河水流有关；宅南有大路，向阳逢吉、行人往来，织成一片兴旺景象，所以书云："凡宅东有流水达江海者吉"，"南有大路富贵"。反之，如果宅东没有流水达江海，却有大路，或大路不在宅南而在宅北的，虽然未必就如书中所说"东有大路贫"、"北有大路凶"，然而又要看其人其家的勤与不勤了。

同时，"凡宅居滋润光泽阳气者吉，干燥无润泽者凶"；"凡宅门前不许开新塘，主绝无子，谓之血盆照镜。门稍远可开半月塘"；"凡宅门前忌有双池，谓之哭字。西头有池为白虎开口皆忌之"；"凡宅门前见水声悲吟，主退财"，"凡宅门前屋后见流泪水主眼疾"；"凡宅井不可当大门，主官讼"等说法，也是阳宅风水中精粗杂陈，需要区别对待的理论。

再之，其他的种种说法，对住宅的建筑也有一定影响：

"凡宅前低后高，后出英豪。前高后低，长幼昏迷。左下右昂，长子荣昌，阳宅则吉，阴宅不强。左下右高，阳宅半豪，阴宅非吉，主必奔逃。"

"宅树木皆欲向宅吉，背宅凶。"

"凡宅或水路桥梁四面交冲者，使子孙怯弱，主不吉利。"

"凡宅门前，不许见二三四尺红白赤石，主凶。"

"凡宅屋后见拍脚山，出淫妇通僧道。"

"凡宅门前有探头山，四时防盗，或在屋出军贼之人。"

"凡宅屋后或有峻岭道路，或前冲后射，主出军饿之人。"

"凡宅屋后不要绝尖尾地，主绝人丁。门前屋后，方圆大吉。"

"凡宅门前朝平圆山吉。"

"凡宅门前不要朝垂，飞水返背者是也，主出淫乱之妇。"

"凡宅门前屋后沟渠水不可分八字及前后水出，主绝嗣败财。"

说到住宅周围的坑坑洼洼，阳宅风水也有歌说：

丑低投军号阵中，艮低师巫残患人。
寅低狼伤并虎咬，他乡外死甲上坑。
卯地有a伤眼目，乙辰有水患秃风。
巽地坑池官司败，阳短阴山出暗风。
午丙有坑火星显，未丁坑下劳嗽人。
酉方坑下家贫窘，戌亥蛇腰鬼贼侵。
壬子有弯绝后嗣，祸福如同在掌中。

在具体建造上，也有好多有趣的讲究。譬如，在造屋院时，一般外面的围墙和外门都要在院里的房屋建造完毕后再行动工，否则便要“难成”。再如单就造门来说，又有这样那样的吉凶宜忌的说法。

凡天门门扇及两畔墙壁需要大小一般。左大主换妻，右大孤寡。大门十柱，小门大柱皆要着地则吉。门扇高于墙壁，主多哭泣。门口水坑，家破伶仃。大树当门，主招天瘟。墙头冲门，常被人论。交路夹门，人口不存。众路相冲，家无老翁。门被水射，家散人哑。神社对门，当病时瘟。门下水出，财物不聚。门着水井，家招邪鬼。粪屋对门，痈疖长存。水路冲门，悖逆子孙。仓口向门，家退遭瘟。捣石门居，家出离（一作“隶”）书。门前直屋，家无余谷。门前垂杨，非是吉祥。巽方（东南）开门及隙穴开窗之类，立有灾害。东北开门，多招怪异。重重宅户，二门莫相对，必主门户退。

起宅门，其门要刷以醇酒及散香末，乱神。房门前不宜多种芭蕉，引鬼招邪，妇人得血疾。正门前不宜种柳。大树通轩，疾病连绵。

此外，其他的一些说法也还很多，譬如“凡起新屋，防木匠放木笔于木柱上，令家人不吉，更防有盗木柱者，不吉”；“盖屋布椽，不得以小压大，须两边骑梁。凡关以栗木为关（门闩）者，可以远盗。”栗和“慄”同音，也就是取强盗战慄而不敢前来的意思。

火唵也属阳宅风水的范围。说通俗点，火唵就是厨房。厨灶只宜安在住宅的凶方，不宜安在住宅的吉方。风水家们认为，厨灶是生活中一天离不开的重要生活设施，如果不知道安厨立灶的诀窍，任你纷纷立说，反复变更，有的以所建第一房为火唵，有的以供祖先祠堂香火处为火唵，有的甚至在住宅的吉方立火唵，所有这些，都是误把火唵认为是吉地的缘故，从而招致一定的不吉。原来古人早就认定“窑烧九岭，火断八山”，都是烟火所招致的严重危害，如家里安厨立灶，贴近厅堂卧房，不仅尘灰飞扬，亦且煤气有毒，所以后世风水才有这种说法。

火唵的位置定好后，安灶的方位也有一番斟酌，要诀是：

安灶西面子孙良，向南烧火无祸殃。
面东贫穷无吉利，务要推求仔细详。

灶在乾方是灭门，壬亥二位损儿孙。
甲寅得财辰卯富，艮乙烧火即遭殃。

子癸坤方家困苦，丑方损畜家祸频。
巳丙发财庚大富，午方旺位富儿孙。

辛酉丁方多疾病，甲巽未戌宅亨通。
作灶切忌用粪土，新砖近水砌安宁。

灶的方位既以面西最为吉利，那么灶门也就自然以开在东面为大利了。关于灶台的火口，历来所传，以三、五、七为最好，一、二、六、九欠佳。

以上这些，似讲不出个所以然来，有待于今后进一步的研究或批判。

回到宅屋的大局面说，《阳宅十书》有诗这样总括道：

阳宅来龙原无异，居处须用宽平势，
明堂当须容万马，厅堂门户先立传，
东厢西塾及庖厨，庭院楼台园圃地，
或从山居或平原，前后有水环抱贵，
左右前路亦如然，但遇返跳必须忌，
水木金土四星龙，此作柱基终吉利，
惟有火星甚不宜，只可剪裁作阴地，
倘有笔卓及牙旗，耸在外阳方无忌，
更须水口收拾紧，不宜太迫成小器，
星辰近案明堂宽，案近明堂非窄势，
此言住基大局面，别有奇特分等第。

对于居处的选择，在明人的建筑著述中，还这样提示和告诫人们："凡宅宜居宫观仙居侧近之处，主益寿延龄，人物安阜。不宜居当冲口处，不宜居塔冢、寺庙、祠灶、炉冶及故军营战地，不宜居草木不生处，不宜居正当流水处，不宜居山有冲射处，不宜居大城门口及狱门、百川口去处。"

如果住宅周围有桥，《水龙经》的说法是："门前桥冲，少死横亡，疾病鳏寡，人口过房。"原因卜居桥边，安全系数相对较低，用古人的话来说，就是"此值衰败之风耳"。不过对于行"富旺"运的人家来说，有时"反能发福"，这就又要看具体情况了。然而，"右有桥冲，淫败绝宗"，那就不一定好了。

说到架桥，《阳宅十书》还有《宅忌架桥歌》一首，于中也可窥知古人对宅周架桥的一些看法：

一桥高架宅厅前，左右相同后亦然。

不出三年并五载，家私荡尽卖田园。

附注：“此法屡验，故特标为一诀。”

以上有关宅屋四周的地理环境，以及具体建造时的种种宜忌，无可辩驳地说明，我国古代阳宅风水确实存在着一定的固陋和无稽之谈的成分，从而成为我国屋宇建造史中沉积下来的封建性糟粕。然而，话也得说回来，剔除其封建性糟粕，并不是一点也没有科学合理或者可供借鉴之处。举个例说，在村落城镇宅地周围环境的选择上，古人十分重视背山面水，这样非但生活方便，并且环境优雅，住之使人心旷神怡，又哪有不吉的呢？如再推进一层，结合以往我国农业国的国情，某些合理的说法对农业生产、农民的健康不无好处。何晓昕的《风水探源》指出：“风水所称道的‘背山面水’模式与我国的以农立国的宗旨有关，该模式的推出与早期农业生产及水利建设实践不无关系。因为在有山有水的丘陵地带，背山面水之处的土地最为肥美，有利于农业耕作。”又如“粪屋对门，痈疖长存”，在一定程度上由于不卫生的粪屋污染了环境的水质，所以便就招来“痈疖”了。

【村落水象的风水吉凶】

我国古代风水术中，对于村落或居处水流进出的水口，寄予了很高的重视，又有入水之口为天门，出水之口为地户，天门要开，地户要闭的说法。所谓“天门开”，就是水从山上或高处临流而下，抱朝有情，从而形成开敞接纳之势。所谓“地户闭”，是说水从一村流出，去口当掩映闭锁，最怕直去无收。由于历来风水家们都十分重视村落聚居之处对于水资源的利用，水口包容涵盖的面积越大，那么其地水资源就越丰富，其村落聚居百姓的福分也就越大。正如《入地眼图说》第七卷“水口”所说：“自一里至六、七、十里，或二三十余里，而山和水有情，朝拱在内，必结大地；若收十余里者，亦为大地；收五六里，七八里者，为中地；若收一二里地者，不过一山一水人财地耳。”《风水探源》还引《徽州冯氏宗谱》说：“设村自元代开族以来隅隐庐豹隐，尚未能大而光也。后世本堪舆之说，因地制宜，辟其墙于安仁桥之上，象应天门，筑其台榭于理仁桥之下，象应地户。非徒以便犁园，实为六厅（族分之支，支各有厅）关键之防也。所以天门开，地户闭，上通好国之德，下是泄漏之机。其物阜而丁繁者，一时称极盛焉。”天门、地户界定了整个村落的外部区域，再衬以四村的龟、蛇、狮、象几座山，极为强烈地烘托出村落的安全感。同时借助风水，表达了一种神圣的吉凶观。

对于天门、地户来说，在古人眼里，扼住地户以留住财气，在水口的理论和实践中，似乎来得比天门更为重要。（见图）由此，地户若无山砂掩映，周密交结，往往植树围堤，建桥建亭，加以救应。如徽州《黄氏重修族谱》卷首下就说，休宁古林之地，“东流出水口桥，建亭其上以扼要冲，而下注方塘以入大溪为村中一大水口，村之东有长堤绵亘里许，上有古松树十株”。

水口之外，水质的好坏也为风水家们所重视。宋代黄妙应的《博山篇·论水》说：“寻龙认气，认气尝水。水其色碧，其味甘，其气香，主上贵；其色白，其味清，其气温，主中贵；其色淡，其味辛，其气烈，主下贵。若酸涩，若发馊，不足论。”

《水龙经》是一部关于风水之术的专著。书中重点述及阳宅风水吉凶和河道形状的关系，如书中提到：“东浜深百尺，西住有千粮。”这是说村落东面如有深浜，水资源丰富，那么住在西浜的人家就可以有“千粮”之富了。见图东浜深百尺。

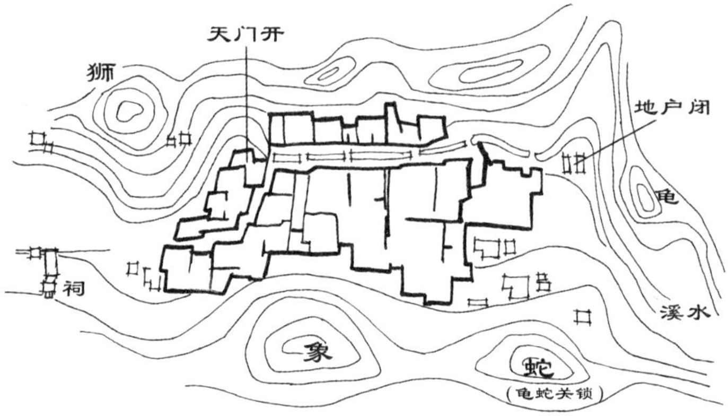

安徽绩溪县冯村平面示意图

可是，毕竟因为水道的形状种种不一，所以又有缠龙、回龙、瓜藤水、龙腹、龙背，以及其他种种有关吉凶的说法。

①〔缠龙〕

缠龙就是村落宅屋的位置，处在屈曲回抱的曲水湾里，因为这样屋被抱转的曲水缠住，所以就得了这个名称（见图缠龙）。

阳宅风水认为，宅屋左边有缠龙环绕的，主人文章秀丽，是个诗书门第。反之，右边之水弯曲环抱，有“地多财宝”之喜。若然屈曲而来，格局宏大，则更是平步金阶，有高官之贵了。这当然是妄论，但含有好的水环境能有利于丰收之意。以下种种说法，都可作如此分析，故不一一说明了。

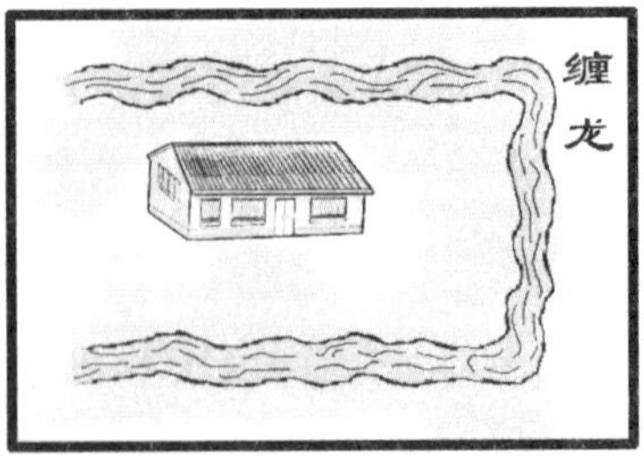

②〔回龙〕

回龙之水，就是水从东南方流来兜过西面，然后又从屋北向东折回，这样因为家宅被水湾环抱起来，所以有“回龙”的称呼（见图回龙）。居处有环龙水，说明有“累代富贵，卿相不绝”的可能。

③〔瓜藤水〕

这种水流从图中看去和缠龙很有相似之处，所不同的是，水从住屋的左后侧或右后侧流到屋前，然后兜转门前，再向另一侧的后方流去，不似缠龙的兜过屋的侧面（见图瓜藤水）。书上说：“面前一转一重库，财宝多无数。大江便出大官荣，小溪必主家豪富。”

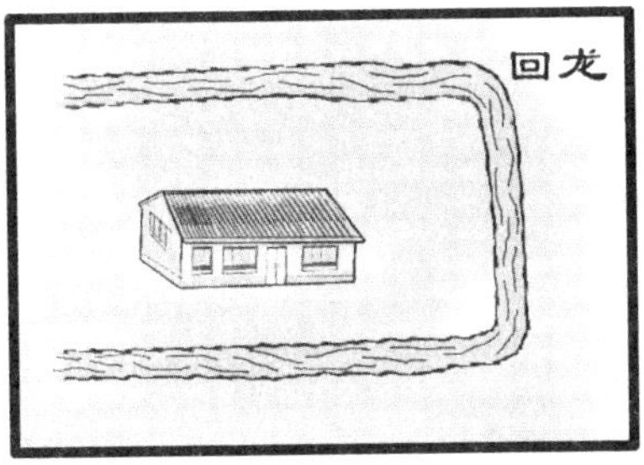

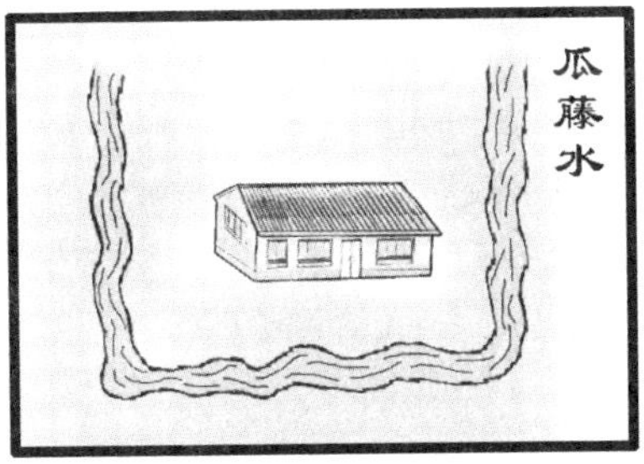

④〔龙腹〕

如果水流曲折，而家住在水曲里的叫“龙腹”（见图龙腹）。所谓“家住曲中号龙腹，富贵食天禄”，可见十分吉利。

⑤〔龙背〕

水流曲折，家住在水曲外的叫“龙背”（见图龙背），古书说：“家住水曲号龙背，贫穷绝嗣多乖戾。”可见“不吉利”，当然这不可尽信。

⑥〔折水〕

水流曲曲折折而来，一个曲折，内有一龙，而宅屋的风水，以居住在曲里的为吉利（见图折水）。所谓：“水星一折一龙居，二折二龙栖。更加三折龙神旺，身在青云上。”

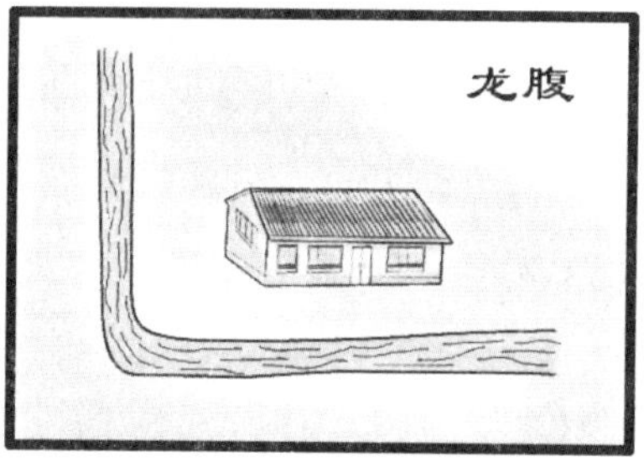

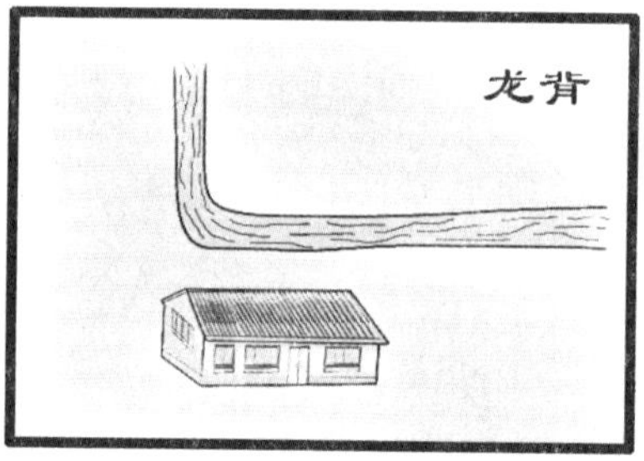

⑦〔玉几〕

两水中间有水相通，看去好似几案一样的叫做玉几（见图玉几）。家住玉几曲里的，不是当代家里有人做官，就是后边子孙出入官场。“青龙有水如玉几，官居州县贵”，说的就是这种情况。此亦取象比类，未可凭信。

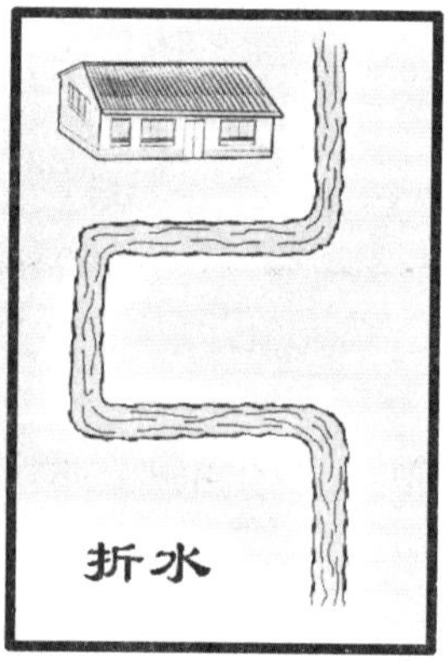

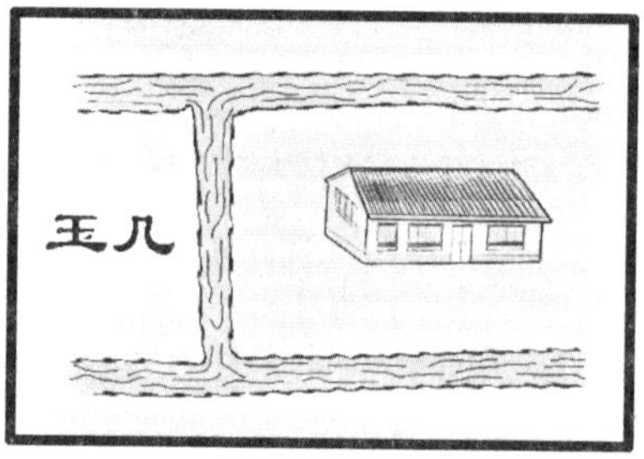

⑧〔反水〕

水从居处附近反流过去（见图反水），很是不吉。所以说：“神龙反去不朝身，扦着退家门。左边若见长房灾，右边小子哀。”又说：“家宅居曲水头，主子孙多死亡。”其实，认真注意安全未必致子孙死亡。但它从一个方面提醒家长，不要让孩子单独在水边游戏，以免失足落水，造成不幸。

⑨〔反跳水〕

这是住宅附近一种不吉的水流。这种水流，看似曲折，其实却没能曲抱过来而直斜流去（见图反跳水）。书云："白虎源头，一反勾，财似鬼来偷。"其实也要具体情况具体分析，未可一概而论。

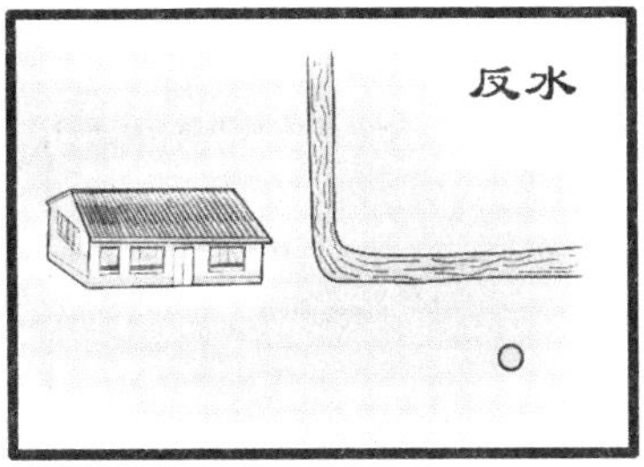

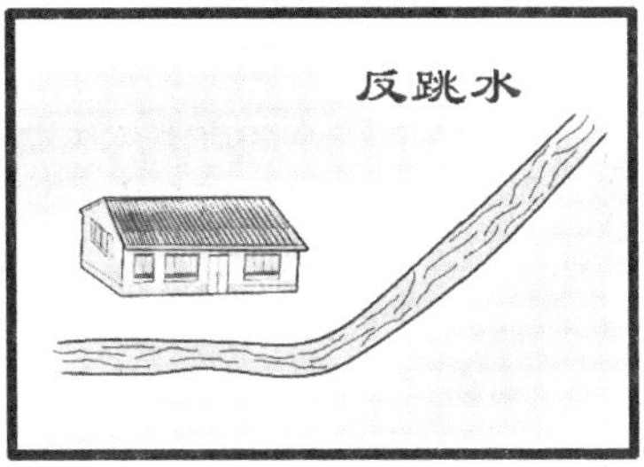

⑩〔抱水城〕

流水从门前曲折而过，有弯抱之象的叫"抱水城"（见图抱水城）。"龙神湾抱过门前，富贵足田园"，古人认为这是吉利的征兆。

⑪〔曲水抱城〕

这种水象（见图曲水抱城）对于阳宅风水来说，也很吉利，所以书中有"青龙头水方抱身，家富出官荣"的说法。环境未必不好，但要说能导致"家富""官荣"，还要多种因素彼此配合，如勤劳致富等。

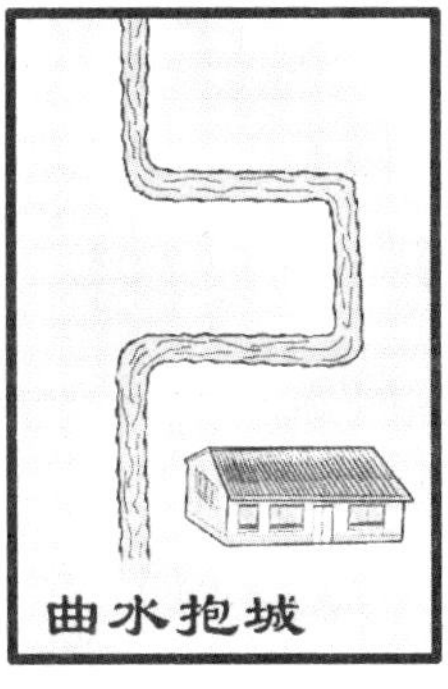

⑫〔转角水〕

流水从居处转角而过，所以叫做"转角水"（见图转角水）。居处附近的水象若果如此，风水术家断为："白虎湾湾抱屋前，富贵出高官。龙神抱体足堪夸，富贵达京华。"

⑬〔前抱水〕

一水从宅前湾抱而过（见图前抱水），大吉。诗说："束带水缠身，家中好积金。若然为家墓，久后可成名。"

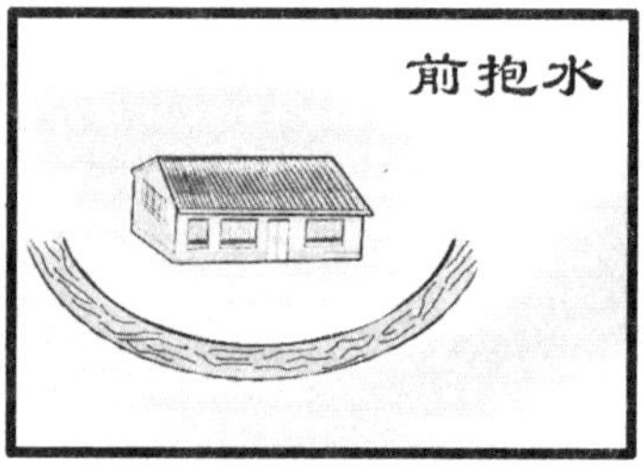

⑭〔兜抱水〕

这种水象兜抱屋前屋后，一头长流，一头止息（见图兜抱水），也主吉利。所谓："屋前屋后有池兜，富贵永无忧。"就是指此而说，但却也要事在人为。

⑮〔勾心水〕

这种水象和"兜抱水"不同的是，水止息的一头直接勾冲住屋的明堂中心（见图勾心水），所以有射破的不吉。如果止息的一头兜过堂前，勾在屋左的一侧，而不直接射破明堂，则非但不凶，并且还"反为大吉"了。这里也无科学意味。

⑯〔白虎衔尸〕

如图，如在这种水象附近筑屋而居（见图白虎衔尸），叫做“白虎衔尸”。“白虎衔尸最不良，儿孙岂得长？”所以，古代风水家们对此抱有保留态度。又如“白虎一去反无情，离乡徒配人”，也是指和这类似的凶水。

对于白虎衔尸属于凶水的说法，我们要以科学的头脑进行分析，不可执迷。

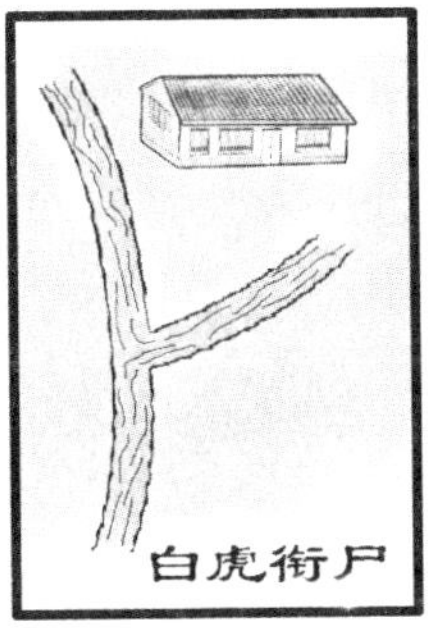

⑰〔前关水〕

门前南向是朱雀之位，这时如果有水前来，又向左右分流而去（见图前关水），就成了不吉的“前关水”。古书说：“朱雀之水两分开，灾祸日日来。坟宅有此，主伤宅长。”此说分明缺少科学依据。

⑱〔朱雀破头〕

宅南一水横流，而流经屋前时，又有一支冲屋直来（见图朱雀破头），中途而止，这就叫做“朱雀破头”。对于宅前这种水象的，家中有“人人不宁，财源虚耗”之虑。其实是一种迷信。

⑲〔玄武吐舌〕

这种水象（见图玄武吐舌）和“朱雀破头”可说一模一样，只不过“朱雀破头”的水位在于屋前的南方，而“玄武吐舌”的水位，则在于宅后的北方。古书说："玄武水若后冲来，宅母常举哀。更兼小口多刑克，官讼耗货财。"单凭住屋水象就定吉凶，当然并不科学。

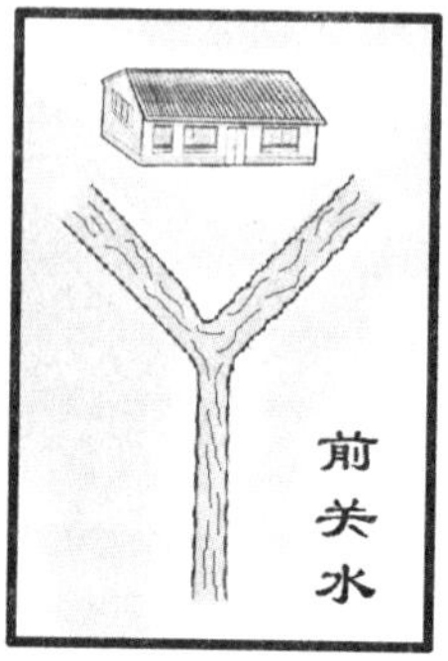

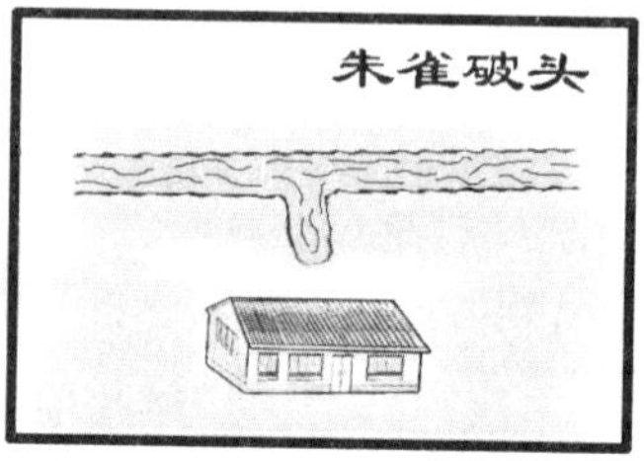

⑳〔幞头〕

其水流好比幞头（见图幞头）。面对这种幞头形的水曲筑屋而住，家里可以有人做官。所谓"有水箭流的幞头，官来不用求"，说的就是这一风水，其实也是一种迷信说法。

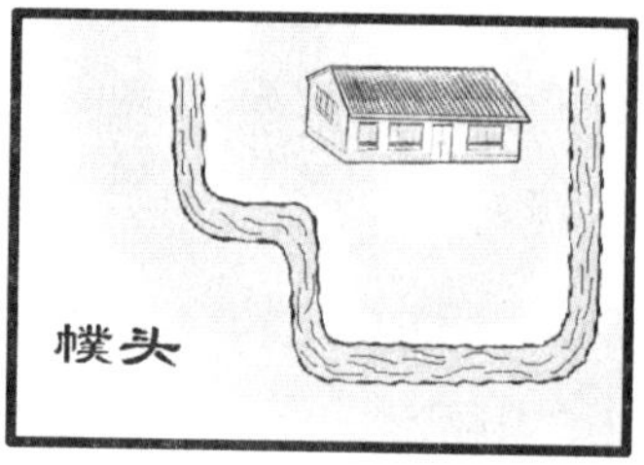

㉑〔飞电水〕

居宅附近的这种水象（见图飞电水），看去似好，其实不然，所以诗说："飞电之城最先发，惟怕崩冲并水割。若然到此向门前，富贵之家还激括。"又说："虽然曲水，也怕斜流。更兼穴假，万事全休。"可见这种飞电似的斜水，即使对于阴宅风水来说，也并不吉利。但吉不吉与水象有何必然联系呢？

㉒〔斜飞水〕

一水斜飞而去，叫做斜飞水（见图斜飞水）。“水城斜走去如飞，儿孙主窜移；家业飘零难保守，人丁渐渐稀。”此亦毫无一点科学意味。

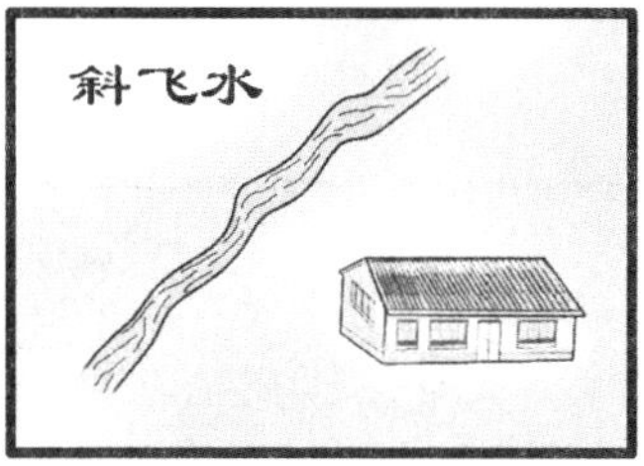

㉓〔反飞水〕

水从屋边屈曲流过，朝屋的反方向飞流而去（见图反飞水），所以有“反飞水”的叫法。这是一种宅屋附近不吉的水象，所谓“青龙头去反如飞，家破及人离”，就是指此而言。又是一种荒诞不经的说法。

㉔〔直流水〕

屋边流水径直而去的，叫做“直流水”（见图直流水）。诗说：“直木水无湾，两旁不可安。全然无气脉，到此不须前。”其实未必“不可安”，此亦应当通盘考虑。

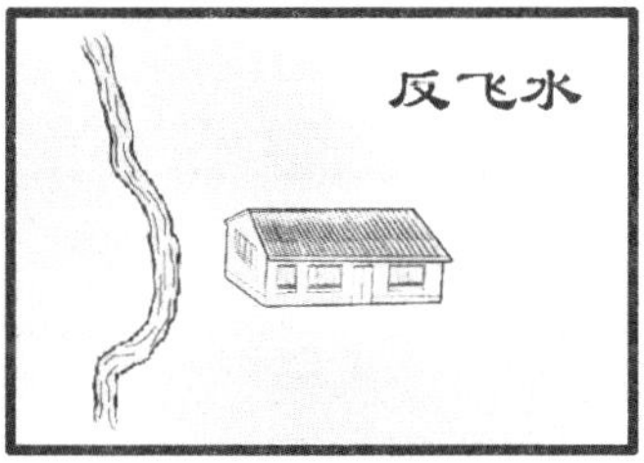

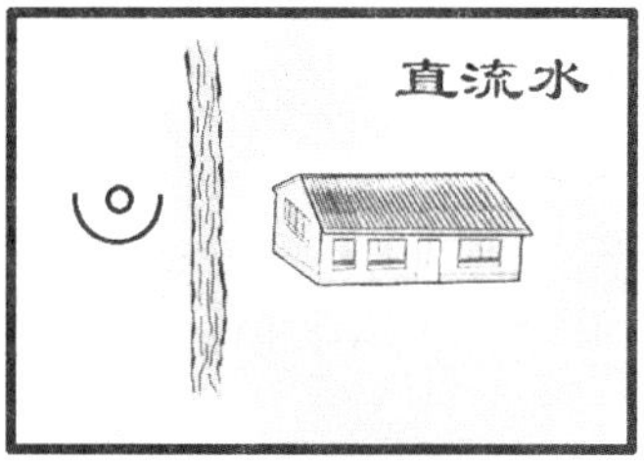

㉕〔横水〕

横水和直流水的区别在于，直流水从屋侧直流而过，横水则从屋后横流而过（见图横水）。诗说：“屋后横水直流通，暂时未败即贫穷。”亦是一种需加分析的说法。

㉖〔后关反丁水〕

屋后流水，好比一个反写“丁”字形的，叫做“后关反丁水”（见图后关反丁水）。诗说：“丁水损人丁，后射不安宁。偏侧犹为可，中冲宅母惊。”其荒诞处一望便知。

㉗〔后关水〕

屋后有这种类似于反丁的（见图后关水），也和反丁水一样，并不吉祥。诗说：“宅后有关流，凶祸日无休。莫认为吉取，定主伤家母。”在科学已经十分发达的今天，这种说法早已失去了市场。

㉘〔龙蛇吞并〕

宅屋近侧两水吞并，然后又各自分流的，叫做“龙蛇吞并”（见图龙蛇吞并），其水凶而不吉。断曰：“交加水射而无情，其家抄估没人丁。”这当然是一种没有根据的说法。

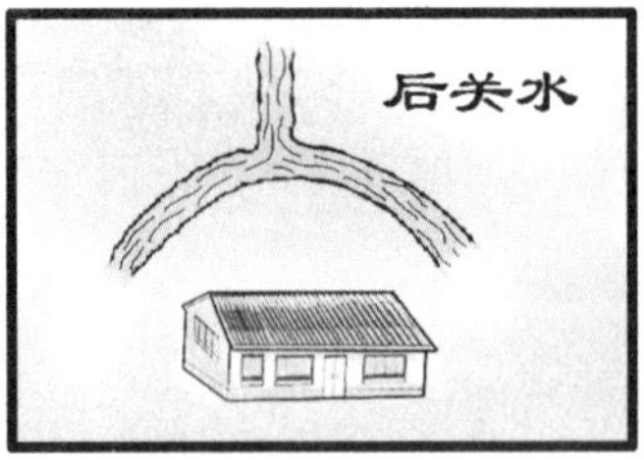

㉙〔瘟关水〕

屋前流水叉分斜流（见图瘟关水），也很不吉。古书说：“前头流水似叉斜，退败定无家。此地多瘟疾，人死无埋骨。”其实也没什么道理。

㉚〔执笏水〕

这种水象好比执笏（见图执笏水），因为笏是朝中官员手中所执，所以应在阳宅风水上，预示着家里会有做官的人才降生。这种说法真是荒唐得有趣。

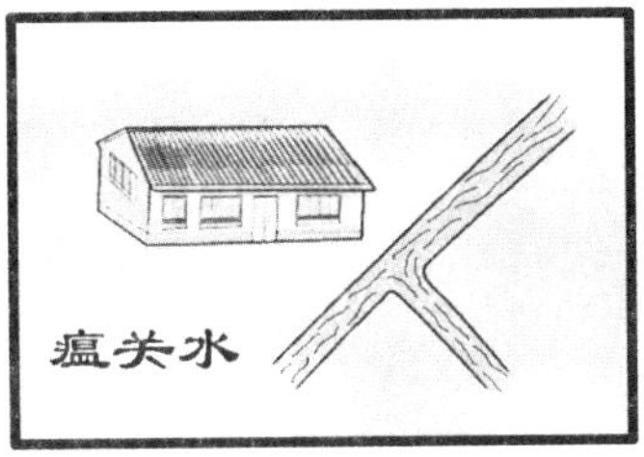

㉛〔按剑水〕

按剑水是风水术中一种家出武官的水象（见图按剑水）。其中“小水圆者吉，尖者凶”，可见也是有讲究的。断语有云：“门前一兜如执笏，武职及巡检。”显系荒谬。

㉜〔刀枪水〕

屋边有水尖如刀枪（见图刀枪水），直冲而止，大为不吉。断语说道：“右边池湖如刀枪，儿孙主杀伤。”可见这也是一种取象比类的意思，缺乏科学依据。

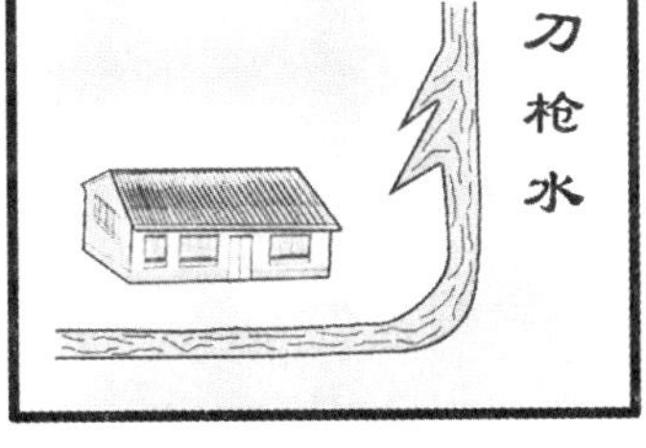

㉝〔破碎水〕

这也是一种刀枪水一类的凶水（见图破碎水），所以诗断有云：“破缺见火星，墓宅有忧惊。纵然龙脉绕，亦主祸来侵。”这又有什么科学根据呢？回答是很清楚的。分析下来，可能是心理因素在起作用。

㉞〔箭射〕

流水对着屋前屋后射来，好似箭射一般（见图箭射），很是不吉，所以风水术有“箭水射当心，飞来大祸侵”之谚。其实也并没什么多大的科学依据，然而提醒家人出门进门小心落水，倒是真的。

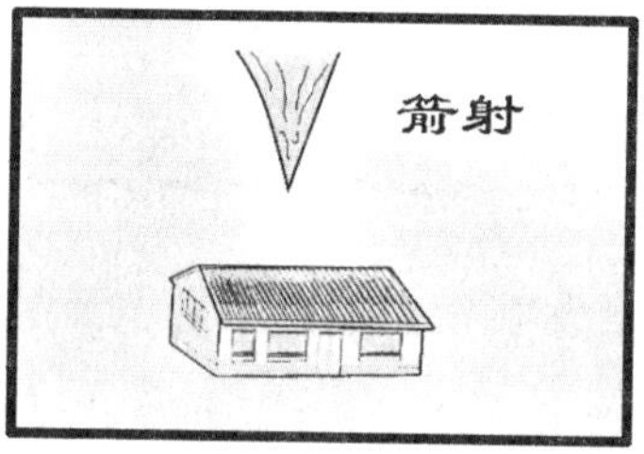

㉟〔尖射〕

尖射和箭射其实属于同一类型的不吉水象（见图尖射），所以也有“青龙如枪来射身，儿孙遭官刑”的无稽说法。

㊱〔十字水〕

十字水就是两水做直角形的相交（见图十字水），然后又各归各的自然流去。因为这地方不能聚气，所以风水家们认为“此地不宜久居，日渐消磨人口，年年疾病”，当然亦谬。

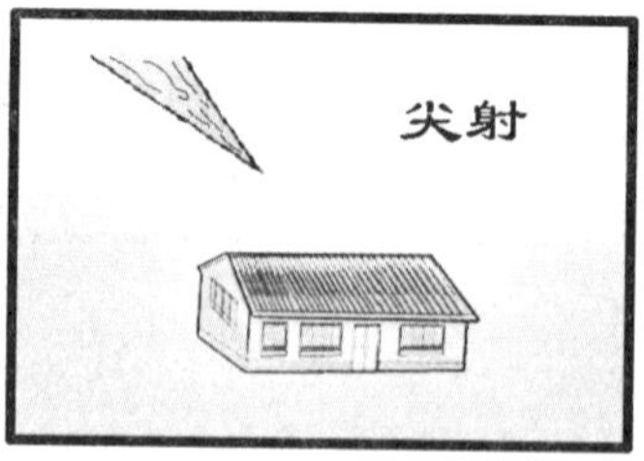

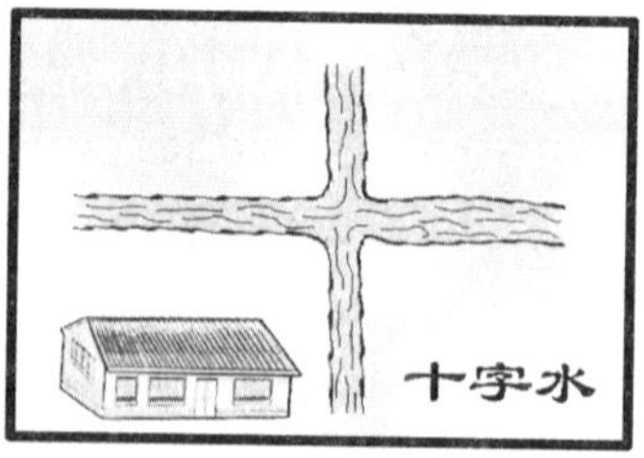

㊲〔土字水〕

土字水其实就是十字水的一头再给添上了一条横流之水（见图土字水），所以古人认为不吉。风水诗说：“十字行来向住居，儿孙手艺只宜屠。虽然温饱多成败，定出娼淫宅已虚。”这更是荒谬之至了。

㊳〔错十字〕

这种水象，也是十字水的变形（见图错十字），和十字水同样的不吉利。谚云：“宅后青龙十字，河风冲鬼病磨。”亦荒诞不经。

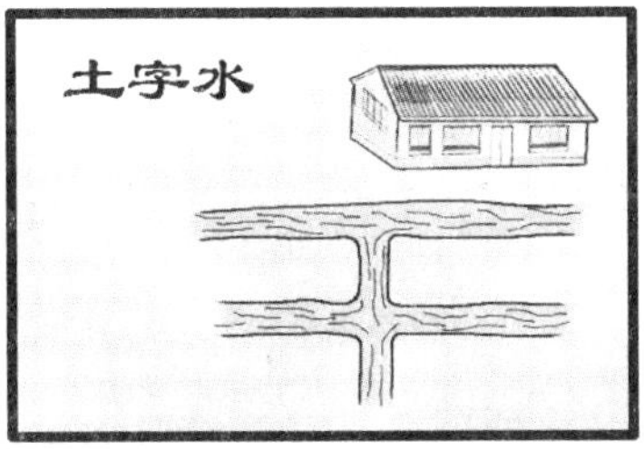

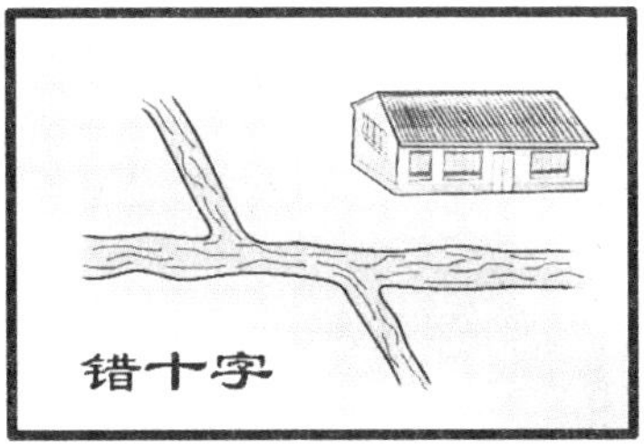

㊴〔交流水〕

尽管名称不同，可从类型来说，交流水性质也同样脱离不了十字水的一类（见图交流水），所以风水家们说“屋边二口水通风，子孙终是受贫穷”。其实穷与不穷，在于勤与不勤，与交流水无关。

㊵〔支水漏气〕

屋前屋后或坟前坟后有水流去（见图支水漏气），因为气随水散，所以不吉。然而，如果如图有支流兜住，流而不去的，则又当别论。诗说：“直水有支兜，旺时不用忧。若然而一抱，福禄自悠悠。合之便发，运过便衰。”同时，屋左右有水且水如笔头的，主人家可以有田牛的收益。所谓“此亦漏道，合无则发，过即衰”，可见吉中也不是全然没有忧愁。请问，这里哪有一点科学性可言呢？

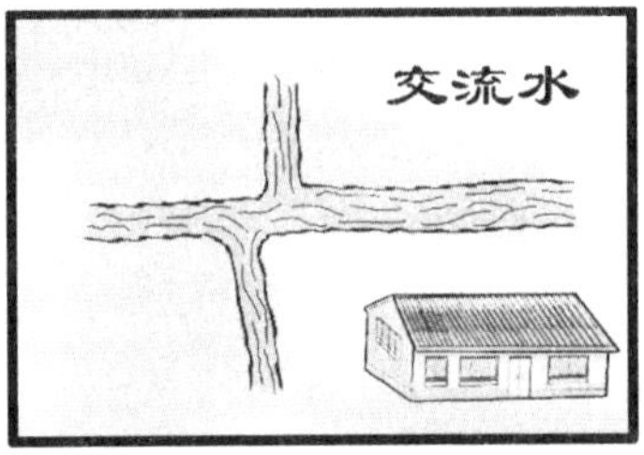

㊶〔直冲漏气〕

家里虽然住在吉气裹住的水湾子里，可是如果左边或右边湾外有水对着屋子直冲过来（见图直冲漏气），也不吉利。此说无根无据，很难尽信。

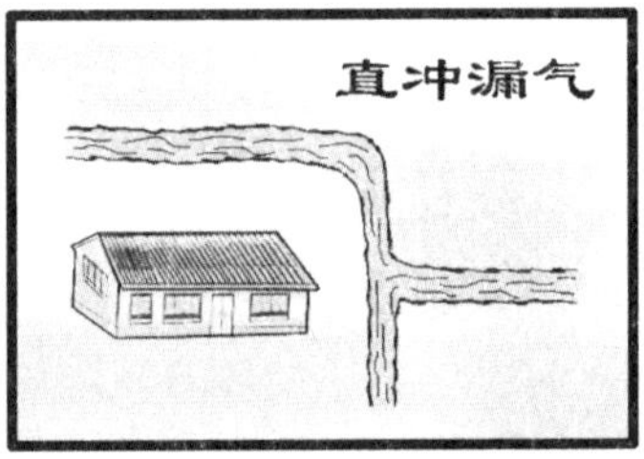

㊷〔卷舌水〕

这种水象，后边虽然抱绕，可却在手反去（见图卷舌水），所以吉中有凶，诗说：“水如卷舌最堪悲，退败人丁总不宜。瘖哑之人端的有，时常搬喋是和非。”胡乱比附，怎能使人信服？

㊸〔金星城〕

在各种水流中，又有金、木、水、火、土五星的不同。其中水流形状如半月形的，叫做金星（见图金星城）。诗说：“水城化出五星名，尤取金城最吉星。不论支流并干水，无分池沼与沟汀。左环右抱皆堪喜，后倚前朝并可亲。若得此形为穴体，管教福至祸无侵。”阴宅墓穴风水如此，阳宅居处风水也不例外。这种水象与人的祸福扯在一起，实在难说有什么科学性。

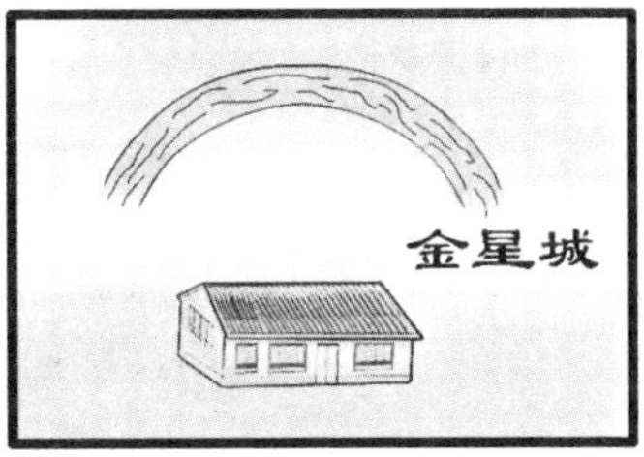

④〔金星凶〕

金星如果仰而不覆（见图金星凶），就成了金星的凶象。“金星如外仰，家宅田园败”，就是指此而说。此亦胡扯。

㊺〔重金反弓〕

三重金星会在一起，虽然中间一星覆而环抱护气，可是两侧两星却似反弓泄气（见图重金反弓），因此之故，便就导致了吉中有凶的后果。诗说：“三金如品列，家计常添入，外水似反弓，吉中未免凶。”亦是瞎比附，找不出任何根据来。

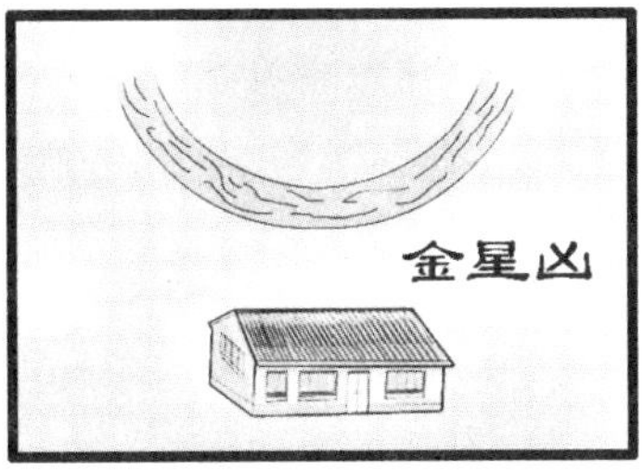

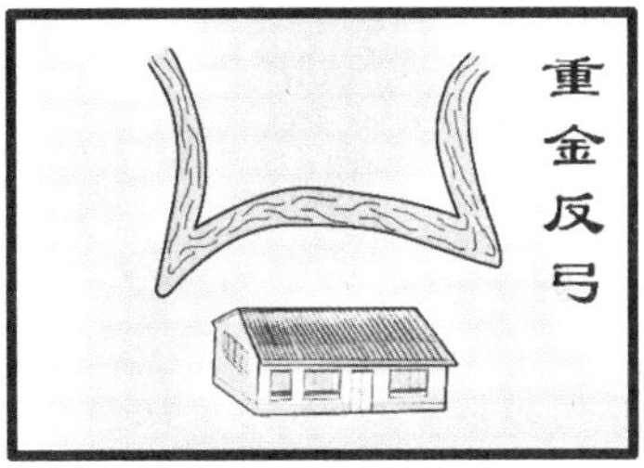

㊻〔金水相生〕

水流形状作波状屈曲，叫做水星。如金星之外，中接水星（见图金水相生），断语有云：“金内水外，贵多富少。金星如出水，短水方为贵。”其谬同上。

㊼〔金水泛滥〕

金星连接水星太多，就造成金水泛滥之象（见图金水泛滥）。因为这样漏气太多，所以少吉。诗说：“金水太纵横，泛滥起风声。穴中若漏气，屡损少年人。纵有官和富，其家必主淫。不如为寺观，香火得殷殷。”其谬处同上。

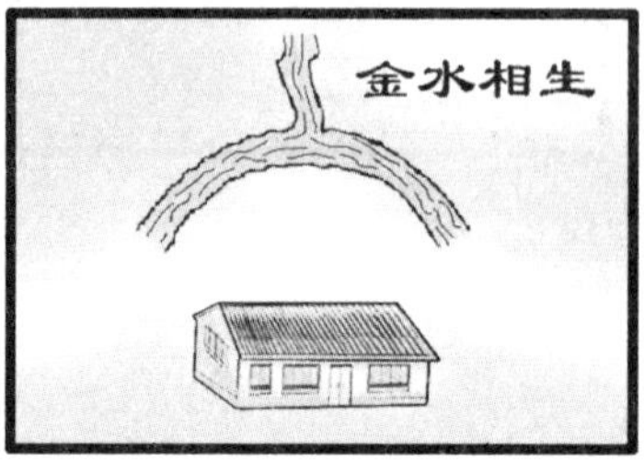

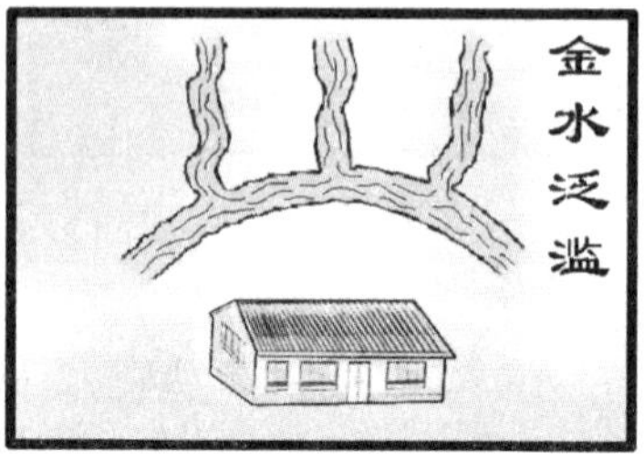

㊽〔火克金城〕

水流形状波斜来去的，风水术称之为火星。金星与一水波斜相连（见图火克金城），所以就有了“火克金城”的叫法。诗说：“火直冲金城，火盗与军刑。金星如火焰，家散人丁灭。”这种说法完全没有道理，不必听信。

㊾〔水星城〕

这种水象，风水家们称为水星城（见图水星城）。诗说：“水城原是太阳精，个个山头著得星。财禄丰盈人秀丽，翰林魁解有文名。”如果水星而又兼木星或兼金星的，也属吉利之象。诗说：“木星若带水星来，朝朝绵绵富足财。更得金星垂两畔，官高职显列京台。”其荒谬之处亦在胡乱比附。

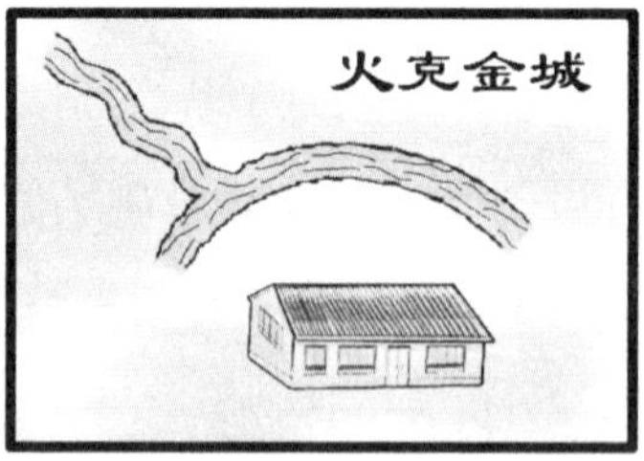

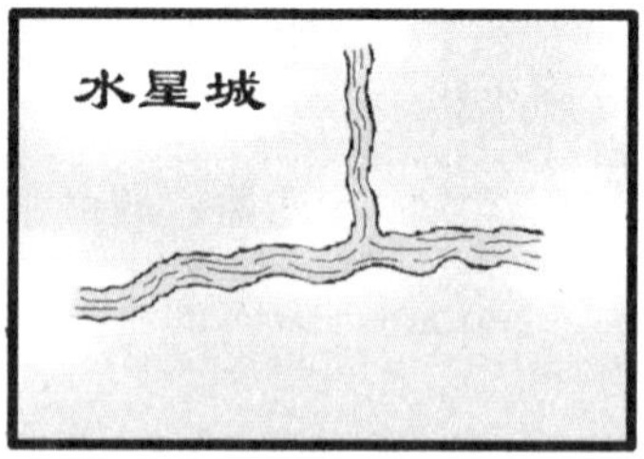

㊿〔文星〕

水流好比锦浪般的（见图文星），风水家们称之为“文星”，这是一种水的吉象。诗说："水如锦浪号文星，即是芦鞭委宛形。盖世文章从此出，翰林鼎甲有声名。"谬同上。

�51〔水内木外〕

水流直来直去的（见图水内木外），名为木星。如图水内木外，发中有败。诗说："水星如出木，家计应须足。倘或木头长，也出少年亡。"此亦荒唐之至！

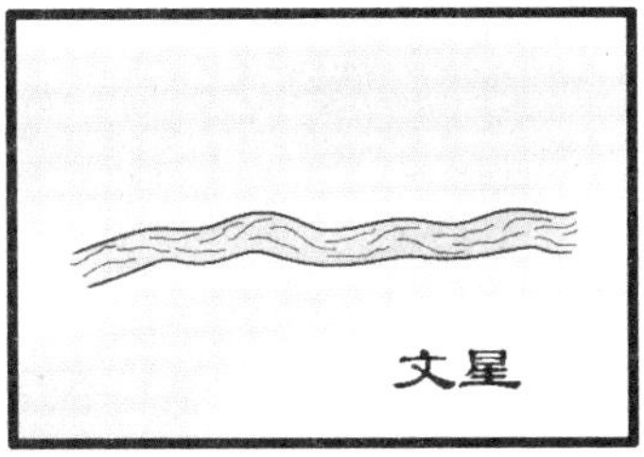

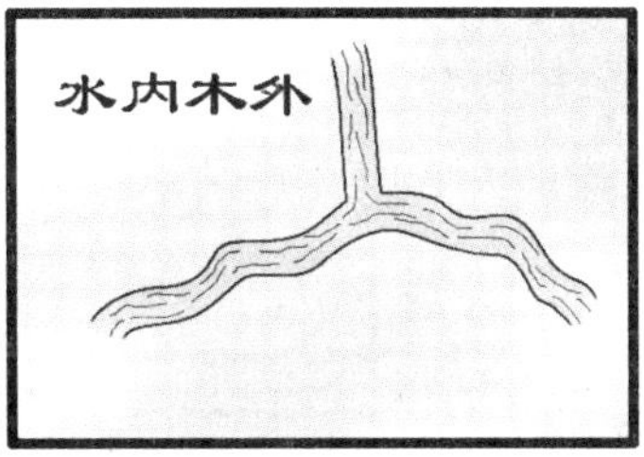

㊾〔水火相射〕

波曲的水星与斜飞的火星一起合流（见图水火相射），叫做"水火相射"。断语说："水火若相刑，瘟火讼交争。"看来并不吉利，但有什么科学根据呢？

㊿〔土星城〕

水流直而方折（见图土星城），风水术中称为土星。如图所示的土星城，断语有云："土星如曲折，富贵进田产。"荒谬不可信。

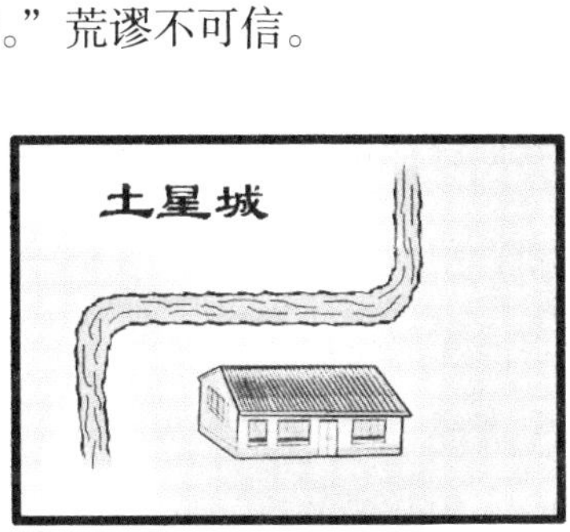

㊹〔木克土城〕

土星城外有两木星相连而克（见图木克土城），多不吉利。所谓“两木不宜长，一土怕难当”，因此如有人定居此地，可以想见是不很适宜的。

又如三木克一土，因为克力过大，所以更加不吉。“三木克一土，离乡人口死”，说的就是这一凶象，其实也无科学根据。

㊺〔斜火〕

水流斜面而来（见图斜火），所以叫做斜火。古诗认为斜火意味着会遭盗遭瘟，人离财败。其实吉与不吉，原因很多，所以还要具体情况具体分析。

㊻〔重火〕

居处附近火星二重交会（见图重火），大不吉利，所以断语有云：“二火焚身，风卷灰尘。”这是没有什么科学根据的。

㊼〔二火克城〕

居处如见这种水象（见图二火克城），古人认为不吉。诗说：“二火焱动长，朝日哭无粮。二火八字开，灾迤日日来。”为何“不吉”，除了乱比附，说不出任何道理。

㊽〔火城〕

这种波曲的流水（见图火城），原是水星的形象，可是因为其势斜飞，所以便权作火星来论了。诗说："焱动云城不可轻，水流虽小讼还兴。若然城邑通流水，六十年中起甲兵。"其谬处同上。

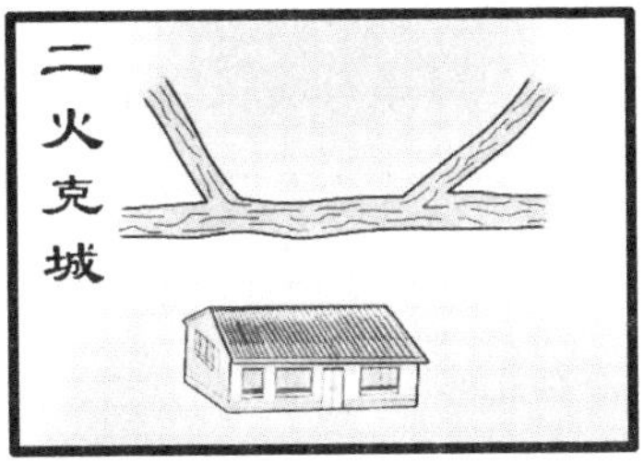

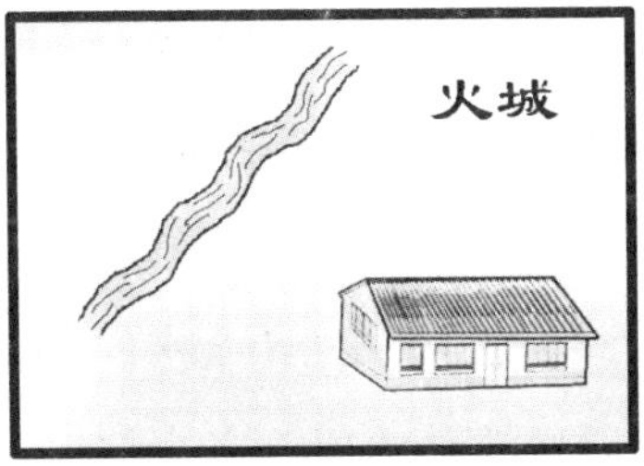

㊾〔洿池〕

住宅和坟前池水圆澄如镜的（见图圆池），家中男女双清；方澄如印的（见图方池），则出掌权官人。

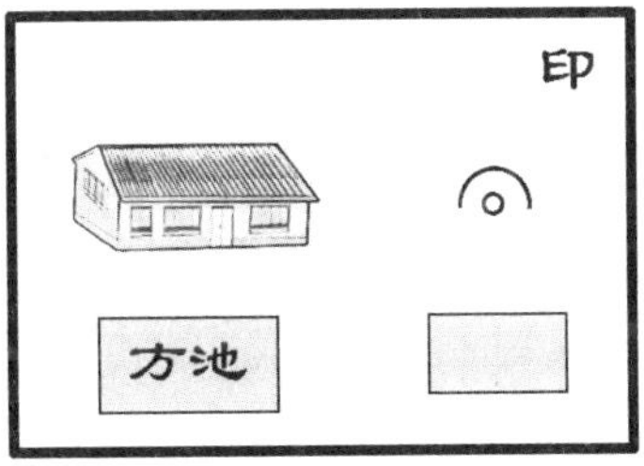

可是，如果住宅和坟前池水不正而偏的，则可因为气脉不周而获兵死、客死、狱死，以及子孙不孝的不吉。此外，"坑坎龙不十分吉"，也是一说。

从以上种种水象看，我们似乎可以归纳出这样的原则，就是水来环抱的吉，反飞或冲破的凶。原因是地中生气，遇水环转则止而会聚，遇水直去则气随而散。生气聚则居之得气而旺，生气散则居之失气而衰。当然，从现代科学分析，其中除涉及生态环境、水利地质外，也不乏糟粕成分的渗入，诚如王玉德在《神秘的风水》中分析的那样："对于风水先生的这些观点，我们应当进行一分为二的分析。值得肯定的方面是：他们注意到保护生态平衡，反对擅自开挖、填埋池塘。这方面教训是很多的，如果破坏了水源，势必影响人们的生产和生活，对气候及资源也造成不良影响。他们注意'人与环境'的关系，认为环境直接影响人的身体素质，污秽的水会导致疾病，这些都是可取的。应当否定的方面是：他们片面地强调水的决定性作用，用保守的地脉观念反对开掘池塘，将人为的吉凶关系夸大化和极端化，说什么水的好坏直接影响到'家破人亡'、'出三公'。他们将看水的目的用于丧葬，使那些合理的知识被歪曲，这都是不可取的。"

这里需要补充的是，阳宅风水讲究龙、穴、砂、水，而城居人家不比村落开阔，那又怎么办呢？我们且看《阳宅会心集》的说法："一层街衢为一层水，一层墙屋为一层砂，门前街道即是明堂，对面屋宇即为案山。"其吉凶情况大致为："立门前不宜见街口，顾宅后不宜有直脊。地气顺下，高处来而低处去，宜避低以就高，天气从空缺处入而障处回，乘入以收回……街衢微抱，脉气钟灵。"

宋黄妙应在《博山篇》中总结阳宅风水吉凶说：

> 论阳宅，理无二。但穴法，分险易。势来趋，亦可居。势若止，须坦矣。起楼台，立亭院，俱有法，非虚语。木之星，金之星，土之星，作居宅，子孙兴。火之星，为龙神，须博换，乃可扦。水之星，须止聚。和土铖，水口固，财星临。明堂阔，更坦

平。路要环，水要缠。门中正，家道成。看城居，论入局，论明堂，论水曲，论卑高，论广狭，论门庭，论比屋。虎忌冲，龙忌压，反巷伤，楼台杀。天井深，天井揭，岭太高，岭太促，入首来，覆金局。逢土安，逢木发。水则倾，火则覆，细推详，毋恍惚。看乡居，论胎息，论阴阳，论缓急，论浮沉，论起伏，论龙虎，论缠托，论朝案，论城郭，论水口，论八国。明饶减，乃架屋。妄增高，恣穿凿，伤龙神，福已消。路从水，门从木，精水位，详作法。

又有清姚延銮的《阳宅集成》第一卷“基形”作诗概括大意道：

阳宅须教择地形，背山面水人称心，
山有来龙昂秀发，水须回抱作环形，
明堂宽大斯为福，水口收藏积万金，
关煞二方无障碍，光明正大旺门庭。（见图）

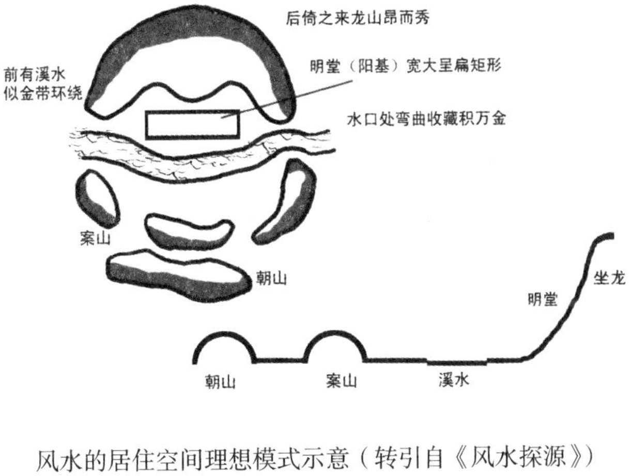

风水的居住空间理想模式示意（转引自《风水探源》）

在以上各家的论述中，自有某些可取之处，主要在于重视了人与环境的关系，不足之处乃在于片面强调了环境对人的决定性作用，看不到如果人们充分发挥自己的主观能动性，能影响并改造人所处的环境。对此，读者应有科学的分析。

2 住宅地面几何形态、宅周环境及其他

在阳宅风水的要素中，住宅地面的几何形态和宅周环境，因为牵涉到生态、心理、安全等众多因素，所以也举足轻重。为此，风水术家们有着种种说法和讲究，现以《阳宅十书》所述为主，择要疏理条陈，并附图配诗于每一条之后，借以窥见古人对于阳宅风水认识的一个侧面。应当指出，住宅地面的几何形态、宅周环境虽然或多或少地影响人们的生活和身心等，但风水术家们把这种影响无限夸大，甚至拔高到可以决定人们的富贵贫贱、生死存亡，这就失去了科学的意义。我们只是通过客观地介绍它们，以达到认识或了解它们的目的，而绝不是为了其他。

①宅形南北长、东西狭，长而方整的属于吉宅（见图 1）。诗说：“仰目之居出富人，庶人得此亦难贫。子孙印绶封官职，光显门庭共九卿。”前面说过，以宅之形状决定人的命运，实为大谬。诗中所述，仅仅是一种简单的类比，没有任何科学根据。以下各条，同此歪理，不一一驳斥了。

②住宅面南，左短右长，居之获吉（见图 2）。诗说：“宅居左短右边长，君子居之大吉昌。家内钱财仓库满，只因此后少儿郎。”

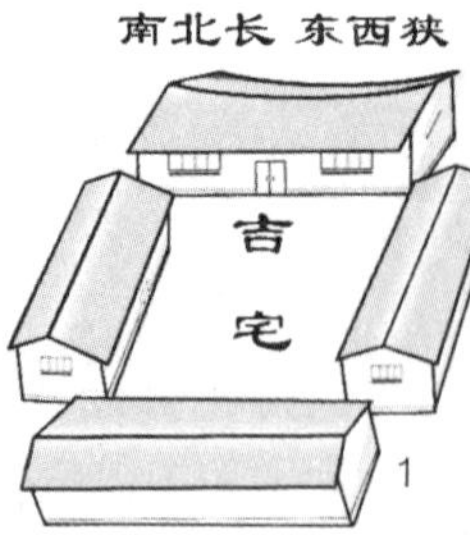

1

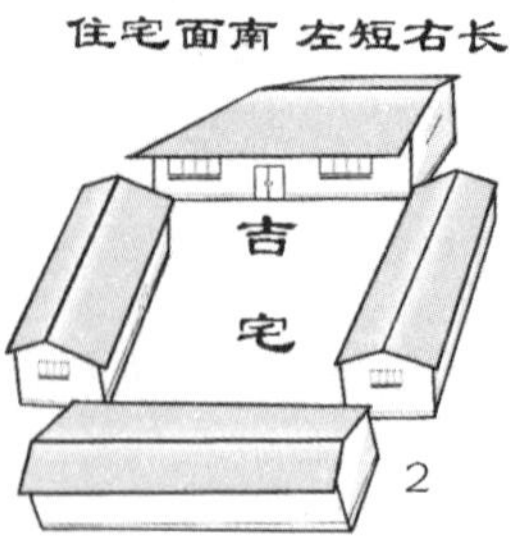

2

③住宅东南方向不足的，吉利兴旺（见图3）。诗说：“辰巳虚空空为良，居之家道吉并昌。安庄置宅年年好，六畜兴旺足猪羊。”

④住宅虽然宅前不足西南，而宅后却整齐光洁，所以仍属吉象(见图4)。诗说：“宅居右短左边长，天相吉人自不妨。齐整方圆终获利，庶人亦卜出贤良。”

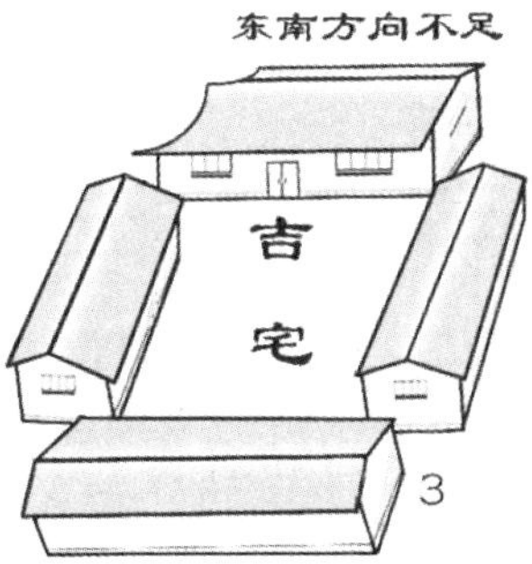

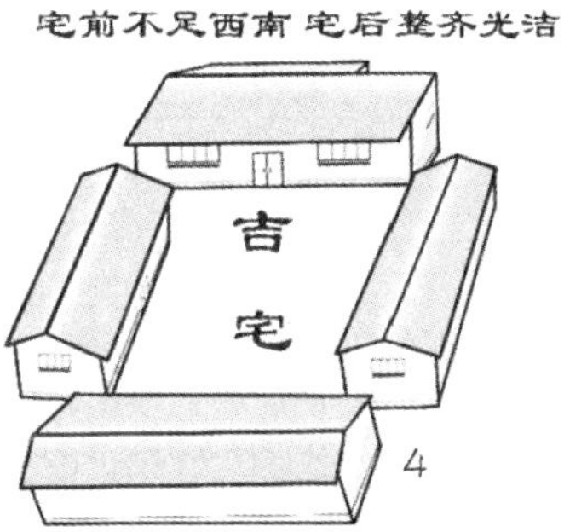

⑤宅居虽然屋后缺而不足，然而缺形方正，也是吉宅（见图5）。诗说：“看如不足却安然，后面夹稍前面宽。似此屋居终获吉，子孙发达足田蚕。”

⑥建造宅屋，如果丑寅方位空缺的，住之也可获吉（见图6）。诗说：“昔日周公相此屋，丑寅空缺聚钱资。家豪富贵长保守，不遇仙人怎得知。”

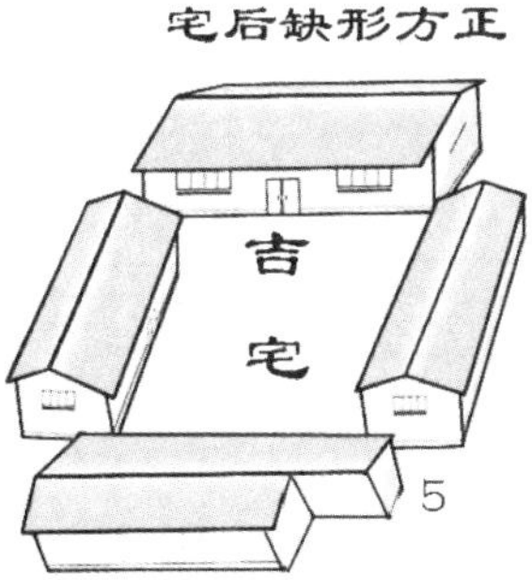

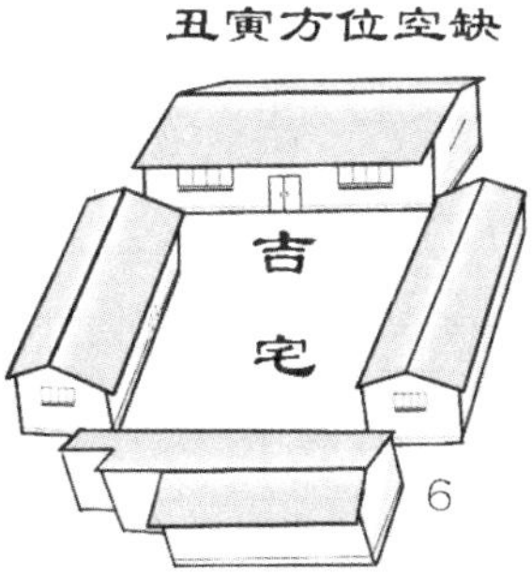

⑦住宅的形状如图7所示，风水家们认为是个不吉之宅。实无多大道理。诗说：“右短左长不可居，生财不发人丁虚。住之必定子孙愚，先有田蚕后也无。”

⑧住宅前狭后宽，居之吉祥（见图 8）。诗说：“前狭后宽居处稳，平安富贵旺儿孙。资财广有人丁吉，财宝金珠满库门。”

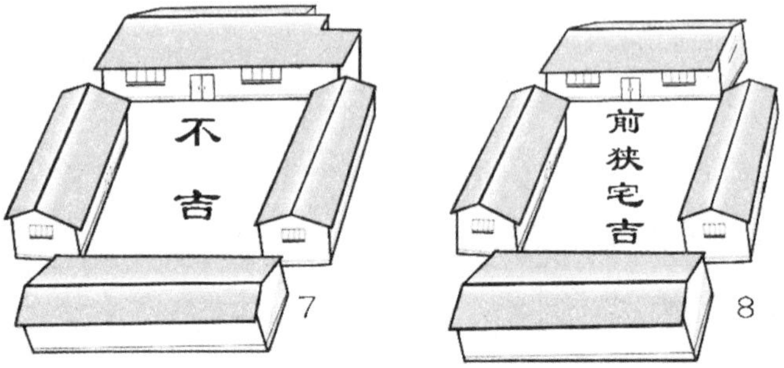

⑨住宅前宽后狭，居之多遭灾殃（见图 9）。由于其不吉原因在于取类比象，所以未可凭信。诗说：“前宽后狭如棺形，若果居之不得宁。破尽资财人口死，万千无奈有叹声。”

⑩住宅四周土地平整，而住宅看去又方长舒适的，可卜是个吉宅（见图 10）。诗说：“住宅方圆四面平，青乌观此好兴工。不论宫商角徵羽，富贵之家旺口丁。”

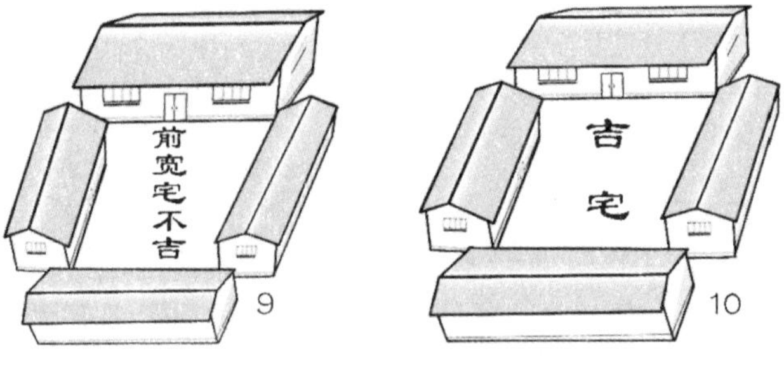

⑪住宅如果建筑在隆起的圆丘上，而宅屋的形状也随之筑成了椭圆形的，风水家们认为是个吉宅（见图 11）。诗说：“中央高大号圜丘，修宅安坟在上头。人口资财多富贵，二千食禄任公侯。”

⑫宅周地势西高东低的吉（见图 12）。诗说："西高东低地无妨，正好修工兴宅庄。后代资财石崇富，春阳熙熙泽流长。"

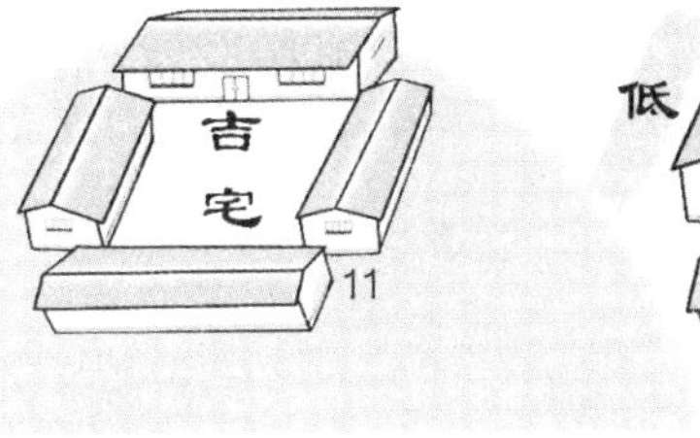

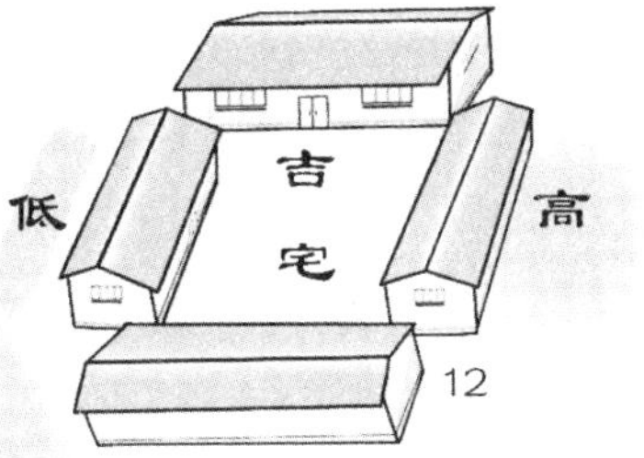

⑬宅周地势东南、西北方高，西南、东北方平，居之获吉（见图 13）。诗说："西北仰高数里强，东南巽地有重冈。坤艮若见平原地，万倍田蚕足豕羊。"

⑭住宅周围地势东南方平，西南方有冈，北、东北、西北方有高地的，也属吉宅（见图 14）。诗说："乾坤艮坎土冈高，地势前平有相饶。立宅居之人口旺，儿孙出众又英豪。"

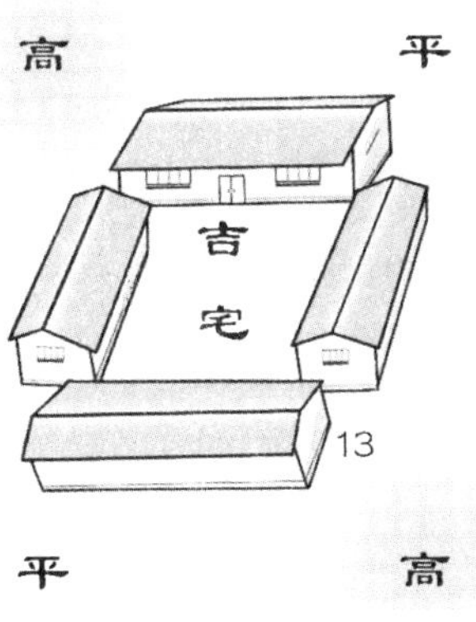

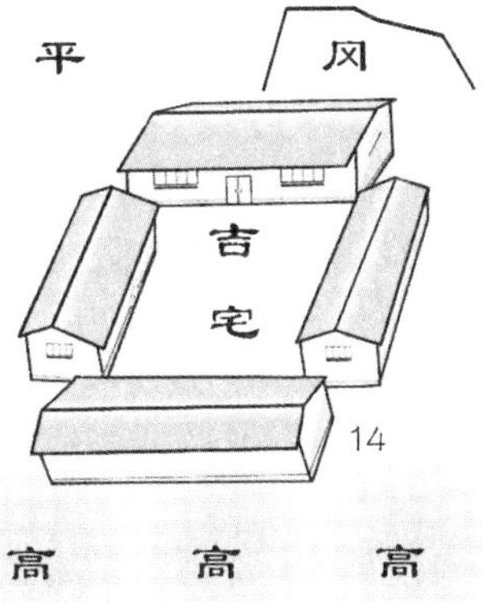

⑮住宅地势左右两侧低下，屋后高起的不吉（见图 15）。诗说："两边低下后边高，有妇丧夫守寂寥。冷落门前车马少，年深家业雨风飘。"

⑯住宅地势四周高起的吉（见图 16）。诗说："中央正面四周高，若此

居之福自招。六畜牛羊丰且壮，家道富足出英豪。”

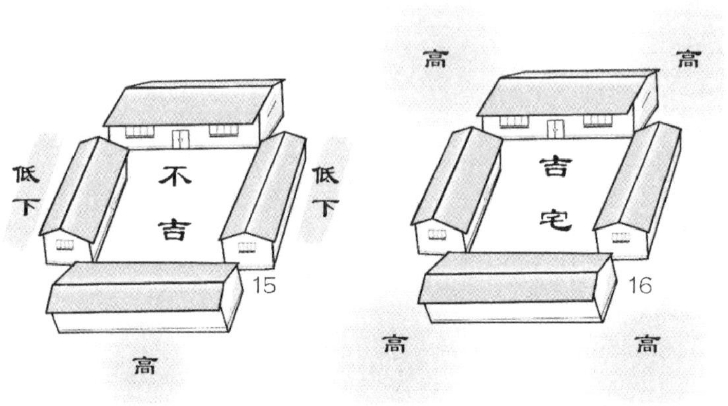

⑰住宅前面西南方有丘的吉（见图 17）。诗说：“西南坤地有丘迎，似此宅居富贵生。若是安庄并造屋，儿孙辈辈得嘉名。”

⑱住宅背后东北方有丘的吉（见图 18）。诗说：“东北丘坟在艮方，成家立计有何妨。安庄修造还来吉，富贵荣华世世昌。”

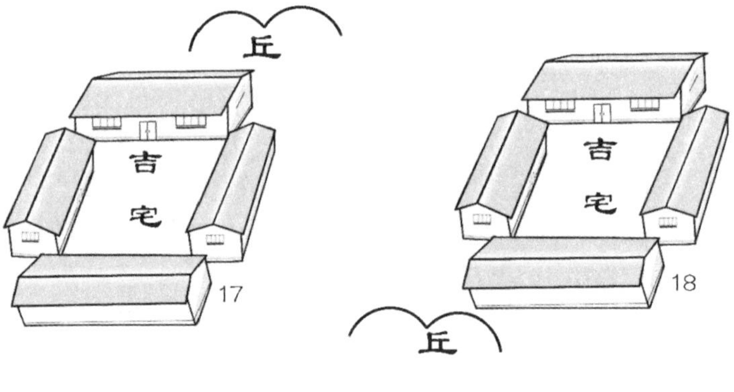

⑲住宅背后正北方有丘的吉（见图 19）。诗说：“此屋正北有丘坟，置屋安庄定有名。君子居之官出禄，庶人若得定家荣。”

⑳住宅背后西北方有丘的吉（见图 20）。诗说：“此居乾地有丘陵，修宅安庄百事兴。有女入宫为妃后，儿孙以后作公卿。”

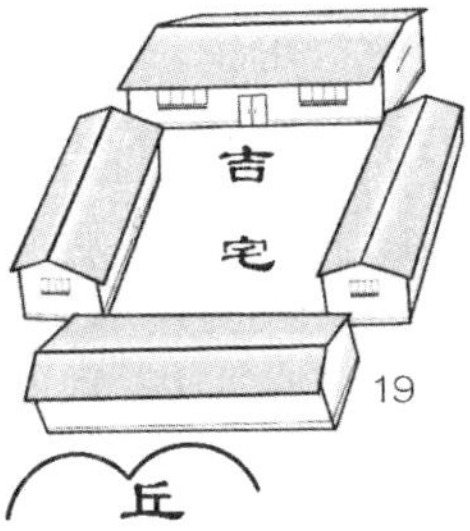

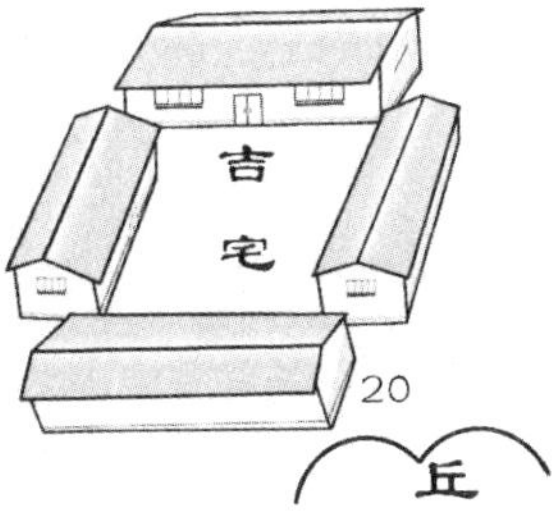

㉑住宅前后正南、正北有丘的，吉凶参半，有喜有忧（图见 21）。诗说："前后有丘不喜欢，安庄修造举棋难。闲来相对论凶吉，半作佳安半恶看。"

㉒住宅东边有丘的不吉（见图 22）。古人认为山丘白虎，宜处村宅西面，现在白虎占了本当属于青龙的位置，所以才有这种说法。诗说："东边宅屋有丘加，置产居之足咨嗟。愚师不知凶吉理，萧条后嗣散篱笆。"

㉓住宅东侧有山的，居之不吉（见图 23）。原因同上所说。从科学眼光来看，山丘位于村宅东面，秋冬刮西北风时无所遮拦，而春夏来东南风时又多所阻隔。不过，也没有像古诗所说那么严重。诗说："住宅东边有大山，又孤又寡又贫寒。频遭口舌多遭祸，百事先成后亦难。"

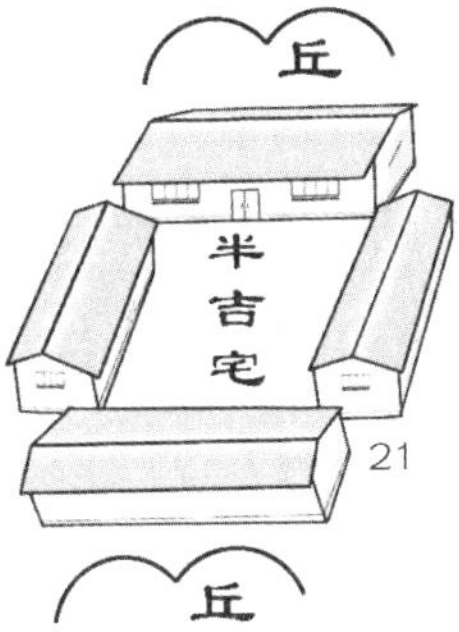

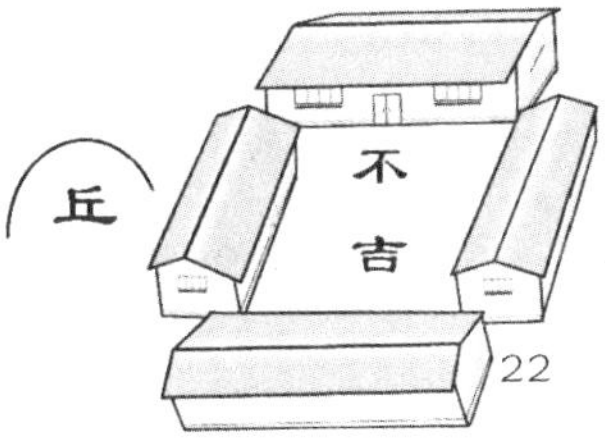

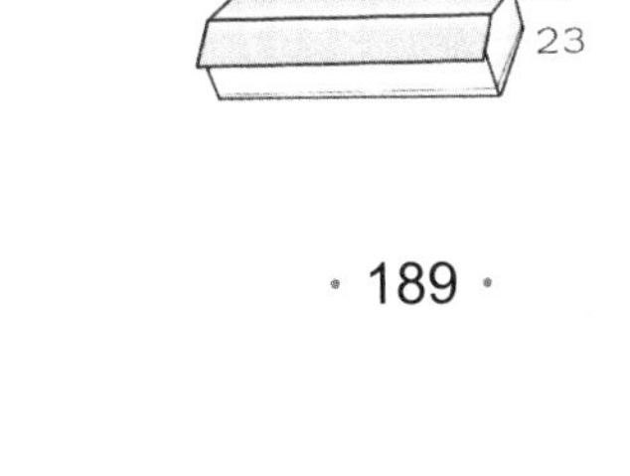

㉔住宅前后有山相夹，因为交通不便，所以也不吉利（见图24）。但不至于“家贫孤寡”吧！诗说：“此地观之格局拘，两山前后不堪居。家贫孤寡偷儿出，六畜尽丧祸可虑。”

㉕住宅近前有大山挡住，由于在心理上受到压抑，所以不吉（见图25）。但不至于“灭门”吧！诗说：“前有大山不足论，休休建屋立坟茔。明师若说凶并吉，此地居之定灭门。”

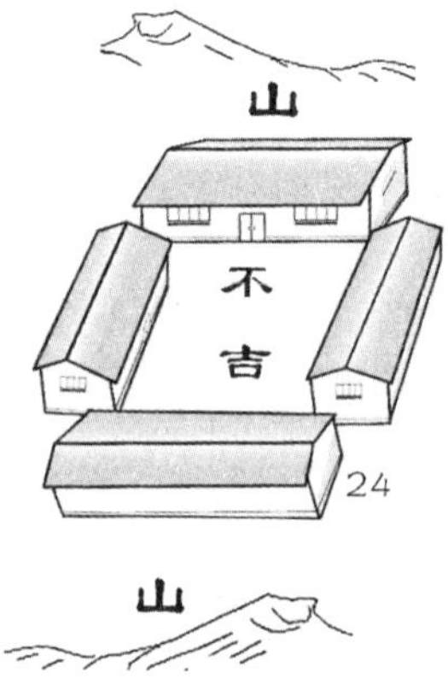

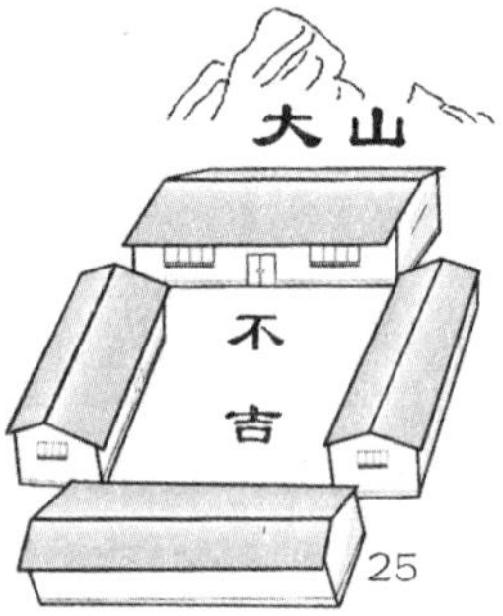

㉖住屋背山，风水家们一致认为是个吉宅（见图26）。诗说：“宅屋背山最为强，家财盛茂足安庄。人人都说居之好，子孙万石有余粮。”

㉗宅屋背后东北艮方有冈，居之得吉（见图27）。诗说：“艮方宅后有高冈，南下居之第一强。非但子孙紫衣贵，年年岁岁满仓粮。”

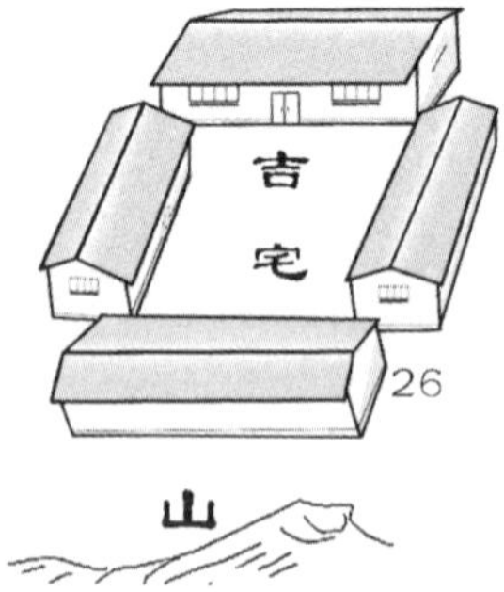

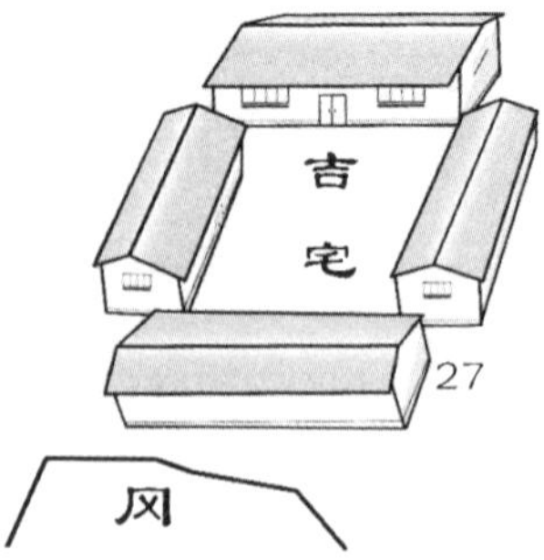

㉘住宅前面西南方有水的吉（见图 28）。诗说：“此宅安居正可求，西南水向东北流。虽然重娶别无事，三公九相近王侯。”

㉙住宅左右有水环流的吉（见图 29）。诗说：“家居左右水流长，久后儿孙福禄强。禾麦钱财常富贵，后来居上是书香。”

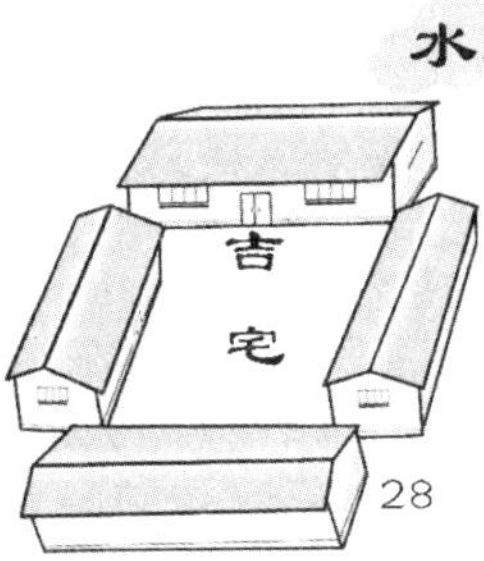

28

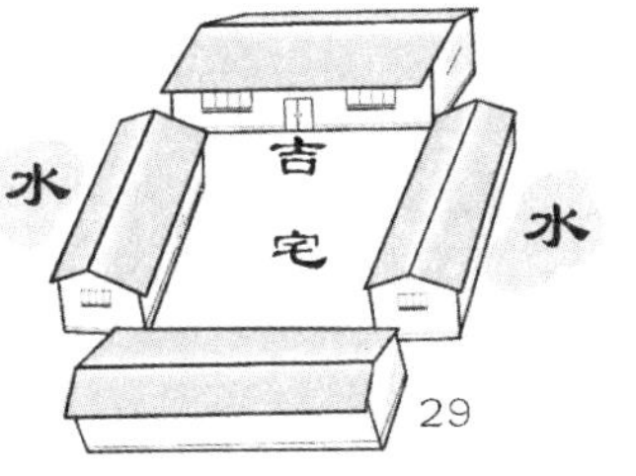

29

㉚宅屋左前方有水朝射南方午宫，住之不吉（见图 30）。此说缺乏科学依据。诗说：“辰巳水来射午宫，先初富贵后贫穷。明师若断吉凶事，到手钱财转眼空。”

㉛宅屋修在涯水边头，虽然水流方向不射南方午宫，但也不吉（见图 31）。其实也无科学依据。诗说：“宅居修在水涯头，无吉有凶万事休。散尽牛羊人逃去，往时欢乐转成忧。”

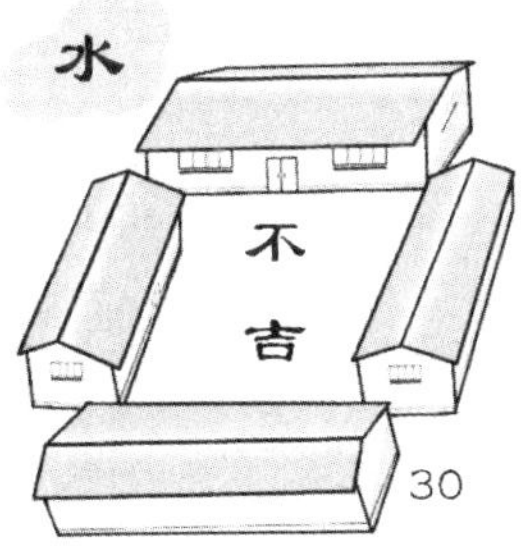

30

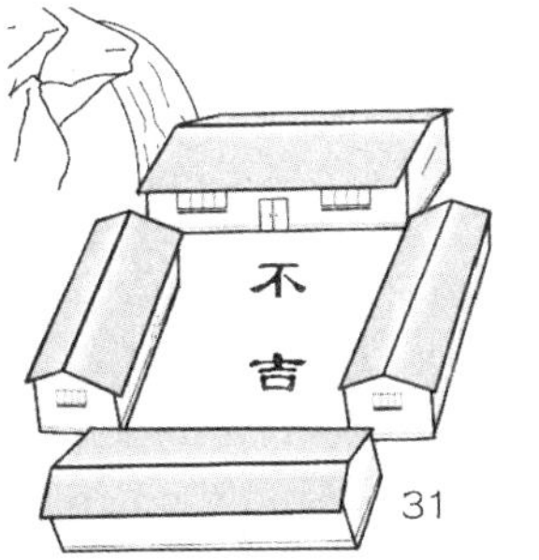

31

㉜承上宅屋辰巳方位如果不是流去的涯水，而是蓄积的塘水，那么局面就完全改观，变成了吉宅（见图 32）。诗说：“此宅看来家业强，却因辰巳有池塘。儿孙俊秀资财盛，富贵荣华代代昌。”

㉝池塘如果不在辰巳方位，而在宅屋西边，由于青龙、白虎换了位置，所以古人认为不吉（见图 33）。其实也讲不出多大道理。诗说："此屋西边有水池，人家居此足堪悲。牛羊不育资财尽，先富后贫人命危。"

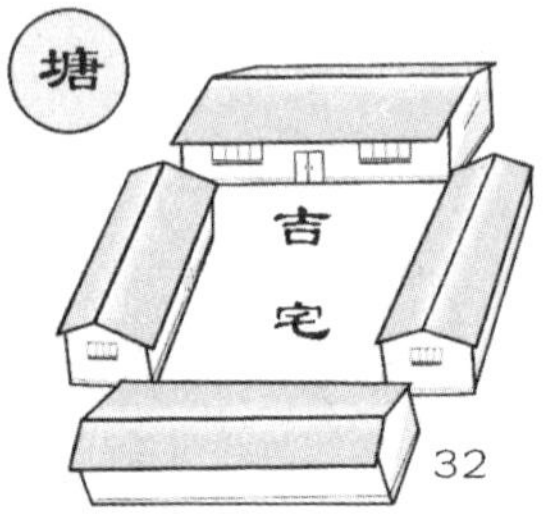

32

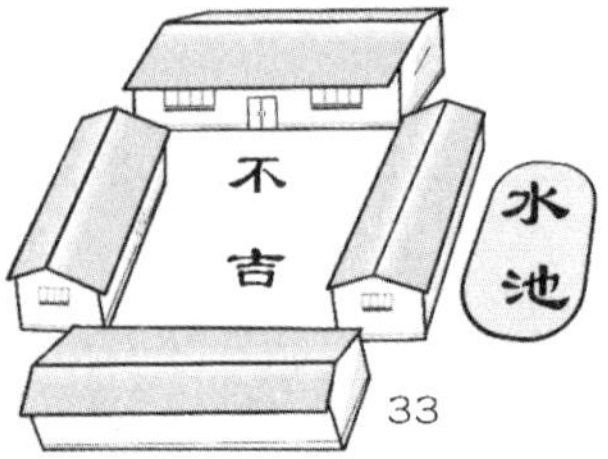

33

㉞水池若在宅西北乾位的，也属不吉（见图 34）。原因基本同上。诗说："西北乾宫有水池，安身甚是不相宜。不逢喜事多悲泣，初虽饶资后冻饥。"

㉟住宅前有流水，后有丘坟，属于不吉（见图 35）。其实吉与不吉，事在人为。诗说："宅前有水后坟丘，倒死牛羊祸不休。初有家财终耗散，十人遇此九人忧。"

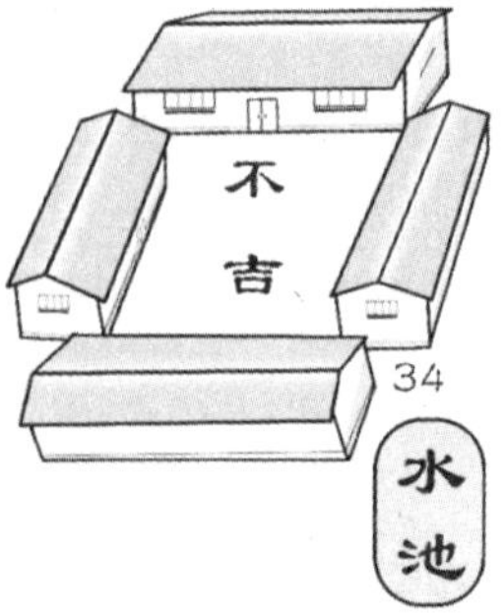

34

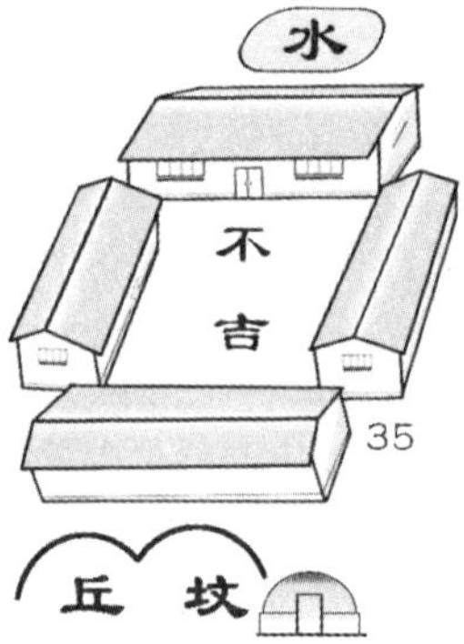

35

㊱宅屋东侧有孤坟的，古人认为白虎占了青龙位置，实则因为在心理上受到干扰，所以是个凶宅（见图 36）。诗说："左边坟起莫施工，此地安庄甚是凶。疾病缠身终不吉，家中常被鬼来蒙。"

㊲宅南大道由前方直冲大门，因为牵涉到安全问题，所以欠吉（见图 37）。诗说："南来大路正冲门，速避直行过路人。急取石来宜改镇，免教后辈哭声频。"

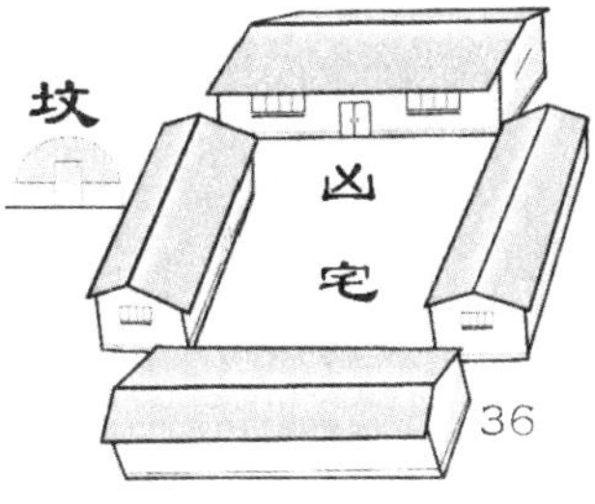

36

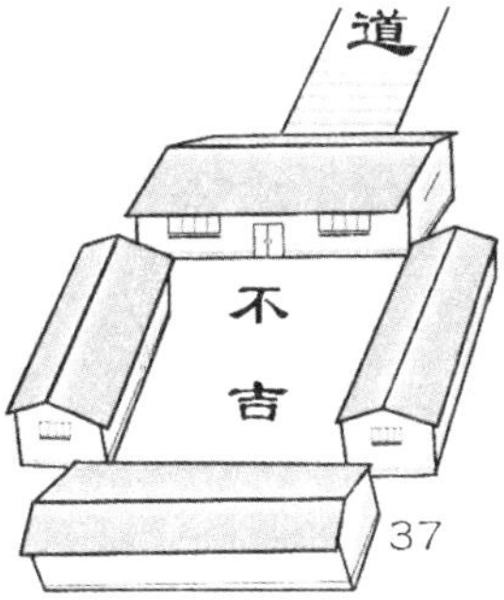

37

⑱宅北大道由后方直冲后门，切记注意加强防盗措施，否则不吉（见图 38）。诗说：“北来大道后冲怀，破败之家气戾乖。多病多灾多困苦，多招盗贼苦无涯。”

⑲住宅左前方和右前方分别有路直冲而来，一则容易招来生客，二则容易多风吹，所以不吉（见图 39）。诗说：“东西有道直冲怀，定主风伤疾病灾。神鹊难医徒束手，儿孙难免哭声来。”

大道后方直冲后门

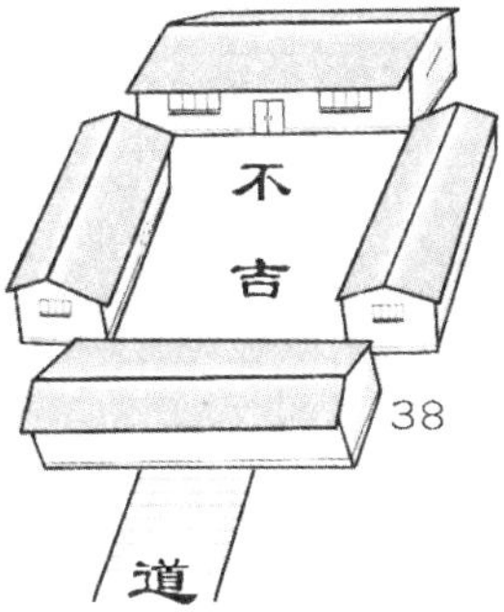

38

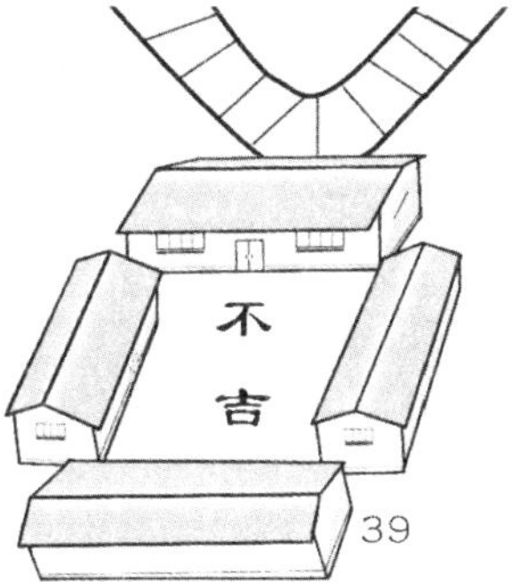

39

左右前方道路直冲而来

⑳宅前大道东西横贯而不直冲家门，居之大吉（见图 40）。诗说：“东西有道在门前，莫把行人遮断连。宅内更饶车马过，子孙富贵得安然。”

㉑宅有道路横过西北的，家中先吉后凶（见图 41）。诗说：“坎兑两边道路横，其家先吉后来凶。资财人口初先喜，不过十年转眼空。”

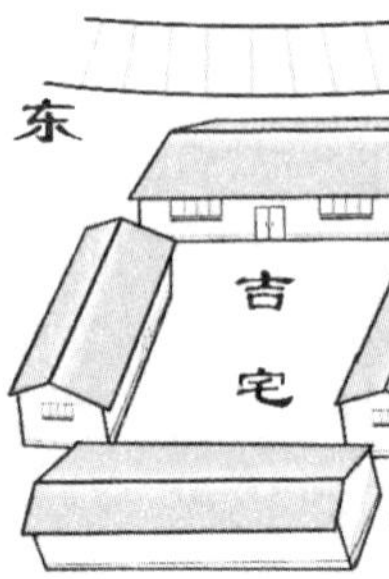

40

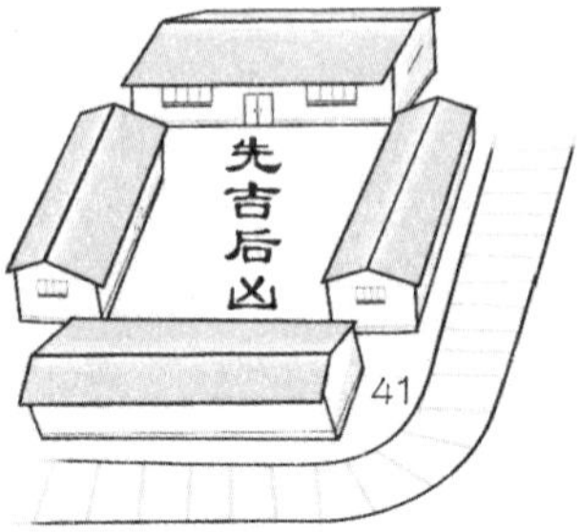

41

㊷住宅左边有道路相通，其家也先吉后凶（见图 42）。诗说：“此地只因道左边，住来先富后贫颠。若还命贵终逢吉，若命贱时疾苦缠。”

㊸宅居东北方向有斜道与宅西的大道相通，也是先吉后凶（见图 43）。诗说：“东北蜿蜒斜道行，宅西大道主通亨。虽然置下家财产，过眼烟云两袖清。”

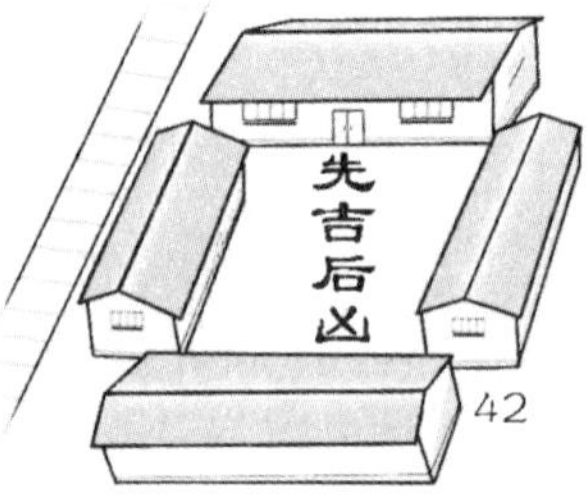

42

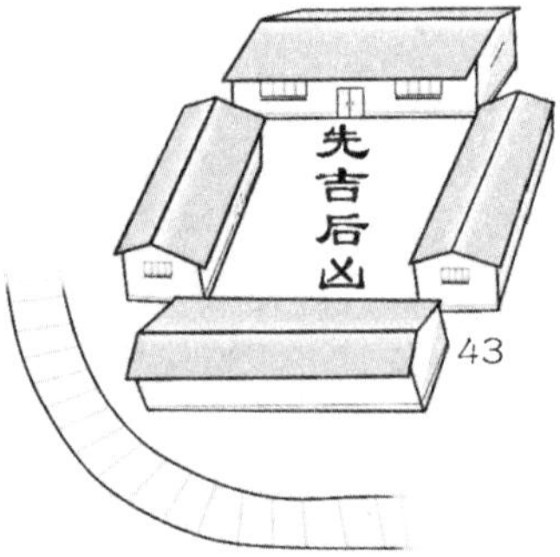

43

㊹住宅东西方有道路相夹，因为牵涉到安全和环境卫生等诸多因素，所以古人认为不吉（见图 44）。诗说：“两边白虎生灾殃，百事无成有死伤。窃贼时时还一顾，又兼多讼苦难当。”

㊺住宅四面道路交通的，基本不吉，但也不像诗中所说的那么严重（见图 45）。诗说：“四方交通主凶殃，祸起人家不可当。若不损财遭祸死，投河自缢井中死。”

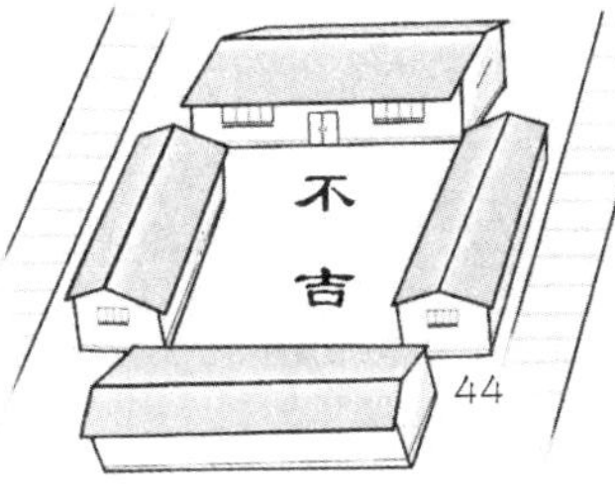

44

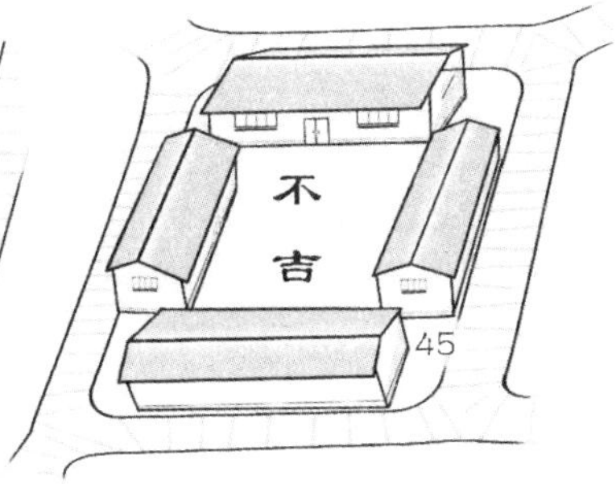

45

⑯住宅东面有水，西面有路，青龙白虎，各就其位，自然迪吉（见图46）。诗说："宅东流水势无穷，道在宅西南北通。因何富贵双双至？右来白虎左青龙。"

⑰宅南有水，宅北有山，宅东有流，宅西有道，前朱雀而后玄武，左青龙而右白虎，四神俱全，大吉之宅（见图47）。诗说："朱龙玄虎四神全，男子名扬女子贤。官禄不求还自至，儿孙之辈乐翩跹。"

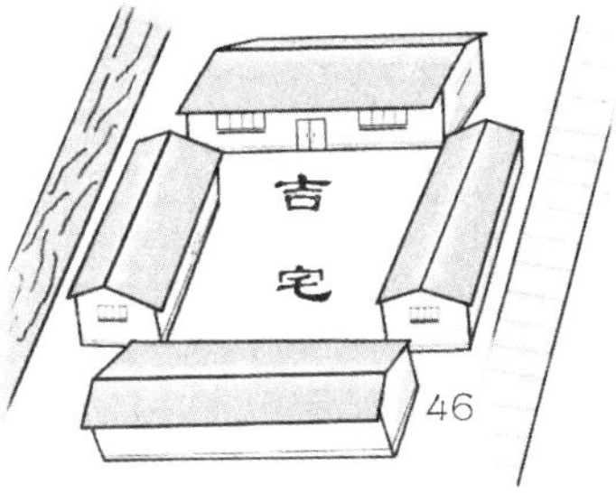

46

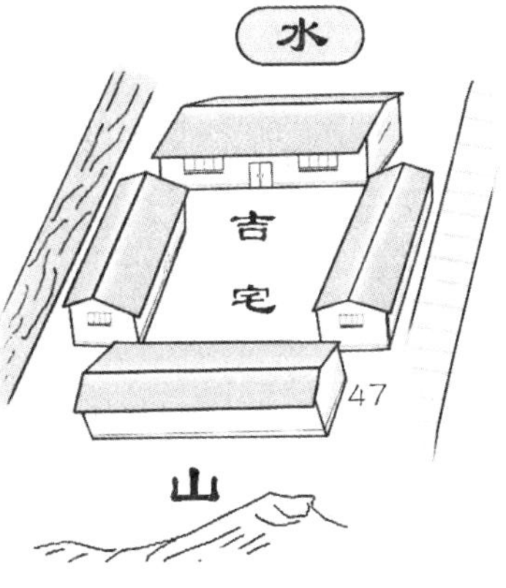

47

⑱住宅左水右道，背依青山，定卜宅吉（见图48）。诗说："右傍白虎北依山，左有青龙渌水潺。如此宅相多迪吉，若非武职即文班。"

⑲宅前左右有丘陵，宅后艮方有道路的，属于不吉（见图49）。诗说："前边左右有丘陵，宅后艮方道路平。巽地开门还补救，不宜兑路子孙抨。"

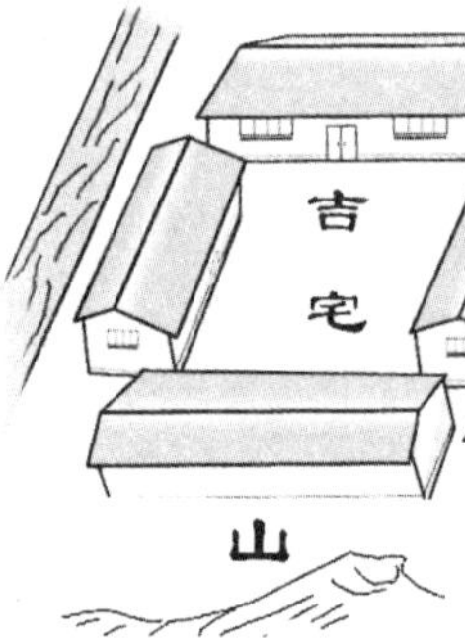

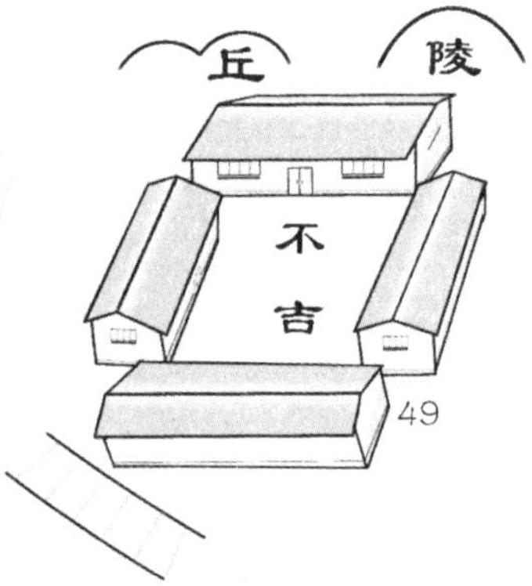

⑩宅前屋后有沙丘的，居之获吉（见图 50）。诗说：“宅前宅后有高沙，此地居之不为差。广有田财人口喜，家传富贵乐无涯。”

⑪住屋前后有山，左水右沙，也是吉宅（见图 51）。诗说：“前山呼应后山宜，宅右丘沙宅左池。富贵之家多吉庆，延年益寿乐熙熙。”

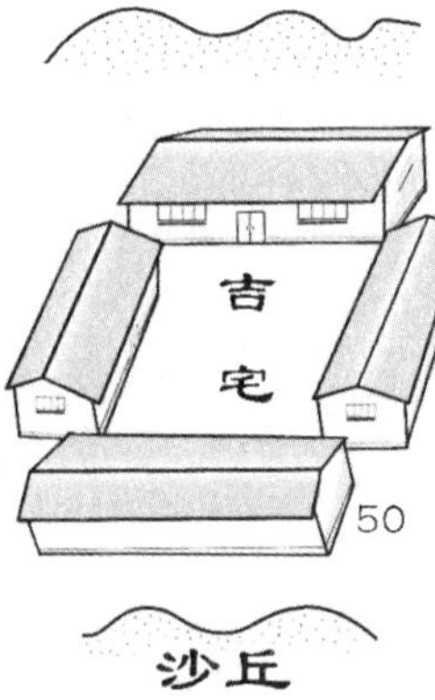

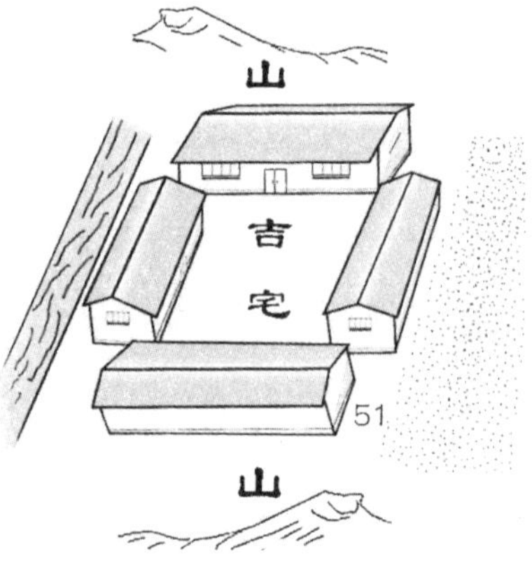

㊾住宅西南水池，西北丘陵，东北高冈，属于吉宅（见图 52）。诗说：“住宅西南有水池，丘映西北更相宜。冈居艮地多豪富，天赐子孙着紫衣。”

㊿南阜北冈，东水西道，这种环境里的住宅属于吉宅（见图 53）。诗说：“前有高埠后有冈，东边一抹水流长。四边有道通南北，金带紫袍家业昌。”

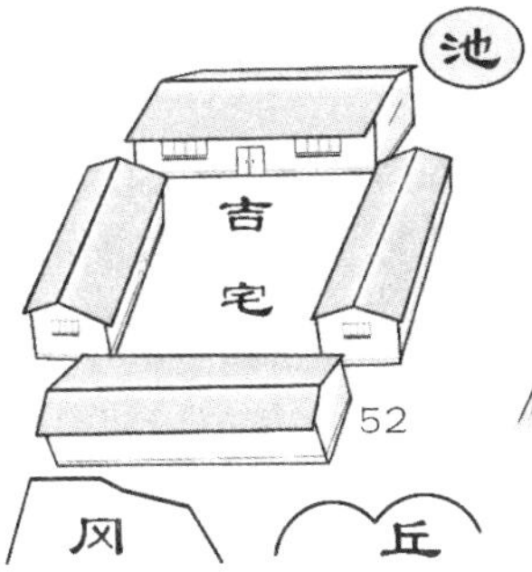

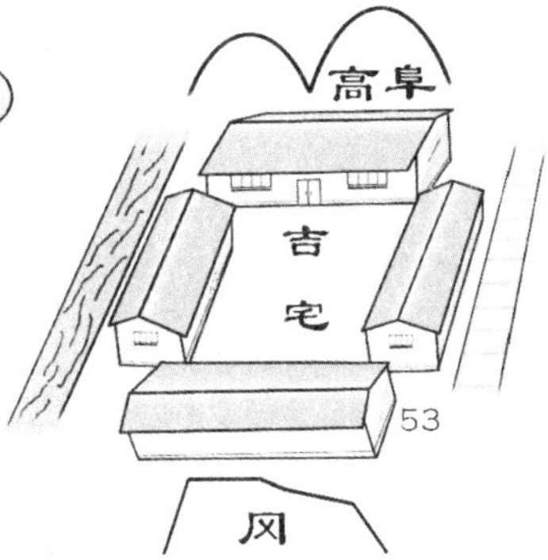

⑭住地附近有丘坟寺庙，不管东西南北，只要在百步之内，便就不吉（见图 54）。这是因为寺庙高大，容易遭受雷火之灾，殃及池鱼，加之出入往来，各式样人都有，所以才有这种说法。诗说："寺庙丘坟望不迷，无论南北与东西。百步之中居不吉，快快搬家别处栖。"现在，寺庙塔顶上都已安上避雷针，故而又当别论了。

⑮住宅西南有流水，西北有林沟的，因为青龙占了白虎位置，所以古人卜为不吉之宅（见图 55）。诗说："乾地多林女眷淫，沟河重见死佳人。水流坤地妨家母，后代子孙总是贫。"

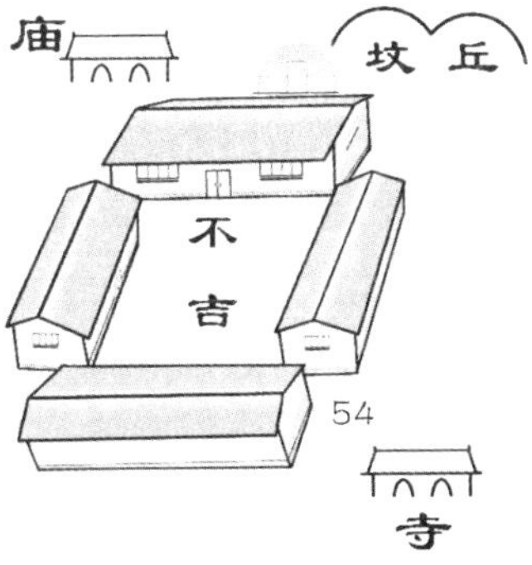

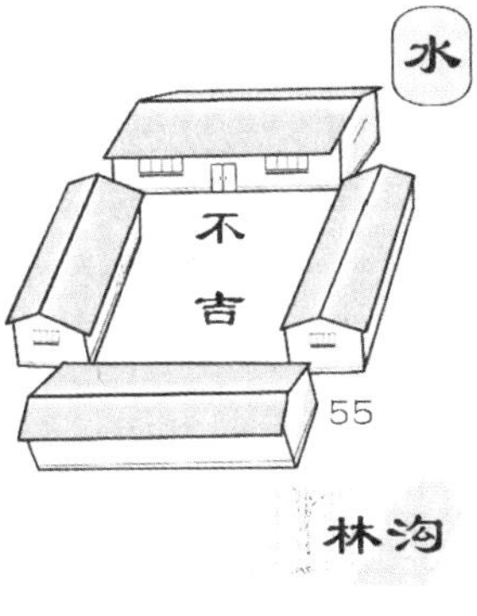

⑯宅西坟丘，宅北茂林，居住在这里的，可卜宅吉（见图 56）。诗说："庚辛壬癸有坟林，似此宅居福泽深。针对宅舍六十步，门庭改换获嘉音。"

⑰宅前两旁林木郁茂，宅后左右有丘有冈的，可以卜为吉宅（见图 57）。

诗说："宅前林木西头旁，乾有丘阜艮有冈。似此之居家富贵，儿孙世代贵名扬。"

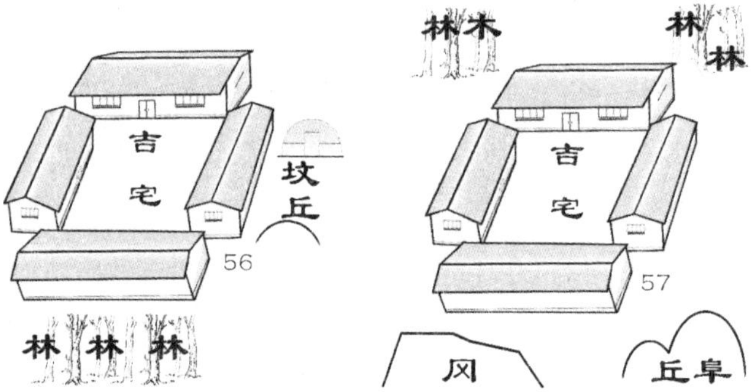

㊽住宅东北艮方有一林孤坟的居之不吉（见图 58）。诗说："艮地孤坟一墓安，莫教百步内中间。痴聋久后并喑哑，有病纵令治不痊。"

㊾四周环境都是林木的只宜墓地，不宜居住（见图 59）。其实属于无稽之谈。诗说："林中不得去安居，阳宅不同阴宅途。若是偶然来置屋，担惊夜夜鬼狐趋。"

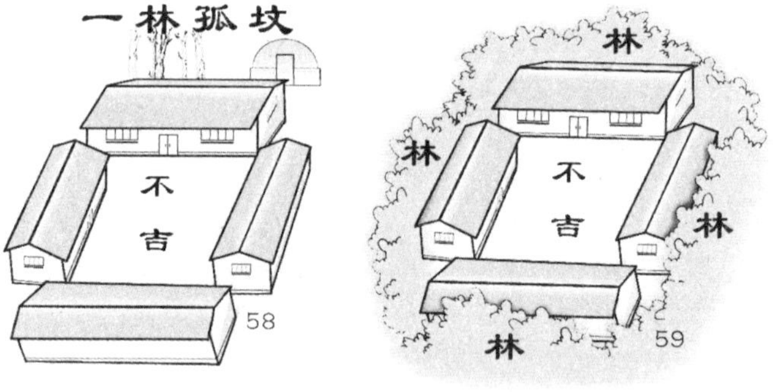

㊿宅前宅后一片坟林，终是不吉的凶宅（见图 60）。诗说："宅前宅后有坟林，凡事未通难称心。破败家财哪有吉？天灾人祸不时侵。"

(61)住宅前后四周有桑树成林的，因为"桑"、"丧"同音，所以古人认为居之大凶（见图 61）。诗说："宅居四周有林桑，祸起之时不可当。若遇明师重改造，免教后辈受恓惶。”

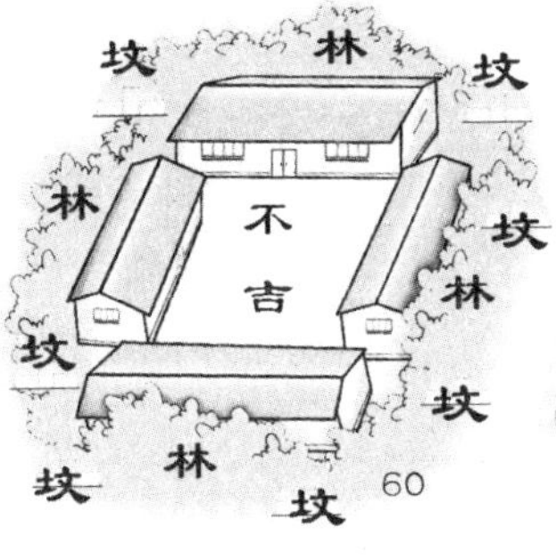

60

61

以上这些说法，就是风水家们选择宅地和考虑宅形的主要依据。其中有的含有一定美学、科学成分，有的则纯属子虚乌有，无根游谈，应当加以分析批判。

又如，古人筑屋以四尺五寸（古尺与今尺不同）为一步。结合建、除、满、平、定、执、破、危、成、收、开、闭十二值，以一步为建，建为元吉；二步为除，除为明堂；三步为满，满为天刑；四步为平，平为卷舌；五步为定，定为金柜；六步为执，执为天德；七步为破，破为冲煞；八步为危，危为玉堂；九步为成，成为三合；十步为收，收为贼劫；十一步为开，开为生气；十二步为闭，闭为灾祸。大凡宅宽，不犯满、平、收、闭；宅长，须按除、定、执、开。这些说法今天看来，已无多大实际意义。

然而，宅法多端，这些之外又有“宅内房屋如龟头雁尾披孝之类，一有所犯，辄应凶灾”等“论定内形”的说法。这种论宅内形的说法，综合归纳起来，大体如下：

①《周礼》说：“墙厚三尺，崇之。”《易林》也说：“千仞之墙，祸不入门。”可见围墙对于住宅安全的重要。风水术家认为，凡是建造新宅，不可先起围墙。因为先筑围墙，墙里堆着砖木，看去好比“困”字的样子，这样主人将来就不能兴旺发达了。不过在实际上，事情总是一分为二的，先起围墙虽然因场地限制而影响施工，可却有利于建筑材料的保管。

再之，围墙建筑要和住宅大小相协调，“既不要筑得过于宽厚高大，这样浪费建筑材料，也不要过于低小削薄了，这样又难免缺乏安全感，并且两者看上去都会不相称。”

②宅居起屋，要前低后高，才能节节高升，发财兴旺。其实，宅屋前低后高，既有利于空气流通，又有利于日光的照射，所以获吉。

③宅居起屋，屋后不当再起小屋。如果再起小屋的，叫做“停丧”，不久将会造成主人家里损折人口的悲剧。如或不慎又在“停丧”的小屋里住人，那么所住的人尤为不吉。原因大概在于，屋后再起小屋，屋内阴暗潮湿，所以住在里面的人由于环境和心理的双重影响，往往对健康不利。

④宅屋后有接连披盖的，叫做“披孝屋”。“披孝屋”是建造新屋时很犯忌的，如果不知避忌，将会有人丁损死、田产退败的忧虑。

⑤起造住宅，屋后不可建造仓库，否则便叫做“龙顿宅”，从而造成家财不兴的后果。然而，只要注意防盗，后果未必如此严重。

⑥起屋建宅，要避“飞走一直”。因为建宅“飞走一直”，家里会出忤逆兄弟，不和之人。

⑦建造宅屋，“丁”字屋也要避忌，不然就会耗损主人家的人丁。

⑧人家宅门上不可起楼，否则对家长不利。古话说：“门上起高楼，家长遭狱囚。”同样道理，官衙大门上也不宜起楼。分析原因，大致在于一为地基不牢，二为有失美观，所以不吉。

⑨人家的屋角不可侵占延冲到街上去，因为这样会因影响他人，影响光线，以及其他原因，如砖头跌落砸伤行人而遭讼祸。

⑩院里侧屋，不可冲大门和触秽门庭，否则会有灾祸。

⑪住宅开门路和车门不可彼此直射，如果彼此直射的叫“穿心杀”，这暗示着家长将有横死之患。说穿了，“穿心杀”的实质，主要还是在于一个安全问题。

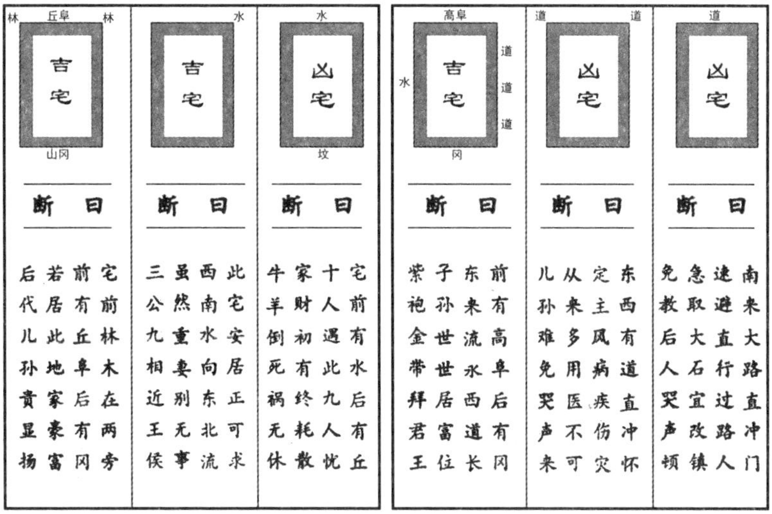

《阳宅十书》图表示意（引自《风水探源》）

⑫宅屋后边不可开车门，因为这在风水术中有“被盗退财”的说法，如开在侧边则没有妨害。

⑬人家住宅中有开车门的，忌见子、午、坤、艮四个方位。因为子、午为天地心，坤为白虎头，艮为鬼门，不然不仅招致疾病，甚至还有折损人口的忧患。

⑭在住宅中，不要让屋角水射对其门。门射来水，家出聋哑之人。这种说法今天看来，毫无科学根据。

⑮住宅天井不可积水，否则家中人会染上痢疫，原因在于天井积水容易滋生病菌，不利健康。

⑯住宅天井不宜堆积乱石，如有乱石堆积的，家里人会生眼疾。这里面牵涉到一个环境美与走路防跌的问题。

⑰家里如有吃奶孩子，孩子的衣裤尿布不可高晒或过夜，否则孩子就会染病。

⑱住宅的门窗修造，一定要周密而不透风。否则细隙漏风，吹在人身上，容易导致疾病。

⑲大凡住屋拆掉半边或拆掉中间的，叫做“破家杀”，单听名称，就可知道这家的主人定要破家而不旺了。

⑳厕所不宜设置在宅基来脉和正堂后面，因为有碍观瞻和容易引起污染。

3 宅基、宅屋的建筑形态和房煞

【宅基】

在阳宅风水上，首先碰到的就是宅基问题，宅基不仅要求地势宽平，局面阔大，前不破碎，坐得方正，或枕山襟水，或左山右水，以乘地气之旺，同时还要纳进天气，这就是《阳宅大成》所说：“居处坤灵之正位，脉络穴情，乘地气也；顺阴阳以开关水局门向，纳天气也。”《地理人子须知》引谢关湖的话也说：“凡结宅地，其龙比阴地必长数倍，故有三四百里龙头尽，决结宅地，为都邑市镇，稍短者为大村是也。”《崇厚录·阳基章》认为：“阴地取其凝结，阳宅取其敷衍，气化亦有殊也。”为此，风水家们要求，凡是人口聚会的居处，来龙要长而旺盛，结穴要恢复敷衍，明堂要宽畅大聚，案山要分合有情，这样才能大有结作，使得其地城镇受生旺之气的庇荫，广挹兴旺发达的吉兆。

除却山势龙脉，就阳宅平地宅基而言，也有多种多样的分类和讲究，最常见的是《宅谱大成·宅谱指要》所说的平冈、平坡、平田、平洋、平湖、平原六种。

①平冈：平冈者，高山卸脉，陇带支体，冈阜断续而成者也。

②平坡：平坡者，后连山，前临水，铺毡开局，而不远去者也。

③平田：平田者，高山撒落而下，或一支脉，或三四支脉，藕断丝连，阡陌沃土，而气到则高起者也。

④平洋：平洋者，去山已远，其脉实土，其旁杂砂，穿田渡水，间山起冈，或壅墩凸水，洋流动环绕者也。

⑤平湖：平湖者，隐隐隆隆，铺起分界，临湖受局，不见有山，只见有水者也。

⑥平原：平原者，如北方之沃野，旷邈绵延，千百里一望无际，而微高者也。

常见平地宅基除了以上六种，还有对于阴、阳宅俱都不利的“十凶”之地。《洞林别诀》说“十凶”是：

> 一曰天败，其地曾经洪水推荡，龙神不安；
> 二曰天杀，其地曾经雷霆震霹，龙神惊恐；
> 三曰天穹，其地落处孤单吐舌，龙神不聚；
> 四曰天冲，四面低垂，八风交吹，龙神不定；
> 五曰天倾，明堂斜泻，四水不归，龙神不住；
> 六曰天湿，明堂渐渍，草汙臭秽，龙神不吉；
> 七曰天狱，地在深坑，不见外阳，龙神暗昧；
> 八曰天狗，在山肘外，并无六建，龙神反背；
> 九曰天魔，土色虚浮，脆弱不坚，龙神浅薄；
> 十曰天枯，皮毛焦硬，干燥不滋，龙神凶败。

古人认为，如若建宅稍有不慎，犯有“十凶”，据说要遭受这样的不幸。

> 天败，犯之子孙流离；
> 天杀，犯之子孙愁困；
> 天穷，犯之子孙孤独；
> 天冲，犯之子孙游手；
> 天倾，犯之财帛星散；

天湿，犯之疾病缠绵；

天狱，犯之子孙愚顽；

天狗，犯之子孙恶逆；

天魔，犯之子孙贫贱；

天枯，犯之子孙夭绝。

对于以上说法，我们认为也要具体情况具体分析，未可一概而论。比如第一凶“天败”，其地洪水常泛滥，因此有导致“子孙流离”的后果；第九凶“天魔”，其地“土色虚浮，脆弱不坚”，因此有导致贫贱的后果。这是有一定道理的。至于第三凶“天穹”，其地虽“落处孤单吐舌”，但未必“子孙孤独”；第七凶“天狱”，其地虽“在深坑，不见外阳”，但未必导致“子孙愚顽”，这说明它仍有形而上学、唯心论的色彩。

【宅形】

宅基问题解决后，所要遇到的就是宅屋的建筑形态了。按照古时五行分类法，宅屋也有木、火、土、金、水等种种不同的类型。

①木形宅

凡是屋宇在东方木位连建三间，或屋顶切向一边，并且直披向前，或整个建筑呈一字形高耸或一字形横排的，都属“木形”。

这种木形之宅，在建筑上欲其屋脊高耸，墙垣起伏，四檐拱照。在朝向上最宜坐北朝南，坐东朝西，或者坐东南朝西北。原因是这样不仅人丁兴旺，并且还可有一定的不动产。不宜的是坐西朝东、坐南朝北、坐西北朝东南、坐西南朝东北、坐东北朝西南。如果不避这些，风水家们认为要倒大霉的。

②火形宅

凡是宅屋建筑中间正堂高于左右建筑地，或中间正堂高于前后建筑地，以及前屋檐有椽尖露像齿形的，都属“火形”。此外，前屋阔而后尾尖，或屋边倾斜好比拖尾样的，俗称“火星拖尾”，也属“火形”。

在朝向上，火形宅宜坐东北朝西南，或坐西北朝东南，这样主人就会发迹。不宜坐西朝东、坐东朝西、坐北朝南，以及坐西北朝东南、坐东南朝西北，否则便会横遭灾难，种种不吉。

③土形宅

土形宅的情况主要是筑建结构正堂均正，四周方合，如遇地基高低而屋檐也随之而高低的，特称为“禄存土”。

在建筑上，土形宅欲其屋宇端整，四檐齐平，墙壁完整无缺。从朝向看，土形宅宜坐西朝东、坐南朝北或坐西北朝东南，这样据说不仅可以荣华富贵，并且能够女嫁贵夫，福秩绵邈。反之，坐北朝南、坐东朝西、坐东北朝西南、坐西南朝东北的，那么不是富贵不长，就是碰上其他不吉。

④水形宅

水形宅的形状主要是正堂浅阔，旁屋低平，整个建筑物分散而不集中，以及墙面高低起伏，好比水浪似的。

水形宅的建筑欲其屋宇整洁流美。在朝向上，最好坐西朝东、坐东朝西，或坐西北朝东南，这样可以福秩绵绵。最忌坐南朝北、坐北朝南，以及坐东北朝西南、坐西南朝东北，否则不利妻财，还有其他不如意事。

⑤贪狼木形宅

中国古建筑中，大凡屋脊高耸，四檐拱照端严，并且墙垣四起的，称为“贪狼木形宅”。在风水术家眼里，作为一种吉宅，贪狼木形宅门前如见粗恶反背小山，或路巷、庙角及其他建筑冲射的，那就可能反吉为凶，减却分数了。《阳宅集成》有诗说：

贪狼木形实堪夸，文章魁首佐皇家。面前若有凶砂至，人丁多损作瘟灾。

⑥巨门土形宅

这是阳宅风水中一种吉利的宅屋，其屋宅宇方整，四檐均平，形制严谨，富于气派。如果屋前有尖射形的小山、水流、路巷、庙角等迎面冲射面来，那就往往会冲破而遭致不吉。《阳宅集成》有云：

巨门土形真堪美，田园广进似流泉。门前若有尖射状，阳人多损在中年。

⑦武曲金形宅

中国古建筑中凡是墙垣严整、四檐相照而屋宇明洁的，风水术家称之为“武曲金形宅”。作为吉宅的一种，武曲金形宅门前如见小山粗恶，反背无情，以及其他巷路、庙角、墙宅饰物有直冲而来的，便要反吉为凶。《阳宅集成》有云：

武曲金形真无比，富贵荣华端可知。前头若有尖射至，少房男妇多不利。

⑧禄存土形宅

这是一种不吉的宅屋。大凡中国古典建筑，如果宅基高低不整，堂屋起伏，两厢耸起而欺凌主屋的，就可把它视为“禄存土形宅”。《阳宅搜神经》有诗说：

禄存土形亦属阴，阳人损寿不堪闻。面前若有凶砂至，孤寡何曾过几春。

⑨破军金形宅

这种建筑地窄屋高，墙垣倒塌，其屋檐尤似蓑衣一般披沥而下，由于其宅有碍观瞻，影响心理，所以不吉。《阳宅搜神经》有诗说道：

破军金形不堪论，人命破家决然真。前面更有凶砂至，徒刑痨瘵恐惊人。

⑩廉贞火形宅

我国古建筑中如屋脊尖耸，椽头露齿，檐披火脚，墙垣尖长等棱角尖突而显眼的，一望便可断为“廉贞火形宅”。由于这是一种不吉的宅屋，所以《阳宅集成》诗云：

廉贞火形最怕人，官非牢狱定来寻。面前倘有凶砂至，烧屋痪痨火岁临。

⑪文昌水形宅

这也是一种不吉的宅屋，又称“文曲水形宅”。其宅正堂漆黑，低而无楼，檐披短矮，旁无两厢，这时若再见门壁破斜，则就雪上加霜了。《阳宅搜神经》有云：“文昌水形本为阴，堂中黑暗女多淫。”

⑫四水屋和淫欲败绝格

这种建筑四檐一披，披洒有如头巾，或一重屋中上下两房相向，不设厅堂，只有一排屋檐的，都可视为“四水纯阴”的凶格。对此，《玉镜》曾说：“假如四檐一披，洒如头巾样，乃犯‘四水屋’也。住之人财不旺，官事叠见，久则败绝。又如屋一重上下两房相向，不造厅堂，一排屋檐，乃‘淫欲败绝’之格。”

以上各种不同类型的宅屋吉凶，当然未可一概凭信，然而我们如果从建筑美学和合理结构角度加以领会，其中当也不乏可供借鉴之处。

【房煞】

五形宅之外，与屋形有关的，还有“房煞”的说法。作为凶宅，房煞也有多种多样的名目。

①露骨房

这种房煞，屋脊两头露出，或其屋年久失修，有所损坏。《玉镜》说道：“露骨房是屋脊两头露出也，主财耗人灾，哭泣不安，截之则吉。”《宅谱大成》则说："问露骨房，曰：旧房年久损坏，立起不苫盖，或垒墙不泥，致家门男女生疮、风邪、心疼腹痛、男女游走不利。"虽说风水术是一种迷信色彩极为浓重的旧学说，然而对于旧房年久损坏，造成脏物、邪风入屋，容易引起男女生疮、心疼腹痛等病来说，却也不是全然没有道理。

②伶仃屋

在阳宅风水中，无论旧屋多年不盖瓦，还是旧屋破碎不整，都属这种房煞。《玉镜》曾说："伶仃房，此旧屋多年不盖瓦也。主血光之灾，人口不旺，修补则吉。"《金针》也说："屋宇不整，四壁破碎，椽头齿露，兽头倒坏，伶仃房也。"改善的最好办法，就是加以"修补"。

③投河落水格

投河落水格的情况，《阳宅集成·屋形》说得很清楚，就是："远望见人家屋角低陷，或欹侧者，主有投河之厄。前后楼步低陷，及前后阶级步垂头者，亦主落水之灾。"

投河落水格的这种吓人说法，并无科学依据，然而把低陷欹侧的屋角，修治得正气美观一点，倒也并非没有启发意义。

④穿心煞

穿心煞有两种情况，一种是从大门外朝屋里看去，房宅屋顶大梁一线正中，一直穿过房屋中心而毫无遮拦。另一种是房宅门前，有大路朝前直冲而来，并且没有其他马路从横里穿过，以挡住其直冲之势的。犯有这种穿心煞，风水家们认为必然要招致种种不吉。

⑤贫屋格

犯有这种房煞的建筑，一是屋高地窄；二是地阔屋低；三是栋柱太长超过堂屋；四是前屋装房，后屋献厅，名为"外阴内阳宅"；五是前后两厢过于修长，而又没有层屋界住，人称"扛轿屋"；六是或前或后，两厢超长，亦并没有层屋界住的，命曰"推车屋"。顾名思义，住这种屋的，贫穷不发可知。由于贫屋格的说法抹杀了人的因素，片面强调宅屋对于人的影响，所以未可全信。

⑥单耳房

关于这种房煞的形状吉凶，《宅谱大成》说得明白："问单耳房，曰：旧宅连堂，房后左上头，又盖小屋。主损人口，自缢，患目生疮，破财，田产不遂，阴人（妇女）难产，更主腰、腿、脚生肿毒不利。"《玉镜》则认为："此堂屋一边接着一小屋是也，主损伤畜、财、暗疾黄肿，咳嗽血光。"

其实，单耳房虽说结构不合理，不是理想的居住场所，可是把后果说得如此严重，却也未必一定。

4 东四宅与西四宅

我国阳宅风水，有一种承袭福建派并有所发展，到清朝时曾经风行一时的理论派别，人称"八宅派"。所谓"八宅"，就是"东四宅"和"西四宅"加起来的总和，以与易象中的八卦之数挂起钩来。与此同时，还和《洛书》所载"戴九履一"的数目密切关联。

四	九	二
三	五	七
八	一	六

何以言之？《洛书》有云："戴九履一，左三右七，二四为肩，六八为足，五独居中。"这种数目排列，如表所示：

如把这种数据的方位分布和八卦方位联系起来，我们可以画出这样一种图像：

据此，则八宅派理论，就把坐东朝西（东三宫），坐东南朝西北（东四宫），坐南朝北（东九宫），坐北朝南（东一宫）的房子归为一类，称为“东四宅”。又把坐西朝东（西七宫），坐西北朝东南（西六宫），坐西南朝东北（西二宫），坐东北朝西南（西八宫）的房子归为一类，叫做“西四宅”。

“八宅派”理论认为，凡是属于东四宅的住宅，它的大门或主、卧室门，以及厨房门就不可开在西、西南，西北、东北等方位上，否则不吉。《八宅明镜》有诗说：

乾坤艮兑四宅同，东四卦爻不可逢。
误将它象混一屋，人口伤亡祸必重。

反之，凡是属于西四宅的住宅，它的大门或主、卧室门，以及厨房门就不可开在东、东南、南、北等方位上，否则也同样欠佳。《八宅明镜》亦有诗道：

震巽坎离是一家，西四宅爻莫犯他。
若还一气修成宅，子孙兴旺定荣华。

奥妙的是，八宅派的理论并不是到此为止，还有一种“福元”的讲究。所谓“福元”，就是按照人们的出生年份，配合八卦方位，排出他是东四命还是西四命。如果是东四命的就住东四宅，西四命的就住西四宅，这样就会获得很大的吉利。对此，《八宅明镜》有云：“宅之坐山为福德宫。人各有所宜，东四命居东四宅，西四命居西四宅，是为得‘福元’。如西四居东，东四居西，虽或吉，不受福也。”

关于一个人的命是东四命还是西四命的确定方法，也自有一番讲究，这又牵涉到上元、中元、下元的理论了。按照旧时术数家的说法，以六十年为一个甲子，其中第一甲子为上元，第二甲子为中元，第三甲子为下元，合称“三元”。《晋书·苻坚载记下》说：“从上元人皇起，至中元，穷于下元，天地一变，尽三元而止。”可见古人认为，天地循环，历上、中、下三元而发生一次大的变化，由来已是很久的了。我们如从明孝宗弘治十七年以来的情况看，自公元 1504 年以来，其中 1504 年甲子至 1563 年癸亥为上元，1564 年甲子至 1623 年癸亥为中元，1624 年甲子至 1683 年癸亥为下元。三元一变以后，周而复始，再从上元开始。此后自 1684 年甲子至 1743 年癸亥为上元，1744 年甲子到 1803 年癸亥为中元，1804 年甲子至 1863 年癸亥为下元。接着又周而复始，从 1864 年甲子至 1923 年癸亥为上元，1924 年甲子至 1983 年癸亥为中元，1984 年甲子至 2043 年癸亥为下元。如此循环往复，以至无穷。

懂得上、中、下三元理论后，我们可再看《起男女上中下三元诀》古歌：

上元甲子一宫连，中元起巽下兑间。
上五中二下八女，男逆女顺起根源。

这首古歌的意思是说，根据三元理论，结合自己出生年份推算八卦宫位，男有男的推法，女有女的推法。古人有云：“男上元，甲子起一位，即坎即寅；中元，甲子起巳位，即巽；下元，甲子起兑位，即申。以上逆数，男五，寄坤宫。女上元，甲子起五位，即午即中；中元，甲子起二位，即卯即坤；下元，甲子起八位，即酉即艮。以上顺数，女五，寄艮宫。”

结合“野马跳涧诀”：“野马跳涧走，从寅数到狗，一年隔一位，不用亥子丑。”其法“配合流年，一岁属坎，二岁属坤，迤次震三，巽四，中五，乾六，兑七，艮八，离九。”举例说，比如上元六十年中，宅主是出生在甲寅那一年的，就从一位数起，也就是从寅从坎为甲子数起，越过亥子丑，跳进离宫戌位为乙丑倒数。这样数出来的结果，甲寅的位

跳涧诀图

置便落在了中宫的午位上。由于“男女，寄坤宫”，那么这个人就属于坤宫生的命。再联系前表，查出坤宫与西二宫相连，从而推知，这人属于西四宫的命。

为了简便起见，根据规律也可以直接从离宫戌位上起甲戌，艮宫酉位上起甲申，兑宫申位上起甲午，乾宫未位上起甲辰，中宫午位上起甲寅。

如系中元六十年中出生的，依照“中元，甲子起巳位，即巽”的原则，可以巽宫巳位上起甲子。倒数下元六十年中出生的，则也依照“下元，甲子起兑位，即申”的原则，以兑宫申位为甲子进行倒数。

定女命也按这方法进行推算，只是三元甲子的起位和男子有所不同，要变男子的倒数为顺数。

当然，这种方法对于一般人来说，还是不易接受的。为了明白起见，我们不妨列成如下表格，便明白了。

出生年份							上元		中元		下元	
							男	女	男	女	男	女
甲子	癸酉	壬午	辛卯	庚子	己酉	戊午	坎	艮	巽	坤	兑	艮
乙丑	甲戌	癸未	壬辰	辛丑	庚戌	己未	离	乾	震	震	乾	离
丙寅	乙亥	甲申	癸巳	壬寅	辛亥	庚申	艮	兑	坤	巽	坤	坎
丁卯	丙子	乙酉	甲午	癸卯	壬子	辛酉	兑	艮	坎	艮	巽	坤
戊辰	丁丑	丙戌	乙未	甲辰	癸丑	壬戌	乾	离	离	乾	震	震
己巳	戊寅	丁亥	丙申	乙巳	甲寅	癸亥	坤	坎	艮	兑	坤	巽
庚午	己卯	戊子	丁酉	丙午	乙卯		巽	坤	兑	艮	坎	艮
辛未	庚辰	己丑	戊戌	丁未	丙辰		震	震	乾	离	离	乾
壬申	辛巳	庚寅	己亥	戊申	丁巳		坤	巽	坤	坎	艮	兑

按表，如果是上元甲子年生的，那就男属坎宫东四命，女属艮宫西四命；如系中元甲午年生的，那也男属坎宫东四命，女属艮宫西四命；如系下元癸亥年生的，那就男属坤宫西四命，女属巽宫东四命了。其他上、中、下元各年所生，也都可在表中查得。

掌握三元六甲学说后，我们还可把东四命、西四命的八宅派理论引向纵深。原理是不仅东四命的要住东四宅，并且还可据此进一步定出东四命在八卦中的具体宫位，借以决定究竟在东四宅中选住哪一宅，以及趋什么方向，讨什么命的娘子更为吉利。西四命和西四宅的原理同此。现依次列表附图，分述如下。

①〔坎宫东四命〕

为明白简便起见，可先按表①查得哪一年出生的男、女属于坎宫东四命，然后再结合其住宅八卦方位，以论吉凶。

如图①，坎宫东四命除了本命北方坎位，其他生气、延年、天医等方都属吉方，而绝命、祸害、五鬼、六煞则为凶方。风水术家认为，坎宫东四命的人如配巽命的妻子是十分吉利的，因为巽对坎来说，属于东南的生气之方。不然，把床、灶方位移向巽方也吉。如果这样了，就会有获得五子的福分。此外，坎命人配延年吉方的离命妻子，可得四子；配天医吉方的震命妻子，可得三子；配本命伏位的坎命妻子，可得两子。以上这些，都是就坎宫东四命宅的吉象而说的。今天看来，显系迷信。

表①

男命出生	女命出生
戊午（1918）	甲寅（1914）
丁卯（1927）	癸亥（1923）
丙子（1936）	辛巳（1941）
乙酉（1945）	庚寅（1950）
甲午（1954）	己亥（1959）
癸卯（1963）	戊申（1968）
辛未（1981）	丁巳（1977）
庚午（1990）	丙寅（1986）
	乙亥（1995）

图①

②〔震宫东四命〕

在谈震宫东四命时，可以先从表②查得哪些年中出生的男命或女命属于这一命宫，然后再按照其住宅的方位，论定吉凶。

碰巧得很，上、中元男女震宫东四命，都凑在同一个出生年份上。如图②，震命人配离命人为妻，或把床、灶对着生气的离方，可得五子之吉；配巽命妻为延年，可得四子；配坎命妻为天医，可得三子；配震命妻为伏位，可得两子。但是因为这种看法在科学文献中找不到任何根据，今天就很少有人相信了。

表②

男命出生	女命出生
丁未（1907）	丁未（1907）
丙辰（1916）	丙辰（1916）
乙丑（1925）	乙丑（1925）
甲戌（1934）	甲戌（1934）
癸未（1943）	癸未（1943）
壬辰（1952）	壬辰（1952）
辛丑（1961）	辛丑（1961）
庚戌（1970）	庚戌（1970）
己未（1979）	己未（1979）
戊辰（1988）	戊辰（1988）
丁丑（1997）	丁丑（1977）

图②

③〔巽宫东四命〕

近阶段上、中、下三元哪些年份出生的男女属于这一命宫，可从表③查知。

如图③，巽宫东四命人配坎命妻，或把床、灶移向北方坎位为得生气，可有五子；配震命妻为延年，可得四子；配离命妻为天通，可得三子；配巽为伏位，可得两子。这种说法，纯属想象中事。

表③

男命出生	女命出生
乙卯（1915）	丁巳（1917）
甲子（1924）	丙寅（1926）
癸酉（1933）	乙亥（1935）
壬午（1942）	甲申（1944）
辛卯（1951）	癸巳（1953）
庚子（1960）	壬寅（1962）
己酉（1969）	辛亥（1971）
戊午（1978）	庚申（1980）
丁卯（1987）	己巳（1989）

图③

④〔离宫东四命〕

属于离宫东四命的男女，近阶段出生的，只要符合表④中所列便是。

如图④，属于离宫东四命的人，以配震命妻，或把床、灶移向东方震位为得生气，这样可得五子；配坎命妻为延年，可得四子；配巽命妻为天通，可得三子；配离命妻为伏位，多女孩而少儿子。这种看法也无科学性可言。

表④

男命出生	女命出生
庚戌（1910）	癸丑（1913）
己未（1919）	壬戌（1922）
戊辰（1928）	辛未（1931）
丁丑（1937）	庚辰（1940）
丙戌（1946）	己丑（1949）
乙未（1955）	戊戌（1958）
甲辰（1964）	丁未（1967）
癸丑（1973）	丙辰（1976）
壬戌（1982）	乙丑（1985）
辛未（1991）	甲戌（1994）

图④

⑤〔乾宫西四命〕

凡属表⑤中年份出生的男女各命年，都属西四命中乾宫的范围。

如图⑤，乾宫西四命的人，以配兑命妻，或把床、灶移向西方兑位为得气，可得五子；配坤命妻为延年，可有四子；配艮命妻为天医，可有三子；配乾命妻为伏位，可得两子。当然这种说法在今天看来，是荒唐而难以凭信的。

表⑤

男命出生	女命出生
癸丑（1913）	庚戌（1910）
壬戌（1922）	己未（1919）
辛未（1931）	戊辰（1928）
庚辰（1940）	丁丑（1937）
己丑（1949）	丙戌（1946）
戊戌（1958）	乙未（1955）
丁未（1967）	甲辰（1964）
丙辰（1976）	癸丑（1973）
乙丑（1985）	壬戌（1982）
甲戌（1994）	辛未（1991）

图⑤

⑥〔艮宫西四命〕

凡表⑥中年份出生的男女，都属于艮宫的西四命。

如图⑥，古人认为，艮宫西四命的人，以配坤命妻，或把床、灶移向西南坤方为得生气，可得五子；配兑命妻为延年，可得四子；配乾命妻为天医，可得三子；配艮命妻为伏位，可得两子。当然，这种说法今人难以相信。

⑦〔坤宫西四命〕

男女出生的年份，属于表⑦中所列的，都归坤宫西四命一类。

如图⑦，古书认为，坤宫西四命的人，以配艮命妻，或把床，灶位移向东北艮方为得生气，可得五子；配乾命妻为延年，可得四子；配兑命妻为天医，可得三子；配坤命妻的为伏位，可得两子。这种说法，现在也早已过时了。

表⑥

男命出生	女命出生
辛亥（1911）	戊午（1918）
庚申（1920）	辛酉（1921）
己巳（1929）	丁卯（1927）
戊寅（1938）	庚午（1930）
丁亥（1947）	丙子（1936）
丙申（1956）	己卯（1939）
乙巳（1965）	乙酉（1945）
甲寅（1974）	戊子（1948）
癸亥（1983）	甲午（1954）
壬申（1992）	丁酉（1957）
	癸卯（1963）
	丙午（1966）
	壬子（1972）
	乙卯（1975）
	辛酉（1981）
	甲子（1984）
	庚午（1990）

表⑦

男命出生	女命出生
甲寅（1914）	乙卯（1915）
丁巳（1917）	甲子（1924）
癸亥（1923）	癸酉（1933）
丙寅（1926）	壬午（1942）
壬申（1932）	辛卯（1951）
乙亥（1935）	庚子（1960）
辛巳（1941）	己酉（1969）
甲申（1944）	戊午（1978）
庚寅（1950）	丁卯（1987）
癸巳（1953）	丙子（1996）
己亥（1959）	
壬寅（1962）	
戊申（1968）	
辛亥（1971）	
丁巳（1977）	
庚申（1980）	
己巳（1989）	

图⑥

图⑦

⑧〔兑宫西四命〕

男女出生年份凡属表⑧中的，都属于兑宫的西四命。

如图⑧，兑宫西四命人配乾命妻，或把床、灶移向西北乾方为得生气，可获五子之吉；配艮命妻为延年，可获四子；配坤命妻为天医，可获三子；配兑命妻为伏位，可获两子。当然，古人的这种认识因受时代局限，所以今已乏人相信了。

表⑧

男命出生	女命出生
壬子（1912）	辛亥（1911）
辛酉（1921）	庚申（1920）
庚午（1930）	己巳（1929）
己卯（1939）	戊寅（1938）
戊子（1948）	丁亥（1947）
丁酉（1957）	丙申（1956）
丙午（1966）	乙巳（1965）
乙卯（1975）	甲寅（1974）
甲子（1984）	癸亥（1983）
癸酉（1993）	壬申（1992）

图⑧

说到这里，我们再看《董公择日要览》的总结：“是善于堪舆者，问主人年岁，以定方向。若东四命者宜住北房大吉，东房平常，西房次吉，南房宜中间正开大门作走道亦大吉。凡东四宫命者，因其坐命于东南，在离、震、坎、巽之方，故住南房，在中间开门作走向，其故何也？缘其向在坎方，名为水火既济，而成交泰，气亦趋吉之法。如西四命者，宜住东西房大吉，若住南房，何不走乾方之青龙而走艮方之白虎？因西四宫命者住南房在白虎前开门，艮方在于东北，可得紫气东来生发之吉也。不走乾方，以金水太寒，故北方虽好，难以顺心遂意。此乃阳宅之大概也。”

也正因为这样，由于一家中男女长幼的命卦所属不尽相同，因此便又派生出了一种分房居住以趋吉避凶的“分房”理论。我们且看《八宅明镜》是怎样说的：“分房者，祖孙父子、伯叔兄弟，分居所宜之房位也。虽分房未分炊，同居一宅之中，而东西南北四隅之房如异，俱可分别，逢文则凶，即一进一屋或仅一两间者，只丈尺之间合命者吉。”我国古代的家庭组合，大多是三代、四代住在一起的大家庭，所以才有这种“祖孙父子、伯叔兄弟”的分房之说。和“分房”之说并行的，还有一种“来路”有根无根的说法。比如，命卦属东四命的，本应住在东四宅中，现在忽然从东四宅移到西四宅去居住；命卦属西四命的，本应住在西四宅中，现在忽然从西四宅移到东四宅去居住，这样便就来路无根了。阳宅风水认为，来路无根的，一月后难免失财，百日后易致疫疠口舌，半年后则更会招来伤子退财的大祸。有根的则是，东四命如果住西四宅的，赶快搬去东四宅住；西四命如果住东四宅的，也赶快搬去西四宅住，这样不仅一月后可得小财，并且一年后还会发大财，也有利于健康。

房分好后，来路问题解决了，可这对于八宅派的理论来说，事情也并未到此结束。因为阳宅风水的百事吉祥，还少不了“青龙入宅”，才能兑现。那么怎样才能使“青龙入宅”呢？这又关联到卧室的方位了。综其要点，大致是这样的：

①坐东朝西的居宅，主卧室要设在南面的方位上。

②坐东南朝西北的居宅，主卧室要设在北方的方位上。

③坐南朝北的居宅，主卧室要设在东南的方位上。

④坐北朝南的居宅，主卧室要设在东南的方位上。

⑤坐西朝东的居宅，主卧室要设在西北的方位上。

⑥坐西北朝东南的居宅，主卧室要设在西面的方位上。

⑦坐西南朝东北的居宅，主卧室要设在东北的方位上。

⑧坐东北朝西南的居宅，主卧室要设在西南的方位上。

从以上八宅派的种种阳宅风水理论看，由于非但艰涩难懂，亦且语多荒谬，烦琐而不合时宜，所以天长日久，也就渐渐失去了人们对它的信赖而变得乏人问津了。我们现在接触它，只是作为风水阳宅流派中的一种曾经存在过的学术文化现象而加以了解，而绝对没有把它重新捡起、处处照搬的必要。因为一个人是吉是凶，原因很多，里面真大有学问可做，并不是住了什么屋便可就此一切都解决的。

卷五

风水术的批判

对于风水术，既不能全盘否定，也不能全盘肯定，而是应该在否定中肯定其科学性精华，肯定中否定其伪科学糟粕，即采用一分为二的客观评判态度对待之。所谓命运其实还是应该由自己主动去把握，相信人定胜天。

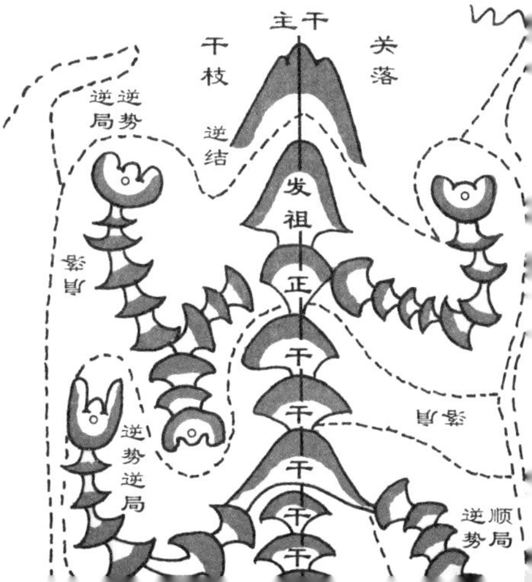

1 我国历史上反风水的先驱——王充

我国古代风水术认为，风水、建造的宜忌，非但直接关联到当时人的命运，并且还将对后世子孙的荣枯，产生深远影响。《宅经·凡修宅次第法》说："其有长才深智，悯物爱生，敬晓斯门，其利莫测。且大犯即家破逃散，小犯则失爵亡官，其余杂犯火花、口舌、跛蹇、偏枯、衰殃、疾病等万般皆有，岂得轻之哉！"对于这种犯了风水、建筑禁忌的，"犯处远而慢，即半年、一年、二年、三年始发，犯处近而紧，即七十五日、四十五日，或不出月即发"。听来简直有点令人汗毛倒竖。然而如果风水、建造得吉，又可门庭兴旺，子孙荣禄。由于风水、建造对住户整个家庭成员有着这样大的影响，所以《宅经·凡修宅次第法》引子夏的话说："人因宅而立，宅因人得存。"结论是："人宅相扶，感通天地，故不可独信命也。"

对于风水术的这种说法，早在东汉前期，出身于细族孤门的大思想家王充，就持激烈的反对态度了。虽说在猛烈抨击中，王充搬出了"凡人遇偶及遭累害，皆由命也。有死生寿夭之命，亦有贵贱贫富之命"，以及"案骨节之法，察皮肤之理，以审人之性命，无不应者"的绝对的命相观，可是这丝毫也无损于他在抨击风水术中所迸发出来的唯物主义的思想火花。

王充（27—97），字仲任，会稽上虞（今浙江上虞）人。在他倾注了三十年心血而著成的《论衡》一书中，公开激烈抨击风水术的思想，集中在第二十三卷的《四讳第六十八》、《调时第六十九》、第二十四卷的《讥日第七十》、《难岁第七十三》，以及第二十五卷的《诘术第七十四》等篇章中。

在《四讳篇》中，王充着重批判了"西益宅"不吉利的说法。文章开头说："俗有大讳四。一曰讳西益宅。西益宅谓之不祥，不祥必有死亡，相惧以此，故世莫敢西益宅，防禁所从来者远矣。”原来所谓“益”，就是增益、扩充的意思，因此“西益宅”的含义，就是向西增益、扩充住宅。风水术认为，屋宅的西面是白虎星所在的部位，要是主人不慎，在扩大住宅时误向西面扩展，那就一定会因触犯白虎星而招致灾害。可是对于这种说法，王充在文章中的批判却并不是针对性的，原因是很可能在这一时期中，风水术虽已有了西益宅不祥的说法，但在原理上却并没有作过多的阐述。

然而无论如何，王充对于西益宅不吉利的批判毕竟是别具光彩的。文章引鲁哀公的旧事说：“鲁哀公欲西益宅，史争以为不祥。”鲁哀公在大怒之下，对于左右大臣附和令史的谏争之话，一股脑儿地全都听不进去。结果还是宰质睢有办法，当鲁哀公问宰质睢：“吾欲西益宅，史以为不祥，何如？”宰质睢曰：“天下有三不祥，西益宅不与焉。”由于回答对了鲁哀公的胃口，使得哀公一时大悦。隔不一会儿，鲁哀公止不住问：“何谓三不祥？”宰质睢回答：“不行礼义，一不祥也。嗜欲无止，二不祥也。不听规谏，三不祥也。”哀公听完，深深感到宰质睢的话义理深蕴，于是反省了自己，并打消了西益宅的念头。对此，文章认为：“令史与宰质睢止其益宅，徒为烦扰，则西益宅祥与不祥，未可知也。令史、质睢以为西益宅不祥，则史与质睢与今俗人等也。”

这里，王充在批评令史与宰质睢的见解和俗人一样的同时，笔锋深指，一泻汪洋道：“夫宅之四面皆地也，三面不谓之凶，益西面独谓不详，何哉？西益宅何伤于地体？何害于宅神？西益不祥，损之能善乎？西益不祥，东益能吉乎？夫不祥必有祥者，犹不吉必有吉矣。宅有形体，神有吉凶，功德致福，犯刑起祸。今言西益宅谓之不祥，何益而祥者？且恶人西益宅者，谁也？如地恶之，益东家之西，损西家之东，何伤于地？如以宅神不欲西益，神犹人也，人之处宅欲得广大，何故恶之？而以宅神恶烦扰，则四面益宅，皆当不祥。诸工技之家，说吉凶之占，皆有事状。宅家言治宅犯凶神，移徙言忌岁月，祭祀言触血忌，丧葬言犯刚柔，皆有鬼神凶恶之禁，人不忌避，有病死之祸。至于西益宅何害而谓之不祥？不祥之祸，何以为败？实说其义，不祥者义理之禁，非吉凶之忌也。”行文至此，王充得出了西益宅不祥，是由于“义理之禁，非吉凶之忌”的结论。

对于这种义理之禁，王充的阐述是：“夫西方，长老之地，尊者之位也。尊长在西，卑幼在东。尊长，主也；卑幼，助也。主少而助多，尊无二上，卑有百下也。西益主益，主不增助，二上不百下也，于义不善，故谓不祥。不祥者，不宜也，于义不宜，未有凶也。何以明之？大墓，死人所藏；田，人所饮食；宅，人所居处。三者于人，吉凶宜等。西益宅不祥，西益墓与田，不吉不祥。夫墓，死人所居，因忽不慎。田，非人所处，不设尊卑。宅者长幼所共，加慎致意者，何可不之讳？义详于宅，略于墓于田也。”在阐述中，王充不把不祥解作不吉利，而解作“不宜”，倒也别具一格。

《讥时篇》批判的，是对“起土兴功，岁月有所食，所食之地必有死者”

的说法。这种说法的内容是："假令太岁在子，岁食在酉，正月建寅，月食于巳，子、寅地兴功，则酉、巳之家见（被）食矣。见食之家，作起厌胜，以五行之物悬金木水火。假令岁月食西家，西家悬金，岁月食东家，东家悬炭。设祭祀以避其凶，或空亡徙以辟其殃。连相仿效，皆谓之然。"对于这种说法，王充的看法是："如实考之，虚妄迷也。"

《论衡》第二十四卷中的《讥日篇》，着重批判了落葬、祭祀、沐浴、裁衣、起宅、学书必定要选择时日的迷信说法。其中落葬、起宅与风水术中的阴宅、阳宅有关。文章起头，王充先举世人迷信时日的缘由道："世俗既信岁时，而又信日。举事若病死灾患，大则谓之犯触岁月，小则谓之不避日禁。岁月之传既用，日禁之书亦行。世俗之人，委之信之，辩论之士，亦不能定。是以世人举事，不考于心而合于日，不参于义而致于时。时日之书，众多非议，略举较著，明其是非，使信天时之人，将一疑而倍之。夫祸福随盛衰而至，代谢而然。举事曰凶，人畏凶有效；曰吉，人冀吉有验。祸福自至，则述前之吉凶以相戒惧：此日禁所以累世不疑，惑者所以连年不悟也。"

就风水术而说，王充对起宅择日作了这样的批判："工使之书，起宅盖屋必择日。夫屋覆人形，宅居人体，何害于岁月而必择之？加以障蔽人身者神恶之，则夫装车、治船、着盖、施帽，亦当择日。如以地动穿土神恶之，则夫凿沟耕园亦宜择日。夫动土扰地神，地神能原人无有恶意，但欲居身自安，则神之圣心，必不忿怒。不忿怒，虽不择日，犹无祸也。如土地之神不能原人之意，苟恶人动扰之，则虽择日何益哉？王法禁杀伤人，杀伤人皆伏其罪，虽择日犯法，终不免罪；如不禁也，虽妄杀伤，终不入法。县官之法，犹鬼神之制也。穿凿之过，犹杀伤之罪也。人杀伤不在择日，缮治室宅何故有忌？"从"地神能原人无有恶意"和"如土地之神不能原人之意"正反两方面入手，从而有力地斥责了起宅盖屋必择时日的荒谬无稽。

再从落葬择日来说,《葬历》曰:“葬避九空、地臽及日之刚柔,月之奇偶。日吉无害,刚柔相得,奇偶相应,乃为吉良。不合此历,转为凶恶。”对于《葬历》的这种说法,王充自然是不能苟同的,所以他认为:“夫葬,藏棺也;敛,藏尸也。初死藏尸于棺,少久藏棺于墓。墓于棺何别?敛与葬何异?敛于棺不避凶,葬于墓独求吉。如以墓为重,夫墓,土也,棺,木也,五行之性,木土钧也。治木以羸尸,穿土以埋棺,治与穿同,尸与棺一实也。如以穿土贱地之体,凿沟耕园,亦宜择日。世人能异其事,吾将听其禁;不能异其事,吾不从其讳。”从结论的“吾不从其讳”一句看,王充的骨头是硬乎其硬的。接着,王充又以“春秋之时,天子、诸侯、卿、大夫死以千百数,案其葬日,未必合于历”的事实论据,贬驳了落葬择日的奇谈怪论。

《葬书》又说:“雨不克葬,庚寅日中乃葬。”王充又驳:“假令鲁小君以刚日死,至葬日己丑,刚柔等矣。刚柔合,善日也。不克葬者,避雨也。如善日,不当以雨之故,废而不用也。何则?雨不便事耳。不用刚柔,重凶不吉,欲便事而犯凶,非鲁人之意,臣子重慎之义也。今废刚柔,待庚寅日中,以晹为吉也。《礼》:‘天子七月而葬,诸侯五月,卿、大夫、士三月。’假令天子正月崩,七月葬;二月崩,八月葬。诸侯、卿、大夫、士皆然。如验之《葬历》,则天子、诸侯葬月常奇常偶也。衰世好信禁,不肖君好求福。春秋之时,可谓衰矣;隐哀之间,不肖甚矣。然而埋葬之日,不见所讳,无忌之故也。周文之世,法度具备,孔子意密,《春秋》义纤,如废吉得凶,妄举触祸,宜有微文小义贬讥之辞。今不见其义,无《葬历》法也。”

《岁难篇》是王充斥责《移徙法》“徙抵太岁凶,贫太岁亦凶”的一篇文字。移徙对抵着太岁方位的叫做“岁下”,背负着太岁方位的叫做“岁破”,

都是凶而不吉利的。比如太岁在甲子年，因为子为癸水，位处北方，所以这一年中，无论北移还是南徙，不是抵了太岁就是负了太岁，都要遭凶。起宅嫁娶，也无不如此。这年如果不南北徙而移东西，徙四维，则都吉利。原因是按着这样的方位不和太岁相触，也不和太岁相冲。

为此，王充运用他的那管扛鼎大笔，使用归谬之法，对之加以有力的驳斥。因为用归谬法所引出的结论，自然是荒谬而经不起推敲的。文末，王充叹曰：“人居不能不移徙，移徙不能不触岁，触岁不能不得时死。工伎之人，见今人之死，则归祸于往时之徙。俗心险危，死者不绝，故太岁之言，传也不灭。”

《诘术篇》是王充论驳图宅与五姓关系的有关文章。诘，就是责问；术，就是图宅之术。图宅术说：“宅有八术，以六甲之名数而第之，第定名立，宫商殊别。宅有五音，姓有五声，宅不宜其姓，姓与宅相贼，则疾病死亡，犯罪遇祸。”王充诘曰：“夫人之在天地之间也，万物之贵者耳。其有宅也，犹鸟之有巢，兽之有穴也。谓宅有甲乙，巢穴复有甲乙乎？甲乙之神独在民家，不在鸟兽何？夫人之有宅，犹有田也。以田饮食，以宅居处，人民所重，莫食最急，先田后宅，田重于宅也。田间阡陌可以制八术，比土为田，可以数甲乙，甲乙之术独施于宅，不设于田，何也？府廷之内，吏舍比属，吏舍之形制何殊于宅，吏之居处何异于民，不以甲乙第舍，独以甲乙数宅，何也？民间之宅，与乡亭比屋相属，接界相连，不并数乡亭，独第民家，甲乙之神何以独立于民家也？数宅之术行市亭，数巷街以第甲乙。入市门曲折，亦有巷街。人昼夜居家，朝夕坐市，其实一也。市肆户何以不第甲乙？州郡列居，县邑杂处，与街巷民家何以异？州郡县邑何以不数甲乙也？”

由此，王充进而议道：“天地开辟有甲乙邪？后王乃有甲乙。如天地开辟本有甲乙，则上古之时巢居穴时，无屋宅之居，街巷之制，甲乙之神皆何在？数宅既以甲乙，五行之家数日亦当以甲乙。甲乙有支干，支干有加时。支干加时，专比者吉，相贼者凶。当其不举也未必加忧支辱也。事理有曲折，罪法有轻重，上官平心原其狱状，未有支干吉凶之验，而有事理曲直之效，为支干者何以对此？武王以甲子日战胜，纣以甲子日战负，二家俱期，两军相当，旗帜相望，俱用一日，或存或亡。且甲与子专比，昧爽时加寅，寅与甲乙不相贼，武王终以破纣，何也？”

问题不得不涉及五姓。所谓“五音之家，用口调姓名及字，用姓定其名，用名正其字。口有张歙，声有外内，以定五音宫商之实”。原来五姓，就是古时一种把人的姓按照五行五音进行分配，加上吉凶忌讳的迷信说法。比如在《春秋》中，“以陈、卫及秦并同水姓，齐、郑及宋皆为火姓”。这种配法，“或承所出之祖，或系所属之星，或取所居之地，亦非宫、商、角、徵共相管摄”（《旧唐书》七九《吕才传》），然而主要的依据还是用五行来配合五姓。其中发角音的配木，称为角姓或木姓；发徵音的配火，称为徵姓或火姓；发宫音的配土，称为宫姓或土姓；发商音的配金，称为商姓或金姓；发羽音的配水，称为羽姓或水姓。关于角、徵、宫、商、羽五音，这是一个音韵学上的问题，这儿就无法细谈了。

可是，人的得姓原因是复杂而又多种多样的，把这多种多样原因得来的姓氏按照口的张歙、声的内外纳入到五姓中去，从而与图宅发生种种吉凶关系，自然是荒谬可笑的。这里王充的驳论思路是：“夫人之有姓者，用禀于天，天得五行之气为姓邪？以口张歙、声外内为姓也？如以本所禀于天者为姓，若五谷万物禀气矣，何故用口张歙、声内外定正之乎？古者因生以赐姓，因其所赐之姓也。若夏吞薏苡而生，则姓苡氏；商吞燕子而生，则姓为子氏；周履大人迹，则姬氏。其立名也，以信、以义、以像、以假、以类。以生名为信，若鲁公子友生，文在其手曰‘友’也。以德名为义，若文王为昌，武王为发也。以类名为像，若孔子名丘也。取于物为假，若宋公名杵臼也。取于父为类，有似类于父也。其立字也，展名取同义，名赐字子贡，名予字子我。其立姓则以本所生，置名则以信、义、像、假、类，字则展名取同义，不用口张歙、声外内。调宫、商之义为五音术，何据见而用？古者有本姓，有氏姓。陶氏、田氏，事之氏姓也；上官氏、司马氏，吏之氏姓也；孟氏、仲氏，王父字之氏姓也。氏姓有三，事乎、吏乎、王父字乎？以本姓则用所生，以氏姓则用事，吏、王父字，用口张歙调姓之义何居？匈奴之俗，有名无姓字，无与相调谐，自以寿名终，祸福何在？《礼》曰'买妾不知其姓则卜之'。不知者，不知本姓也。夫妾必有父母家姓，然而必卜之者，父母姓转易失实，《礼》重取同姓，故必卜之。姓徒用口调谐姓族，则《礼》买妾何故卜之！"

图宅术又说："商家门不宜南向，徵家门不宜北向。"原因是商姓属金，南方火能克金；徵姓属火，北方水能克火。古代风水术士认为，如果五姓之家门的朝向和自身姓氏五行有克贼的话，整个一家就会贫贱衰耗，反之如果方向得宜，就会富贵吉昌。对于这种无稽的说法，王充斥曰："夫门之与堂何异？五姓之门，各有五姓之堂，所向无宜何？门之掩地，不如堂庑，朝夕所处，于堂不于门。图吉凶者，宜皆以堂。如门、人所出入，则户亦宜然。孔子曰：'谁能出不由户？'言户不言门。五祀之祭，门与户均。如当以门正所向，则户何以不当与门相应乎？且今府廷之内，吏舍连属，门向有南北；长吏舍位，间居有东西。长吏之姓必有宫、商，诸吏之舍必有徵、羽。安官迁徙，未必角姓门南向也，失位贬黜，未必商姓门北出也，或安官迁徙，或失位贬黜何？"至此以下，王充的驳论还很想入非非，想人所未想。首先："五音之家，商家不宜南向门，则人禀金之姓者，可复不宜南向坐，南行步乎？"其次："一曰五音之门，有五行之人，假令商姓口食五人，五人中各有五色，木人青，火人赤，水人黑，金人白，土人黄。五色之人，俱出南向之门，或吉或凶，寿命或短或长，凶而短者未必色白，吉而长者未必色黄也，五行之家何以为决？”又曰：“南向之门，贼商姓家，其实如何？南方火也，使火气之祸，若火延燔，径从南方来乎，则虽为北向门犹之凶也。火气之祸，若夏日之热，四方洽浃乎，则天地之间皆得其气，南向门家何以独凶？南方火者，火位南方，一曰其气布在四方，非必南方独有火，四方无有也，犹水位在北方，四方犹有水也。火满天下，水辨四方。火或在人之南，或在人之北。谓火常在南方，是则东方可无金，西方可无木乎？”

综观以上所述，王充不仅是位“博通流众百家之言”的唯物主义杰出思想家，并且在反对风水术上，也是位伟大的历史先驱、思想斗士。王充的精神，可以说当之无愧地代表了东汉前期的思想精华。

2 张居正——明朝反风水的大旗

翻开明朝历史，在明神宗万历初年国事飘摇之间，前后主持国政达十年之久，以推行“得盗即斩”强硬手段和一条鞭法新赋税制度而闻名的张居正，不仅治国有方，以著名政治家的身份而名垂青史，并且在反风水迷信上，也是位所向披靡、刀笔犀利的猛将。

张居正，字叔大，号太岳，湖广江陵（今属湖北）人。明世宗嘉靖年间，张居正中了进士，此后，在明穆宗隆庆元年入阁，从而为他今后政治上大展宏图，铺平了道路。

明神宗万历六年（1578），张居正请假归葬先人。其时，风水迷信之术不仅广泛深入流行于下层平民百姓之中，就是那些有着较高学问修养的封建知识分子和士大夫，也无不热衷于此。按照风水术的说法，《青乌先生葬经》提出：“藏于杳冥，实关休咎。”郭璞的《葬书》则说得更加活灵活现：

“葬者，乘生气也。夫阴阳之气，噫而为风，升而为云，降而为雨，行乎地中而为生气。生气行乎地中，发而生乎万物，人受体于父母，本骸得气，遗体受荫。盖生者气之聚，凝结者成骨，死而独留，故葬者反气内骨，以荫所生之道也。《经云》：气感而应，鬼福及人。是以铜山西崩，灵钟东应，木华于春，粟芽于室。”无疑，这些都是风水术中经典权威的话，如果说得通俗大众化点儿，就是“葬地能作人祸福”，如果葬得吉壤，家属子孙就兴旺发达，反之如若葬得恶地，则举家衰败，不可收拾。由于人们趋吉避凶的心理作用，加之当时自然科学和社会科学还没有能够达到彻底揭开风水术不可凭信之谜的高度，因此社会上为死者选择葬地之风，就比比皆是了。

难能可贵的是，在当时这种社会风气的弥漫影响下，张居正在归葬之时非但没有找风水先生踏遍青山，寻龙问水，并且还写了一篇《葬地论》，以全面阐述自己对风水术的看法，由于文章有着一定的深度和广度，因此至今读来，仍然熠熠生辉，发人深省。

风水术说：“风藏水聚，则体魄安妥，或阅千百年而不化，否则有风吹倒转，虫蚁啮食之变，使死者体魄不安，祸及子孙。”张居正批驳道：“夫人死枯木朽株耳，虽不化奚益？战死之人，脂膏草野，肉饱乌鸢，而其子孙亦有富贵显赫者，安在其能贻子孙之祸乎？且体魄无知，亦无安无不安也。”张居正在文中指出：第一，体魄无知，即使葬在土里千年不变，对后世子孙又有何益？第二，那些死于战场，抛尸露骨而未能入葬者的子孙，也多有富贵显赫的客观事实。

再之，张居正还提出，上古之人身死之后常常“委之于壑”，后来才“归而掩之”，有了葬地。在“委之于壑”的时代，人们也有贵有贱，有荣有枯，有贫有富，有寿有夭，这又归之于什么原因呢？接着他又分举“旃裘之国，亲死则弃之于野，经月不视，俟虎狼野兽食尽以为送终”，以及“西方之俗，尽从火化”，然而这些国土的人也有贵有贱，有荣有枯，有富有贫，有生有死，这又是一种什么样的力量在主宰着呢？

随之，张居正的思想触角又伸进了水葬一隅说：“今吴越之间看水葬者，鱼鳖之腹，人之丘陇也。彼其子孙亦有通显贵盛，累世富厚者，是又孰为之乎？”这里水葬为张居正提供了一个有趣而有力的驳论依据：水葬以后，死者被龟鳖纷纷吞食，众多的鱼鳖成了死者的坟墓。对于鱼鳖作为死者坟墓的吉凶如何，不但是风水术没能涉及的问题，同时也是风水术所不能解答的难题。然而，问题尽管悬在那里，可是葬身于鱼鳖腹中的水葬者的家属后代，却依然贵的贵、富的富，这当然也是风水家们所难以抹杀的。

帝王诸侯和匹夫编户之氓是社会上两个地位截然不同、有着霄壤之别的阶层。张居正在《葬地论》中先论前者说：“黄帝葬于桥山，葬衣冠耳。尧葬济阴，坎而不墓。禹葬会稽，不改其列。殷汤无葬处。王季葬楚山之尾，栾水啮其墓，见棺之前和而文王不以为戚。魏惠王将葬，雪深及牛目，反棺而旋，改期而葬，彼皆身为帝王，而葬礼如此，然其子孙为天子诸侯，历世享国者，千有余年。此其尤大彰明较著者也。”接着又论后者道：“至若匹夫编户之氓，贫窭穷约，或掩骼荒丘，寄骸丛垒，而子孙崛起暴富者，又不可胜数也。”这些从风水术来说，又都是些什么道理或怎样解释呢？

“以子之矛，陷子之盾”是《韩非子·难势》中述及的一个有名的寓言故事。在《葬地论》中，张居正也巧妙利用这一逻辑学上的思辨方法提出：“上古死而不葬，中世葬而不墓，近古墓而不择地，不拘时日。今之言相地卜兆者，皆叔季希觊之私，谬妄无稽之论也。且青乌之书，始于郭璞，彼固精于其术者，葬其亲边，宜得吉壤善地，而身为王敦所杀，后裔无闻。”郭璞是我国风水创立之初的祖始爷之一，然而后来却被王敦杀死。这里，张居正显然是用风水术家郭璞被杀的矛，刺风水术择得吉地、后世子孙可以因而获吉的盾。因为，精于风水术的郭璞，在为先人选择葬地之时，是不会也不可能不选择吉壤善地的。至于风水家们为挽回面子所提出的“灾祸之来，有必不可逃者”的狡辩，张居正笔锋直入道：“则人之博求吉地，欲以避殃致祥者，又胡为者哉？”

紧接着，张居正又继续驳斥：“近世言堪舆者，皆宗江右曾、杨二姓，今江右之区，贵门世族，踵相接也。乃二姓之后，未闻有显者，彼其祖孙不求一善地以自庇其后人乎？又何工于为人谋而拙于自谋乎？”这里张居正对精于风水的江右曾、杨二姓子孙的默默无闻，提出了“又何工于为人谋而拙于自谋”的揶揄，可谓涉笔成趣，意味无穷。

“地可遇而不可求”，本是风水家们自我解脱的一种遁词。可是在《葬地论》中，张居正却抓住不放：“若曰地可遇而不可求，则人亦惟遇之而已，何以求为？夫人固有未得吉地而显贵，已得吉地而衰替者，祸福之应善乎否耶？”这种批判的笔力，自然是入木三分的。

对于风水术的批判，张居正不愧为一面大旗，他思想的周到缜密，还表现在对风水家们相地的各有各的说法上。比如“有地于此，使三人视之，一曰吉，一曰凶，一曰先凶而后吉，或先吉而后凶”。然而，由于贵贱荣枯、贫富寿夭，是社会上一种难以变易的客观存在，所以对于风水家们相地时各有吉凶的不同说法，张居正毫不留情地指出：“他日出于吉则言吉者验，出于凶则言凶者验矣。出于先凶而后吉，或先吉而后凶则言先后者验矣，而世皆传其验者，不传其不验者，故谬悠荒唐之说不闻于人，而臆度幸中之谈，独存于世。”由此直下，张居正还怒斥那些故弄玄虚的术家诸流，“每挟奇以诳俗，饰浅以惊遇”，而惋叹流俗之见，又“未有不惑于祸福之说者”。由于这两方面原因的相互凑合，所以风术家们“其术难穷，恶在其为多验乎”。

在《葬地论》中，张居正认为人的吉凶祸福，都是人本身的所作所为而招致的。人之常情，没有不希望自己子孙世世代代丰厚贵显的，然而当自己活着的时候，尚不能尽如其愿地为子孙图虑长久，而死后只留下枯骸一丘，又怎能去庇护他的后代呢？如果凭借地灵果真能够垂荫后世子孙的话，那么愿意为子孙谋福利的，就都该死得越快越好，又何必活得太长久呢？为此，张居正引《书经》的话说："作善降祥，作恶降殃。"又引《易经》的话说："积善之家，必有余庆，积不善之家，必有余殃。"这就是所谓的"天道"了。如果有人认为，家道的兴旺衰败，都和葬地的吉凶有关，那么人们如要趋吉避凶，就只要找到一块上好的吉地就可以了，又何必再要去读经为善呢？况且祸福之柄，既然捏在地里，那么彼之苍之者天，又高高在上管些什么呢？由此引出结论是："天包乎地，地不能大于天。灾祥善戾之感，在天道犹不可必也，而况于地乎？"虽说这里张居正的思想在儒家经典所说"作善降祥，作恶降殃"和"积善之家，必有余庆，积不善之家，必有余殃"的基础上，还身不由己地滑落进苍天司命的唯心主义世界观的泥淖里去，然而无论如何，却总是瑕不掩瑜的。

文末，张居正还提到有人问他："祸福之说，固不可以是拘拘为也，然以祖考之遗体委而弃之，略不加意于心，宁能忍乎？""子之言葬也，如之何？"对于这两个问题，张居正阐述自己的见解道："葬者藏也，欲人弗见也。人死则厝之草莽之中耳，平衍窈奥，兹焉允藏。毋居险仄，恐其崩也；毋近水泽，恐其陷也。掘地为坎，衣周于棺，土周于椁，反壤树之，一瞑而万世不视矣。其速化耶，吾乌乎知之？其不化耶，吾乌乎知之？其化与不化，又何足休戚邪？反哭而虞，设主于室，奉神灵而永孝思焉，而送终之事毕矣。若夫世之延促，家之隆替，命也，吾何知焉。君子强为善而已矣。"接着，他又举吴季子葬子的古例说："吴季子适齐，其子死，即葬于瀛博之间，深不及泉，其高可隐也。掩而号之曰：骨肉复归于土，命也。若魄气，则无不之也。无不之也，而遂行彼以为此。天地之委蜕也，无之而不可藏也，奚以故国之归，胜地之求乎？"

对于吴季子这种随地葬子，归复于土，不求胜地，不迁返故国的豁达思想行为，张居正不禁深深叹曰："若季子者，可为明也已矣，可谓远也已矣！"

3 有关风水惑人和古人不信风水的论述

吴敬梓在《儒林外史》第四十五回中有讲"堪舆回家葬亲"一段文字。

余大、余二兄弟俩商议，要去拜风水张云峰。恰好一个本家来请吃酒，两人拜了张云峰，便到那里赴席去。那里请的没有外人，就是两个嫡堂兄弟，一个叫余敷，一个叫余殷。两人见大哥、二哥来，慌忙作揖，彼此坐下，问了些外路的事。吃了一会，主人走进去拿出一个红布口袋，盛着几块土，红头绳子拴着，向余敷、余殷说道："今日请两位贤弟来，就是要看看这山上土色，不知可用得？"余二先生道："山上是几时破土的？"主人道："是前日。"余敷正要打开拿出土来看，余殷夺过来道："等我看。"劈手就夺过来，拿一块土来放在面前，把头歪在右边看了一会，把头歪在左边又看了一会，拿着手指头掐下一块土来，送在嘴里，歪着嘴乱嚼。嚼了半天，把一大块土就递与余敷，说道："四哥，你看这土好不好？"余敷把土接来手里，拿在灯底下，翻过来把正面看了一会，翻过来又把反面看了一会，也掐了一块土送在嘴里，闭着眼慢慢地嚼。嚼了半日，睁开眼，又把那土拿在鼻子跟前尽着闻。又闻了半天，说道："这土果然不好。"

主人慌了道："这地可葬得？"余殷道："这地葬不得，葬了你家就要穷了。"余大先生道："我不在家这十几年，不想两位贤弟就这般精于地理。"余敷道："不瞒大哥说，经过我愚弟兄两个看的地，一毫也没得辩驳的。”余大先生道：“方才这土是哪山上的？”余二先生指着主人道：“便是贤弟家四叔的坟，商议要迁葬。”余大先生屈指道：“四叔葬过已经二十多年，家里也平安，可以不必迁罢。”余殷道：“大哥，这是哪里来的话！他那坟里一汪的水，一包的蚂蚁，做儿子的人，把个父亲放在水窝里、蚂蚁窝里，不迁起来，还成个人？”余大先生道：“如今寻的新地在哪里？”余殷道：“昨日这地不是我们寻的。我们替寻的一块在三尖峰。我把这形势说给大哥看看。”因把这桌上的盘子撤去两个，拿指头蘸着封缸酒，在桌上画个圈子，指着道：“大哥你看，这是三尖峰。那边来路远哩！从浦口山上发脉，一个墩，一个炮；一个墩，一个炮；一个墩，一个炮，弯弯曲曲，骨里骨碌，一路接着滚了来。滚到县里周家巷，龙身跌落过峡，又是一个墩，一个炮，骨骨碌碌几十个炮赶了来，结成一个穴情。这叫做‘荷花出水’。”

正说着，小厮捧上五碗面，众人举起箸来吃。余殷吃得差不多，拣了两根面条，在桌上弯弯曲曲做了一个来龙，睁着眼道：“我这地要出个状元，葬下去中了一甲第二也算不得，就把我的两只眼睛剜掉了！”主人道：“那地葬下去自然要发。”余大先生道：“前日我在南京听见几位朋友说，葬地只要父母安，那子孙发达的话也是渺茫。”余敷道：“然而不然。父母果然安，子孙怎的不发？”余殷道：“然而不然。彭府上那一座坟，一个龙爪子恰好搭到他太爷左膀子上，所以前日彭老四就有这一拍。难道不是一个龙爪子？大哥，你若不信，明日我同你到他坟上去看？你才知道。”

次日，大先生同二先生商议道：“昨日那两个兄弟说的话，怎样一个道理？”二先生道：“他们也只说得好听，究竟是无师之学，我们还请张云峰商议为是。”大先生道：“这最有理。”第二天，弟兄两个备了饭，请张云峰来。二先生道："我们只要把父母大事做了归着，而今拜托云翁，并不必讲发富发贵，只要地下干暖，无风无蚁，我们愚弟兄就感激不尽了。"

过了几日，张云峰寻了块地，就在祖坟旁边。余大先生、余二先生同张云峰到山里去，亲自复了这地，托祖坟上山主用二十两银子买了，候张云峰择了日子，出殡归葬，甚是尽礼。

小说是形象地反映社会的一面镜子，书中余大先生、余二先生"只要把父母大事做了归着"，"并不必讲发富发贵"的笃实诚朴，恰与余敷、余殷兄弟的卖弄风水，如按他俩所选葬地落葬，子孙保出状元的发誓赌咒形成鲜明的对照。这在当时来说，余大、余二先生的这种思想观念不能不说是十分可贵的。

其实，在封建社会中，余大、余二先生的这种思想观点，也不是绝无仅有的。更加可贵的是，从古以来还有好多不信风水的开明人士，他们之中不乏高举理性大旗，向风水术中惑人的迷信成分，进行无情抨击的无畏斗士。《墨余录》的作者宋代毛祥麟，在他的这部著作卷四中，就公开喊出了"风水惑人"的口号。文章开头就说："青乌之术，虽不尽无稽，然借祸福以惑人，使堕术中而莫或觉者，亦比比皆是。"劈面从风水术的操纵者和迷信者两个方面，道出了一方被惑不觉，才能使另一方有继续惑人的可能和市场。接着，又以故事的形式揭露了一场借风水之术惑人的奇特骗局。

精真子是一个活动在吴楚一带，专门为人看风水的术士。一次，当他打听到某宦家拥巨资，因为过于讲究"寻龙"的风水之术，所以家里虽有两具棺柩停了三年，却还没落葬时，就贿赂他的亲信张某，向某宦尽力推荐自己的风水之术。落葬以后，宦者付了精真子一笔厚厚的报酬。谁知墓土还没干透，宦者的妻子和弟弟就先后亡故了。悲伤之余，宦者心里暗暗想道：莫非所葬的不是“善地”吧？待要找精真子算账，可又茫茫人海，到哪里去找呢？

事后不久，墓边的废庵里来了个看上去五十多岁的僧人住持其中，闭关却扫，坐卧一室。这僧人白天既不生火做饭，入夜也不点灯照明。因为感到好生奇怪，便就有人前去攀谈。僧人答道：“我从小开始就学堪舆之术，平时为人择地，经常使那些该受惩罚的得到福分，为了害怕获罪于天，所以才皈依空门受戒。今年已经一百零八岁了。”由于这僧人的来历和行为不同一般，所以大家都把他当作异人看待。消息传到某宦耳里，某宦兴致勃勃前去拜访了他，彼此谈得很是投机。接着，某宦提出要老僧为自己看一下家里的墓道吉凶。老僧坚决推辞道：“贫僧早在佛前立下了誓言，还望施主原谅。”由于某宦的一再要求，老僧才勉强答应道：“余有徒碧霞，精于此。念君之诚，姑往招之，未识有缘否？”某宦问老僧碧霞住在何地宝刹，当亲自去邀请。老僧说：“渠尝出游海岛，数岁不归，此时正不知在何处，唯老衲亲为君行耳。”某宦听后大喜说：“某拟薄具资粮，遣仆送行，未知何日得劳法驾？”老僧答道：“无须也。明日君来，封吾卧室，不令人窥视，阅二日返矣。”

两日以后，某宦前往，听到庵里有轻轻的咳声，推门进去，只看到老僧趺坐如故说：“我已回来半天了。”某宦问道：“事谐否？”老僧回答：“已晤渠于南海白杨岛，五日后当自来。”

过了五天，某宦前往，老僧室里果然来了一位身材挺长，须眉半苍，风帽布袍，闭目端坐的中年僧人。见到某宦前来，老僧就介绍说：“这就是小徒碧霞，今晨始至。”某宦听过介绍，当即肃然下拜。碧霞慌忙起身答揖道："闻贵官欲觅佳城。然地在福泽，而不在风水。泽厚则吉壤不谋而遇，福薄则虽得善地亦为人破。且地理兴衰，随时转运，达人于此，又何深求？惟是不除五患，不避五凶，则消亡立见。如人禀气虽盛，而服毒药必死；仁者应寿，而迎锋刃亦亡。趋吉避凶，人事似不可不尽耳。"某宦答言："师言良是。弟子自知福薄，何敢妄求？缘去岁筑山，死亡相继。得我师一辨吉凶，而释所疑，此固弟子之愿也。"

接着，碧霞先问庚造，某宦告诉了他。碧霞闻言略一轮算，才点头说："山在何处？盍往观。衲因有事，明日即拟他适也。"某宦道："离此仅数十步耳。"于是便一起前往相看。当时，碧霞在坟墓周围看了半天，忽然顿着脚道："顷所云五患五凶，除五害者，异日不为城郭、道路、田舍、沟渠也。避五凶者，去风、火、水、寒、绝也。若葬凶地，皆主家遭颠覆，以其棺或为风翻，或为水浸火焚故耳。五者中，风、水、寒、绝四种，其地恒有，惟火地不多见。火地者，阴极生阳，地中阴气，结成流火，而火性炎上最烈，亦最速。葬则数年以后，尸棺灰烬，族亦消失，此地是也。今棺首已焦灼矣。推君之造，相君之形，后世当有兴者，不应遽灭。今得遇我，夫岂偶然？然非卜吉速迁，其能免乎？"

某宦听完，好比跌进万丈深渊，苦苦恳求碧霞再逗留几天，选个吉地。碧霞沉思一会后说："与君虽邂逅，亦有前缘。鉴君悃忱，敢以实告。衲受戒于终南，四十年来，云游遍海外。今年矣，不久当归净土。昨观峨嵋之秀，思葺数椽，安此朽骨。故急欲赴都，访诸善士，募资了愿。君今事已难缓，其能株待我乎？"某宦闻言问道："约需几何？"碧霞回答："是无多求，千金足矣。"某宦接口："此细事，何必远涉京都？弟子虽力绵，愿以千五百金为赠。”碧霞听说高兴道：“信然，我事办矣。君乐善好施，千金一诺，何愁不得佳地？”于是又环墓仔细看了一遍，对某官说道：“是固吉壤，可勿他择。惜穴秘，寻常地师，无从指点耳！今当于壬癸日开圹以验，计去此尚有三日也。”于是，碧霞就又在庵里留了三天。

到期，碧霞拉着某官的手低声说：“去南五十步，有连枝草一丛独茂者，掘之，下当有菌芝，此名野鹤冲云地。葬此，二世后可得万钟禄，真千年不败墓也。”官曰：“窃闻赵氏之葬，亚布九原；汉之山陵，散列诸处。何数十步间，而吉凶顿异耶？”碧霞答道：“君不闻龙角龙耳之事乎？平庸之地，本无利害，偏倚何妨；若鸡栖连伞，咫尺悬殊，岂今世寻龙捉脉者所能识也。”说完就让工徒速速开圹。等到掘开墓室，果然看到棺首已经成为焦炭。某官看到这一情状，惊得目瞪口呆，向碧霞连连顿首谢教。碧霞走到五十步外，又让工徒掘地，挖不了四五寸，就挖出了无根菌芝一只。某官见状，大喜道：“师真神技也，未审何缘得此奇遇了？”碧霞答道：“地有此穴，世有此人，苟非其人，穴亦终秘。此君福泽所致，非贫僧力也。”

迁葬完毕，某官按照原先说好的，从家里取出一千五百金谢了碧霞。不久以后，碧霞师徒又去别处云游了。

事后有人走进庵里，看到僧房地底有凹陷的痕迹，心里感到诧异，就叫来众人一起发掘下去。挖不多久，地下就露出一个窟窿，窟窿里面藏有一根铁管，一直通进某官旧时坟茔。消息传进某官耳里，方始恍悟，原来棺首烧成焦炭，以及地里挖出芝草，都是二僧预先设下的圈套。由于悔恨交加，要不了多少日子，便就郁闷而死了。

对于书中所说“风水惑人”的这则事实，雨苍氏在看后举笔深有感触地评曰：“木必自腐，而后虫蛀之。两僧术虽秘，然非某宦过讲寻龙，蓄疑胸次，岂易售厥欺哉？叙僧踪迹殊闪烁，其言吞吐即离，语妙可想。”

可见玩风水术骗人的把戏，虽说骗子可恶，可是另一方面也要有执迷风水的被骗对象，才能把戏唱成。类似于这种骗局的，史料记载也绝非个别情况。《清朝野史大观·清代述异》卷十载有“堪舆骗术”一则，发人深省。

道光年间，青县诸生姚某，因为被诬抗赋罪而只身逃到河南汲县。一年以后，旅店主人对姚某逼债很紧，姚某无可奈何，就对店主人说：“我欠了你的债，又没能力归还，如能听我一计，可得千金，到时全数归你所有可好？”店主人问姚这是怎么回事？姚说：“你有田产吗？”店主回答：“仅二亩余。”于是姚就让店主暗地里用胶土做了一只土龙，乘着夜色埋进地里。

几天以后，姚某走到邻村巨富黄氏家茔地，故意地来来回回，面上显出既惊异、又惋叹的神情。守茔人见姚某如此模样，不禁问姚原因，姚某神秘地说：“我习堪舆学好几十年，行迹遍于天下，所看之地多矣，但还没看到这样富可百万，白却断绝了子孙的坟地。”守茔人听姚某这样说，一面坚持请他再细细察看一遍，一面派人去请主人黄氏。待到黄氏驾临，姚某指画龙脉，绘声绘色地把为什么致富、为什么断绝的原因，说得天花乱坠。后来在黄氏的邀请下，姚某每天和主人一起乘轿出入，以致踏遍近郊土地，都没有看得上眼的。

一天，姚某和墓主人又外出相地，待跑到埋土龙处时，装着大惊的样子说：“得之矣，此为龙眠地，不惟子息繁衍，并且科第鼎盛也。”墓主经他一说，经过打听，知是旅店老板的地，于是就托人说情，出了千金的重价把地买了下来。接着，姚某又为他卜日迁葬。这样，旅店主人得了千金。半年以后，姚某得知家乡讼事已经了结，也就回去了。

二十年后，一天，姚家忽然来了两个自称是河南黄姓的翩翩少年，看到姚某就拜跪下去，执晚生礼甚恭。姚某惊问原因，才知道黄氏迁葬以后竟然生了两个儿子，后来又在同一年里中了河南乡试。不久在礼部试中，一个还因中试而做了知县官呢。这次前来拜访，是听了他俩父亲的话才来的。

在这则堪舆骗术中，河南汲县巨富黄姓因为不久生子，事出凑巧，所以非但没能揭穿姚的骗术，反而还因此蒙蔽了一大批人，这就更加使人悲叹了。

以上所述种种，多半是骗子借风水之术来迷惑群众的故事。故事的本身，虽然在一定程度上表现出了对于风水术的种种不满情绪，可毕竟还难以说明风水本身的不可信。倒是东汉吴雄不问风水禁忌的事实，能够说明问题。吴雄是汉顺帝时河南人，年轻时，吴雄不幸死了母亲，因为家里贫困买不起风水宝地，于是就把母亲葬在了人家丢弃而不愿入埋的地里，并且在操办丧事时，也不问时日吉凶。有人劝他说：“你这样把母亲葬在死绝之地是要灭族的。”可是吴雄听后，理也不理，只当作没有听见。后来吴雄不仅自己官至廷尉，并且连他的儿子吴祈、孙子吴恭一起，三世都做了廷尉的官。

吕才（660？~665）是初唐著名的方术批判思想家，博州清平（今山东省聊城）人。他平生精于阴阳、方技、舆地、历史，尤其擅长乐律，并担任过太常博士、太常丞等职。当年，唐太宗因为感到阴阳术数之书非但时有讹伪，并且拘忌太多，就让吕才等删定《阴阳书》，颁布天下。在奉书删定过程中，吕才先后撰成了《叙禄命》、《叙宅经》、《叙葬》等著述，对当时存在着的星命、风水等世俗迷信，进行了有力的批判。这些著述现被保存在《旧唐书·吕才传》中。

唐初之时，社会上以五姓附会阳宅方位生克吉凶的迷信，依然盛行不衰。对此，吕才口诛笔伐道："验于经典，本无斯说，诸阴阳书亦无此语，直是野俗口传，竟无所出之处。唯《堪舆经》黄帝对于天老，乃有五姓之言。且黄帝之时，不过姬、姜数姓，暨于后代，赐族者多。至如管、蔡、郕、震、鲁、卫、毛、聃、郜、雍、曹、腾、毕、酆、郇，并是姬姓子孙；孔、殷、宋、华、向、萧、亳、皂甫，并是子姓苗裔。自余诸国，准例皆然。因邑因官，分枝布叶，未知此等诸姓，是谁配属？又检《春秋》，以陈、卫及秦，并同水姓，齐、郑及宋，皆为火星。或承所书之祖，或系所属之星，或取所居之地，亦非官、商、角、徵，共相管摄。此则事不稽古，义理乖僻者也。"

再之对于当时社会上阴宅五姓安葬，各有宜忌的无稽之谈，吕才也刀笔犀利地剖驳为："今之丧葬吉凶，皆依五姓便利。古之葬者，年在困都之北，域兆既有常所，何取姓墓之义？赵氏之葬，并在九原；汉之山陵，散在诸处。上利下利，蔑尔不论，大墓小墓，其义安在？及其子孙富贵不绝，或与三代同风，或分六国而王。此则五姓之义，大无稽古，吉凶之理，何从而生？"

为了迎合丧家趋吉避凶的心理，一时间各种葬书纷纷出笼，使人惑于拘忌，遂使本来淳朴的民风，被搅扰得乌烟瘴气。对此，吕才的心情是非常激愤的。他痛心疾首地指出："暨乎近代以来，加以阴阳葬法，或选年月便利，或量墓田远近，一事失所，祸及死生，巫者利其货贿，莫不擅加妨害，遂使葬书一术，乃有百二十家，各说吉凶，拘而多忌。"这样的结果，自然使得“野俗无识”之士“皆信葬书，巫者诈其吉凶，愚人因而徼幸。遂使擗踊之际，择葬地而希官品；荼毒之秋，选葬时以规财禄。或云辰日不宜哭泣，遂莞尔而对宾客受吊；或云同属忌于临圹，乃吉服不送其亲”。以上种种，都严重违背了圣人设教的初衷，所以吕才怒曰：“葬书败俗，一至于斯！”

宋朝之时，大史学家和文学家司马光，同时又是一位大思想家。在《司马光文集》中，他曾写下《葬论》、《论山陵择地札子》等篇章，对于当时流行的风水吉凶，作了一定力度的批判。

从国君择葬的大处来说，《论山陵择地札子》认为：“国之兴衰，在德之美恶，固不系葬地时日之吉凶。”从家人择葬的小处来看，《葬论》指出，古人落葬，既不择地，也不择日，而时下流行的葬书一类，却又是察看山川地形，又是选择年时干支，认为这是关系到子孙辈富贵贫贱、吉凶寿夭的大事，遂使好多天下父母死后多年，还因没有找到风水宝地而迟迟未能落葬，真是呜呼哀哉，于心何忍！接着，他还现身说法，以他自己父亲的丧事为例。父亲死后，族人提议：“葬亲是件大事，不请人察看风水阴阳是不行的。”他哥哥伯康在舆论压力下没有办法，只得找了一位风水先生摆摆样子，应付门面，而实际上对于具体的墓穴规制、落葬时日、出丧路线等，一切都由伯康自己决定。由于风水先生收到了一份丰厚的谢金，所以便挖空心思、煞有介事地在葬书里找出好多理由加以论证，断为如此这般，大吉大利。族人听风水先生这么一说，便就深信不疑，其实却全然不是那么回事。当年写这篇文章时，司马光哥哥伯康已经七十九岁，而他自己也已六十六岁，做了大官。总计下来，一家子在朝里做官的计达二十三人之多。前些年司马光妻子仙逝，没有请教风水先生卜葬，家里也没有发生什么不幸。再从那些相信风水人家来说，也不见得比他司马光好到哪里。所以最后司马光断言：葬书所说不可信，他家就是一个现实的例子。

元明之际，我国出了个写下了《龟巢稿》和《辨惑篇》的思想家谢应芳（1295—1392）。当年，他曾作诗嘱咐儿子说：

要学刘伶死便埋，随行负锸欠舆台。
萤生腐草光能几？蚍在南柯梦易回。
一笑预言身后世，两贤聊共掌中杯。
贫居何处堪铺席，流水窗前好绿苔。

诗中所说“两贤”为他的友人汤道原、曹子寿，他们都是谢应芳简葬思想的积极拥护者。

谢应芳的简葬不择风水的思想认识是一贯的，所以此后直到临死，还在《示二子》诗中谆谆告诫：

人之有生必有死，养生送死理宜然。
一从杨墨至聃释，异端邪说多乖衍。
我生赖以读书力，破浪帆我中流船。
苍头荷锸日随我，死即埋我横山前。
毋劳沙门送作佛，毋劳羽客送登仙。
漆灯不必照长夜，宰树不必缠纸钱。

明朝一代，对风水术持批判态度的时有其人，除张居正外，较有名的还有王廷相、唐顺之、罗虞臣、项乔等人。王廷相为明朝有名的哲学家。他在所撰《雅述》中指出，落葬选择吉壤善地，如果可使子孙受到荫庇，那么试问，同一祖上择葬得吉的，那么为什么他的子孙辈中又会出现有的富贵，有的贫贱，有的长寿，有的夭亡，有的行善，有的作恶等种种不同呢？由此可见，择葬得吉，福荫子孙的说法，纯属荒忽谬悠的无稽之谈。接着，他又从另一角度，对于风水之道进行批驳道：“若以风水能致人福禄，则世间人事皆可以弃置不为：农者不论天时而耕耨，商者不论贵贱美恶，工者不论习熟工巧，士者不论讲学擒词，一唯听于风水，以俟其自至可也，然而能之乎？”文中人定胜天的思想，跃然纸上，可谓入木三分。

荆川先生唐顺之，《古今图书集成·堪舆部》曾经收载他对于巫术星相堪舆之术的一些独到批判。文章先以提问领起道：“叩巫术星相堪舆之家而问焉，曰吉乎，未必然也，而闻者骤然喜。叩巫卜星相堪舆常操吉人、凶人、悲人、喜人之权，以奔走乎，而其人之吉凶悲喜一系于巫卜星相堪舆之口，而听焉若是，何也？”个中主要原因，唐顺之认为，还是心理因素在起作用，所以他说：“人情常喜希觊乎其所不可必，而常揣摩乎其所不可知，而术家凭鬼神以自神，故多言而或信，巧发而奇中，操希觊之心与摩揣之见，而叩之凭鬼神之人，而投之巧发奇中之说，宜其入之深也。”接着，唐顺之重点对吉凶无稽的堪舆之术，及其招致的严重后果，作了激烈愤然的批判，指出：

> 诸家之中，其尤炽者曰堪舆，其指划天地，支离五行八卦，奇中之说尤多，而人尤尊之。堪舆家吾不知其所始，吾意其初本以候土验气，测量水脉，以宁死者而赞孝慈，如是而已。盖未有鬼荫之说也。自此悦之行，致使子孙露其先人不葬，以待吉地与吉日，致其久而不免于水火者有矣。或取土中数十年之陈骨，非有一崩水齿而好数徙之。甚者豫章饶歙之间，盗地以葬，往往至于杀人而不止。然则，堪舆家说，吾惧而不为祥而为孽也。

罗虞臣的《辨惑论》一篇，在古今对于风水之术的驳论之中，也享有盛名。文章一开头，就毫不客气地把风水之术斥为惑世愚民的邪术，而缙绅之士却对之崇信不变，入于贪鄙，原因无非在于想从择葬之中捞到点什么荫庇之类的好处。结合当时“以己亥之日用葬最凶”的谬论，罗虞臣以春秋之际，“此日葬者一十余人”的史实指出：“此则葬不择日可考耳。”再之，古代“诸侯之葬五月，大夫经时，士则逾月，盖其贵贱不同，礼亦异数”也没有选择年月的说法。

择日之外，罗虞臣还对择地之说，提出异议道：“古之葬者，同一兆域，靡拘垄脉，故赵氏之葬亚布九原，汉之山陵散列诸处，上利下利，蔑尔不论，及其子孙富贵，或与三代同风，或分六国而王，五姓之义，大无稽古，吉凶之理，何从而生？且人臣名位，进退无常，有初贱而后贵，或始泰而终否。”

明世宗嘉靖时人项乔，著《风水辨》一篇，内中谈到丧葬大事，只要父母入土无恙，子孙心安理得便可：“葬，送终大事也。人子之事亲，舍是无以用其力矣。故卜宅安厝，自天子达于庶人，古今共之。必亲之体魄安。庶人子之心安，予非尽人之子欤，而独不信之乎？但所谓风者，取其山势之藏纳，土色之坚厚，不冲冒四面之风与无所谓地风者也。所谓水者，取其地势之高燥，无使水近乎亲肤而已。若水势曲屈而环向之，又其第二义也。程子所谓务令其后不为城郭，不为道路，不为沟池，不为耕犁所及，不为贵豪所夺，其义已明矣，子安得不信之乎？”

接着，他对荫应之说提出异议道，假如有荫应之说，也不是孝子仁人所企求的，何况万万没有此理。原因在于：“但气聚则生，气散则死。形既朽灭，神亦飘散，复将何物以子孙荫乎？”又说：“朽骨已在倾覆之数，虽天地生有之大德，不能复生之矣。不能复生而谓其能乘生气以反萌生人，有是理乎？”

清代扬州八怪的郑板桥，是个很有思想的文学艺术家。一次，他在焦山双峰阁给舍弟寄了一信，信中谈论墓地风水说：“郝家庄有墓田一块，价十二两，先君曾欲买置，因有无主孤坟一座，必须刨去。先君曰：‘嗟乎！岂有掘人之冢以自立其冢者乎！’遂去之。但吾家不买，必有他人买者，此冢仍然不保。吾意欲致书郝表弟，问此地下落，若未售，则封去十二金，买以葬吾夫妇。即留此孤坟，以为牛眠一伴，刻石示子孙，永永不废，岂非先君忠厚之义而又深之乎！夫堪舆家言，亦何足信。吾辈存心，须刻刻去浇存厚，虽有恶风水，必变为善地，此理断可信也。后世子孙，清明上冢，亦祭此墓，卮酒、只鸡、盂饭、纸钱百陌，著为例。雍正十三年六月十日，哥哥寄。”信中，郑板桥所说的堪舆家言，何足征信，只要心里时时刻刻除掉刻薄，放进宽厚，即使碰上恶风水地，也必定变恶为善的观点，无疑是十分开明的。

清初钮琇在《觚賸续编》卷三中提出“相墓四大惑”，颇有匕首、投枪之利。文章说：

人之生地，有耳目可以视听，有手足可以持行，尚不能精攻文以取贵，善治产以致富，信堪舆家言，求诸冥冥之朽骨，茫茫之顽土，谓富贵当安坐而致，一大惑也；

相墓之书曰：“前有洿池，后有丘陵，东有流水，西有长道，谓之正穴。”然岩居者绝少围潴，泽居者难求崇阜，居在山水之间，又安能恰兼四者之有？而必曰“此为正穴”，一大惑也；

陈公俊卿父墓在莆田南寺之侧，本一富民葬处也。葬后二十年间，其子若孙无不病目，多至失明。有术人语之曰：“此害由墓而起，当急徙之。”富民子大惧，即别卜改窆，而故穴为俊卿所得。富民病者愈，而后俊卿官至右仆射，封魏国公。柯四者，莆田之小民也。有一山人善相地，为富家卜葬，夜卧于穴，土神呵之曰：“此柯状元祖穴，奈何犯之？可速迁免祸。”明旦以告主人，其家遂别葬。然郡中大族，并无柯氏。他日山人假坐米肆，肆主姓柯，问家有葬者否？曰：“我父枯骨，尚在浅土。”遂以地言于柯，移父骨瘗于其中。生子曰潜，景泰辛未及第，仕至翰林侍读。然则宅兆之吉，若有所待，苟非其人，不容妄冀。乃祖父之殁，辄延地师，遍求善地，一大惑也：

古今称地师之神者，晋有郭景纯，宋有张鬼灵。然景纯自知命尽，而不能逃出刑诛；鬼灵自知数促，而不能瘗于夭折。况其术万不如景纯、鬼灵，而欲为他人祛祸就福，避凶趋吉，有是理乎？一大惑也。

这些都可作为天下言风水者的镜鉴。

4 “阳宅三十六祥”和“观宅四十吉祥相”

在古代风水术盛行的同时，许多有识之士早已看出，在选择风水和为人处世两者之间，后者才是主要的决定因素。虽然说，由于时代所造成的局限，他们中的多数人还不能够彻底看透风水术中的迷信成分，可是“住场好不如肚场好，坟地好不如心地好”（宋人倪思父句）口号的打出，却闪烁着实实在在的思想光芒。此后，人们又有所谓“阳宅三十六祥”和“观宅四十吉祥相”的论述，从而使这一思想更为质朴，并从反面委婉地批判了风水术的不可尽信。

【阳宅三十六祥】

明代李诩所著《戒庵老人漫笔》，在元明史料笔记中堪称翘楚。书中卷六有《论堪舆》一篇，文中引空青先生《风水论》中有关“阳宅三十六祥”，实在是一段历代风水论中不可多得的妙文。“阳宅三十六祥”的内容是：

居家尚理义，一也；

子孙耕读，二也；

俭勤，三也；

无峻宇雕墙，四也；

六婆不入门，五也；

无俊仆，六也；

每闻纺织，七也；

能睦邻族，八也；

早完官税，九也；

庭除洒扫，十也；

门外多士君子，十一也；

闺门严肃，十二也；

尊师重医，十三也；

宴客有节，无长夜之饮，十四也；

不延妓女至家，十五也；

不敢暴殄天物，十六也；

居丧循礼，十七也；

交易分明，十八也；

女人不登山入庙，十九也；

祭祀毕恭毕敬，二十也；

幼者举动禀命于家长，二十一也；

故旧亲穷在座，二十二也；

阍人谦婉，二十三也；

家僮无鲜衣恶习，二十四也；

不喜争讼，二十五也；

不信祷赛，二十六也；

不听妇人言，二十七也；

寝兴以时，二十八也；

不闻嬉笑骂詈，二十九也；

婚娶不慕势利，三十也；

田宅不求方圆，三十一也；

主人有先几运虑，三十二也；

务养元气，三十三也；

座右多格言庄语，三十四也；

能忍，三十五也；

常思清议，畏法度，畏阴骘，三十六也。

文章作者认为，这三十六祥，“全者鬼神福之，子孙保之”，如果能够切切实实地做到，就是得了“移门换向，趋吉避凶”的“真诀”了。

在结束空青先生《风水论》“阳宅三十六祥”的引文后，戒庵老人李诩不禁深深叹曰：“今之惑于阴阳者，何不三复于斯！”

【观宅四十吉祥相】

生活在清代初期的周亮工，曾写过一本记叙平生所学、所见、所闻的札记，名叫《书影》。这是一本很有研究价值的笔记性史料杂著。打开《书影》第一卷，赫然入目的就是有关“观宅四十吉祥相”的内容。

作为一篇文章，《书影》对此是这样交待的：“先大人著述甚富，尝作《观宅四十吉祥相》，有益于世道人心，备录于此。”四十吉祥相的具体内容是这样的：

①案头无淫书

昔人谓黄鲁直作艳词，以邪言荡人心，其罪非止堕恶道。近日作小说人，岂止艳词！人人亲见之。案头如有片纸只字，当尽数焚却。坏心术，丧行止，皆此等书引诱。人家儿女，岂无识字者，略一回想，岂不可惧？

②架上无齐整书

本本精良，一一完善，手且未触，目于何有？但观架上，便知腹中。

③座上有二三十年前老友，堂中有七八十年前古桌椅，门下有祖父遗留庞眉皓首老仆，如此方称得世家，如此方免得俗气。

④妇人不垂帘观剧

粉气发香，依依帘中，罗袜弓鞋，隐隐屏下，甚至品评坐客，击节歌声，无所不至。优人之目，直透其中；坐客之心，回光其后，可耻孰甚！

⑤妇女不识字

《列女》、《闺范》诸书，近日罕见，淫词丽语，触目而是，故宁可使人称其无才，不可使人称其无德。至世家大族，一二诗章，不幸流传，必列于释子之后，娼妓之前，岂不可耻！

⑥老妾孀妇不变作尼姑

其丑倍于改适。

⑦不呼优人同座

宴客用优人，但当呼之别院。登场赐坐，或尚在通融；呼之同坐角饮，则亵甚矣。今人敬优儿如师友，殊令人讶，即不与之坐，不过曰不在行而已，天下事被“在行”二字误却多少！

⑧不在席上接优人曲，不以筋并足，代为击板

击板接曲，去优人几希！

⑨外无狡童，内无老婢

无狡童不惟省己防闲，抑且免人疑议。至禁锢老婢，二十以外尚不为之择配，尤伤阴骘。

⑩不教婢子演剧

此亦好人家儿女也，安忍出其丑装牌榜。防闲尤难，作奸殊易。

⑪纸牌不入手中

近日马吊盛行，士大夫俨然为之不耻。予日宜舆儓，宜革匠，宜不识

字人，宜四达衢中几桌上。即令此中有千变万化，神妙不测，然一思手持者何物，岂不愧杀！总之人不耐独坐，不肯习静，弈棋变为马吊，风日下矣。与其马吊，宁奕。

⑫不解新令，不为酒纠

士人相聚，颇有可谈，何至效青布商佣，吩呶盈坐！宁受百罚，无论恶趣。予眼见以此嫌疑者不少。

⑬肯习医卜

但能究心，心自入细。其子弟能留心于此，便知他日不沦于下流饥寒。

⑭席上不劝人第二日补斋

即此一事，便是与人为善。持斋总是戒杀，我不持斋，彼能信心，何苦必破其戒！然专靠持斋免祸祈福，亦谬。

⑮仆从不与主人同坐者并坐

即贫友疏亲，亦与主人同列，何至与奴仆为伍？此风倡自篾片，主人得意时，承奉奴仆，惟恐少失其意；殆失势之后，饮恨报复，无所不至。败家受祸，往往由此。

⑯凌晨客至，仆从已拱立候命，主人已盥沐相迎

乘朝气，则不夜饮可知；不夜饮，则奴仆无奸盗诈伪可知。甚矣，夜饮之害事也。

⑰仆从各随其姓

即自幼仆子，亦当令各姓其姓，使人不昧其宗祖，即后亦不致乱吾支派。防微杜渐，古人有深意存其间。

⑱门前仆从，见士人过，毋论识与不识，皆起身直立；遇诸途，则侧立让行

此虽细事，然主人忠厚不忠厚，奴仆生事不生事，皆由此而定。

⑲不奴隶疏族穷亲

疏族穷亲无所归，代为赡养，亦盛往事。视同奴隶，令供奔走，大伤元气。

⑳不学苏意

轻嘴薄舌，不离帮闲；吃茶烧香，总属狡狯耳。

㉑口角无闺门事

言之凿凿，如曾目睹，鬼神在旁，何不说得略活动些子。

㉒口中无刻薄尖酸议论

先辈云，一语而伤天地之和，一言而折终身之福，切须念之。

㉓先辈格言，常在壁上口头

存之于心，则能体而行矣。目中口头，已有二三分受用处。

㉔凡梦俱可告人

梦中所作所为。常有不能告人者，充至于凡梦皆可以告人，吉道不远矣。古人验心于梦，又云“昼观之妻之，夜验诸梦寐”，有以哉！

㉕十二岁以上小童不入内户，女童不出门户

不可以小忽之也。

㉖肯为人宛转寄家信

不浮沉，已属盛德，更能宛转以期必达，尤阴骘事。以此类推，凡事肯为人方便可知矣。

㉗能明佛理，却不为邪说所诱

白莲、无为等教，其初皆信心从佛者。先儒云：精者不越吾儒，此语尚可议；若诞者，吾不信，则确不可易矣。不明佛理，与老妪瞎磕头，盲烧香何异！

㉘肯周济贫亲戚，或助人婚嫁，或代完官赎，却不做佛事，不修建庵观

总此一佛，寺宇已多，何必更建！近日私建，私度甚多，将来必有一僧难存，是庵皆毁之虎。留心佛法者，不可不知。

㉙肯为人说眼前报应，肯听人说报应诸事

眼前事报应显明易见，不必说活阎王，过阴人诸事，反增人不信心。

㉚即不能奉行《感应篇》、《功过格》，每日能体认所行善恶

肯看《感应篇》，肯略略体认《功过格》，不必数黄豆黑豆，其人已有几分好处。

㉛书馆中小学生，有读《四书》小注声

前辈无不读小注者，近日反目读书者为迂矣。子弟到老不明书旨，皆由不明小注始。读小注子弟，到后来上者无离经叛道之虑，次亦免场中出丑，东问西问。

㉜不以病试医，肯将已验医方，或抄或刻施人

不告医者以得病之由，令其暗中摸索，取死之道也。施方固胜施药，然能制数种药，常常施人，尤善。

㉝躬送破衣亲友出门外

在坐者间有躬送门外，则以为耻矣。待失意人不难有恩，而难有礼。此语须体验。此等事最伤人心，亦令人容易勘破你势利心肠。

㉞受人贺分，即一箑一丝，无微不答

富贵人受贫贱人礼，以为当然，此大折福处，亦大敛怨处。须知其从当卖而来。

㉟不磨祖父图章，刻作己名

以此类推，凡事无改可知。

㊱有赠祖父诗文者，能举其姓字，习其篇章

亦孝子，亦韵人，如此则能为祖父报德可知。

㊲不戏谑父执贫友

既知其为父执，不轻之为贫人，且有戏谑之不如己者，孝子慈孙，必不如是。

㊳内声不闻于外

言勿论矣。

㊴坐定不问新闻

省却无限葛藤。

㊵司阍人回卑幼贫贱亲串，惟恐伤其意

司阍人能如此，不知费主人如许苦心矣。

以上《观宅四十吉祥相》，当时有人誉为“防嫌于微，杜祸于渐”，“以齐家为端本澄源之要”的教家“良规”，检身“宝鉴”。

当然，我们也不能否认，如果用今天的眼光去看，即使像“阳宅三十六祥”和“观宅四十吉祥相”这样曾在历史上反对风水迷信的作品，也仍杂夹着不少封建糟粕，霉尘之气袭人。然而，我们又不要忘了，这毕竟是封建文人的作品，何况这在当时，还是符合《易经》“履卦”所说“视履考祥”原则的。所谓“履”，是践履、履行的意思；所谓“祥”，有吉凶、祸福的含义。全句的大意是说，观察一个人的举止行为，就可推知他的吉凶祸福了。

5 对于风水术一分为二的批判

1988年9月27日，上海《电影时报》曾刊文中先生《台湾影视歌星的“算命热”》一文，文载据台湾有关方面统计，岛内如林青霞、杨惠珊、钟楚红、邓丽君、胡茵梦、张菲等著名影视歌星，几乎都热衷于算命、相面、占卜、风水等东方传统预测术。就这些预测术来说，尽管有着各自或多或少的迷信成分，可是直到科学极其昌明的今天，还拥有这么一大批的热衷者，这就值得重新引起思考了。

学术领域无禁区，研究的目的在于发现。1988年9月24日《新民晚报》曾用“风水术圆满破译千古之谜”为标题，转载中新社天津该日电说，经过多年深入系统的研究，天津大学建筑系教授王其亨认为，风水术的内核体现着中国古代建筑理论的精华。长期以来，国内外建筑史学界的专家常常为这样一个问题所困惑，即中国古代建筑在空间环境的整体处理上，在人文景观和自然景观的有机结合及大规模建筑组群布局等方面，有着较强的科学性，但对当时究竟有无科学的理论依据问题，则一直乏人问津。其后，王其亨查阅有关文献，并对大量古建筑进行实地考查、印证，终于发现这个千古之谜，可以从风水术中得到圆满的答案。王其亨研究成果表明：“风水术实际上是集地质地理学、生态学、景观学、建筑学、伦理学、美学等于一体的综合性、系统性很强的古代建筑规划设计理论。它与营造学、造园学构成了中国古代建筑理论的三大支柱。”

与此同时，全国各地有影响的报刊也都纷纷转载这一消息。这样，建国以来一直杳无音讯的风水之术，总算赢得了被人们重新认识的机会。

在这以后，1990年东南大学出版社推出了何晓昕所撰的《风水探源》，这是建国以来第一部具有重大影响的风水专著，为我国传统风水术的研究，导出了先声。书中末尾有《新建筑·风水》一篇说：

> 风水的核心便是探求建筑的择地，方位、布局与天道自然、人类命运的协调关系。它将中国古老哲学命题“天人合一”等引入建筑，其注意力不是放在人类行为如何制约环境上，而是注重人类对环境的感应，并指导人如何按这些感应来解决建筑的选址乃至建造。在这里，位置的选择、平面安排以及空间布置，无不遵从某种“图案”与“秩序”——“天”的秩序、“地”的秩序、“人体”的秩序。如此，人才能与住屋、与整个自然环境融为一体，

从而获取心理上的平衡。所谓“天时、地利、人和”，建筑也由此得到了一种勃勃生机。

关于风水环境美学对于人类的贡献，世界著名史学家李约瑟在《中国之科学与文明》一书中，早就有过评价。他说：“在甚多方面，风水对中国人民是恩物，如劝种树和竹以作防风物，强调流水靠近屋址之价值都是。”“我初从中国回到欧洲，最强烈的印象之一是与天气失去密切接触的感觉。木格子窗糊以纸张，单薄的抹灰墙壁，每一房间外的空廓走廊。雨水落在庭院和小天井内的淅沥之声，使个人温暖的皮袍和炭火——在令人觉得自然的心境，雨呀、雪呀、风呀、日光啊，等等，在欧洲的房屋中，人完全孤立在这种境界之外。”因此他总结：“就整个而言，我相信风水包含显著的美学成分，遍中国农田、屋宇、乡村之美，不可胜收，皆可借此以得说明。”

回顾整个风水体系，我国古代风水有阳宅风水和阴宅风水之分。阳宅是用来住人的处所，阴宅是人死归葬的坟墓。然而不管阳宅也好，阴宅也好，在建造时都十分重视周围环境的选择。风水术认为，“宅以形势为身体，以泉水为血脉，以土地为皮肉，以草木为毛发，以屋舍为衣服，以门户为冠带。若得如斯是事俨雅，乃为上吉”（《宅经》）。其中血脉、皮肉、毛发，指的就是对于住宅的环境要求。宅的周围环境，理想的要求是背山面水，并且山碧水澄，山环水绕，土质润细，在这样的环境里，不仅空气流通，狂风刮不进来，亦且山明山秀，生意盎然，鸟语怡情，花香袭人，冬燠暖而夏凉快，人们居此，又怎不有益身心健康而获长寿呢？

对于阳宅风水来说，住宅的建筑前屋低、后屋高的吉，这里除了有壮观瞻外，还可前屋后屋，都能普遍获得阳光的充分照射。反之，如果前屋高而后屋低，那就只有前屋阳和充盈，而后屋则长年阴暗而致寒湿蕴积了。

试想，如果人们长年住在阴暗而寒湿蕴积的屋里，又何吉之有？

阴暗潮湿的反面是干燥。住宅要求干燥，然而如若宅周太干燥而没有溪水环抱，就会断绝生机，走向反面，导致不吉。对此，阳宅风水所说：“凡宅居滋润光泽阳气者吉，干燥无润泽者凶”，就自然有着它一定的科学道理了。

除此之外，阳宅风水中符合科学或医学道理的可说比比都是。比如说，宅居不宜在“居草木不生处”，是因为地土贫瘠而没有生气；“不宜居在大城门口及狱门、百川口去处”，是因为环境嘈杂而破坏了心理上的宁静；“粪屋对门，痈疖长存”，是因为不卫生而导致细菌传播。再之如天井积水，易染疫痢，窗户漏风，切宜避忌等，也完全合乎医理而经受了时间的考验。

再就阴宅风水而言，择地好的墓穴可以防蚁、防风、防水，使尸体入葬之后干而不腐。从小辈来说，归天后的家长如能入土为安，那心里一定是感到欣慰的。如果落葬之后，家长的尸体被风吹刮，被水浸渍，被虫蚁啃啮，那心头又是一种什么样的滋味呢？《儒林外史》第四十五回曾有两兄弟对风水先生张云峰的一番话道：“我们只要把父母大事做了归着，而今拜托云翁，并不必讲发富发贵，只要地下干暖，无风无蚁，我们愚兄弟就感激不尽了。”这一番话，很有点伦理学的味儿。当然社会发展到今天，大城市里大多实行火葬，既简便又卫生，已与阴宅风水的择地而葬绝了缘分，可是历史毕竟是不能割断的，我们又怎能用今天的习俗或伦理道德来要求古人呢？

然而，我们毕竟是历史唯物主义和辩证唯物主义者，因此在肯定风水术在环境学、卫生学、伦理学、建筑美学等领域里的科学贡献之外，我们又不得不，也不能不看到它所确实存在的封建迷信糟粕。《宅经》认为：“宅者，人之本，人以宅为家。居安即家代昌吉，若不然即门族衰微。坟墓川冈，并同兹说。”又说：“其有长才深智，悯物爱生，敬晓斯门，其利莫测。

且大犯即家破逃散，小犯则失爵亡官，其余杂犯火光口舌，跛蹇偏枯，衰殃疾疾等万般皆有，岂得轻之哉！犯处远而慢，即半年、一年、二年、三年始发，犯处近而紧，即七十五日、四十五日，或不出月即发。”对于那些凶宅能招致不吉的迷信话，听起来简直使人毛骨悚然。

在住宅的建造过程中，阳宅风水认为一定要先造宅屋，后起围墙，反之如果先起围墙，后建宅屋，那么这户人家就永远也别想兴家旺业，发财致富。原因是如果先起围墙，墙里堆着建筑用的砖木，看去不就成了一个“困”字形状？既然被困，那后果就不堪设想了。这种风马牛不相关的唯心主义形而上学的联系，在我们今天看来，无疑是十分幼稚可笑的。试问，如果这种说法移到不用汉字的国家去，又该作什么样的解释呢？其实客观分析起来，先造宅屋，后起围墙，在整个建筑过程中将会带来好多建筑材料运输上的便利，而这种便利，正是先起围墙后建宅屋所无法做到的。至于永远别想发迹的说法，自然属于子虚乌有的事。

有趣的是，这里有个奇异现象，就是自新中国成立以来，阳宅风水除了港台以外，在内地销声匿迹的同时，却在美国大走其红。这种走红，先由华人聚居的地区开始，逐步波及到了美国百姓之中，甚或美国的上层分子，也开始笃信起来。据披露，美国前任总统里根本是个对风水不感兴趣的人，他卸任后定居在洛杉矶一个门牌为 666 号的新居之内。然而不知怎的，在他搬进之前，却接受了一个香港风水先生的建议，把门牌号码改变为 668 号。那风水先生所说的一番道理是，“666”是《圣经》中魔鬼撒旦的代号，自然是个不吉的数目，而“668”则其数吉祥，居之可保安康。这里，风水先生的发挥才能自属惊人非凡，他非但把中国旧有的一套搬了过去，并且还引进《圣经》，进行交接融合，可谓身手不凡。

毫无疑问，风水术中包含着大量不科学的东西，例如其术舍弃人们在社会上的种种努力不说，把人生征途上的一切吉凶祸福，统统推到宅屋和坟墓的吉与不吉上去，这就无疑陷进了形而上学的迷信陷坑。因为在这现实世界上，人的吉凶祸福多半还是与国运盛衰、环境优劣，以及努力维系在一起。

再如联系阴宅风水经典著述《葬经》所说："山欲其凝，水欲其澄。山来水回，逼贵丰财，山止水流，虏王囚侯。""山顿水曲，子孙千亿；山走水直，从人寄食。水过西东，财宝无穷；三横四直，官职弥崇。九曲委蛇，准拟沙堤；重重交锁，极品官资。"又说："气乘风散，脉遇水止。藏隐蜿蜒，富贵之地。""不畜之穴，是谓腐骨。不及之穴，主人绝灭。腾漏之穴，翻棺败椁。背囚之穴，寒泉滴沥。其实可畏，可不慎乎？"文中大意是说，穴葬的风水如果选择得好，死者的家族和子孙就会升官发财，人丁兴旺；选择得不好，家属和子孙非但不能升官发财，可能还要家破人亡，祸不单行。究其原因，大致是"吉气感应，鬼神及人"，墓中枯骨得到生气的庇荫，可以相应地反映到子孙身上来。这里，《葬经》撇开一个人的为人处世，所作所为，行善行恶不谈，却把造成所有吉凶祸福的种种复杂因素一股脑儿地往葬地吉凶上推，自然属于毫无科学根据而不值一驳的无稽之谈。

但是令人遗憾的是，由于农村文化水平的相对比较落后，阴宅风水吉凶的影响在人们头脑中一时仍难清除，故而力争风水宝地而酿成悲剧的事也时有可闻。如 1988 年秋天，浙江省开化县长虹乡田坑村，年已六十二岁的老农程某，由于目睹一处开阔向阳山的山包被一位新近去世的老人作了坟墓，便自叹息不已，认为好风水被别人捷足先登了。打这以后，他着魔似地前山后山，踏破铁鞋，到处为自己物色百年之后的落葬吉地。这样一年下来，在八月份中旬，他终于在自家住处对面的茶籽山上，找到了一块自己理想中的埋骨之处。于是他带着锄头独自上山进行挖掘，并在 18 日深夜，服毒自尽在这块自掘的"宝地"墓穴之中。

程某的这种做法是愚蠢的。因为在阴宅风水尘雾的掩遮下，他看不到个人幸福和子孙后代的幸福，要建立在自己和后辈们世世代代的辛勤开拓上。因此，在破除阴宅风水迷信的同时，还要于批判之外，不忘提高国民的文化素质和认识水平，否则就不能从根本上解决诸如风水术之类的各色各样的迷信行为。

其实，从风水起源的本意看，本不在于吉凶，而在于避风避水，诚如吕思勉《中国制度史》第六章《宫室》注解所说："风水之始，避风及水而已。《吕览·节丧篇》曰：'葬浅则狐狸扬之，深则及于水泉，故凡葬必于高陵之上，以避狐狸之患，水泉之湿。'此风水之说之起源也。"

为此，在当今人口急剧增长，农村耕地日趋减少的情况下，城市推广火葬，建立公墓以节省地皮的做法，很有必要进一步推向广大农村。从而使农民在丧葬问题上的某些观念，来番彻底的更新。据1989年3月8日《人民日报》报道，1988年我国死亡约650万人，其中火葬者仅180万人，占死亡人数的27.6%，而土葬者则有470万人，竟占72.4%之多。正如王炜、陈丽芳在《揭开风水之谜》中所说：

> 一堆堆的坟墓，就像大地母亲身上的累累疤痕，令人触目惊心！人口不足700万的浙江温州，七山一水二分田，每年都要冒出万座坟墓，损失100万平方米土地。河南省1500万个旧坟，占地30万亩，每年还有33万个新坟出现在农田里。湖南省一年丧葬费7亿元，其中临湘县自1987年以来，还建了"活人墓"5000多座，占"龙脉"而闹械斗的事，时有所闻。"富不富看坟墓"的温州，有的小孩刚出生，就造好了"寿陵"。一个人死了，往往要"吃掉"一两个"万元户"。古老的椅子坟逐渐向凉亭式、园林式陵墓发展，浙江每年因修坟损失的耕地，相当于一个县的全部耕地。

由此可见，在农村丧葬问题上进行移风易俗，“死人不跟活人争地”，已经是迫在眉睫、刻不容缓的问题了。

又如对于牵涉到阴阳两宅建造的择日来看，也是古风水术中所要讲究的一个方面。风水先生认为，起屋落葬一定要选黄道吉日，才能大发特发，否则误触黑道，就一切都完结了。这种荒谬的说法，当然也是杜撰而缺乏科学根据的。《揭开风水之谜》一书认为，实际上，一年365天除了阴晴寒暖、雨雪风霜等区别外，哪一天都是24小时，毫无区别。所以，根本就没有什么好坏的分别，也没有黑道凶日和黄道吉日的差异。

又如从各地刻印的《皇历》来看，也多半大同小异，在这些小异中，有时还不免出现自相矛盾和难圆其说的地方。比如同样的一天，有的《皇历》说是大吉，有的《皇历》则把它说成为是大凶或忌日，从而使人感到莫大的惶惑。又如同一家庭的不同成员，在《皇历》上选择建房的日子也截然不同，这就往往使人大为犯愁而不知所措。事实证明，人们完全没有必要把迷信的枷锁套在自己的脖颈上。命运要由自己掌握，人定胜天，人人都要做生活的主人。

说到对风水术中封建迷信糟粕的批判，其实古人也早已有之了，并不是我们今天才有的专利。其中除东汉王充、明代张居正堪称大旗之外，零星的批判也代不乏人。南宋大诗人陆游在《老学庵笔记》中有云：“蔡太师父准葬临平山，山为驼形，术家谓驼负重则行，故作塔于驼峰。而其墓以钱塘江为水，越之秦望山为案，可谓雄矣。然富贵既极，一旦丧败，几于覆族，至今不能振，俗师之不可信如此。”笔记以蔡太师一族由富贵极盛的顶点跌落到丧败几于覆族，并且从此一蹶不振的实例作为论据，从而得出了“俗师不可信如此”的结论。

明代罗虞臣的《辨惑论》也曾谈到：“或问风水之术何如？曰，邪术惑世以愚民也。今缙绅之士尚崇信而不变何也？其贪鄙固于求利之为尔。”与此同时，项乔的《风水辨》也说："但所谓风者，取其山势之藏纳，土色之坚厚，不冲冒四面之风与？无所谓地风者也。水者，取其地势之高燥，无使水近夫亲肤而已。若水势曲屈而环向之，又其第二义也。"又说："又谓风水可遇而不可求，其意盖谓风水荫应借使有之，亦惟孝子仁人能承受之，而非可以力受者。"后者的批判固然及不上前者来得淋漓痛快，而显得隐隐约约，并且其中还有着较多的肯定成分，可是从今天的角度看，又另有着他的一定道理。

综上所述，既不全盘肯定，也不全盘否定，而是在否定中肯定其科学性精华，肯定中否定其伪科学糟粕。以上这些，就是当今人们在经过一定的研究思考后，对于我国古代风水术一分为二的客观评判。至于其他零零碎碎、枝枝蔓蔓的断片零简，因为前人述之已详，这里就冷饭不炒了。

附：参考书目

《黄帝宅经》

《葬经》

《青囊奥语（旨）》

《撼龙经》

《疑龙经》

《管氏地理指蒙》

《青囊海角经》

《博山篇》

《葬地论》

《堪舆漫兴》

《葬经翼》

《地理人子须知》

《阳宅十书》

《八宅明镜》

《风水辞林秘解》

《风水探源》

《神秘的风水》

《揭开风水之谜》

《墨馀录》

《诗经》

《尚书》

《周易》

《周礼》

《黄帝内经》

《论衡》

《史记》

《汉书》

《后汉书》

《晋书》

《北史》

《隋书》

《旧唐书》

《幽明录》

《大唐新语》

《东轩笔录》

《夷坚志》

《泊宅编》

《春渚纪闻》
《宾退录》
《戒庵老人漫笔》
《夜航船》
《书影》
《觚胜续编》
《檐曝杂记》
《清朝野史大观》
《徐霞客游记》
《郑板桥全集》
《儒林外史》
《红楼梦》
《古今图书集成》
《四库全书总目》
《中国丛书综录》